Johann Bossard
Texte aus dem Nachlass
Programmatische Schriften
und Reiseberichte

14. November 1925

[Handwriting largely illegible]

**Schriften der
Kunststätte Bossard**
Band 16
Herausgegeben von Gudula Mayr
Jesteburg 2018
Stiftung Kunststätte
Johann und Jutta Bossard
Jesteburg

Johann Bossard
Texte aus dem Nachlass
Programmatische Schriften und Reiseberichte

Wir danken unseren Förderern und Partnern

Träger

Jutta Bossard
(1903–1996)

Die Publikation wurde gefördert durch

 EWE | STIFTUNG

Inhalt

8 *Gudula Mayr*
Vorwort

13 Aufsätze

14 *Udo Bermbach*
Über Johann Bossards
Weltanschauung

25 *Roger Fornoff*
»Symbol eines kommenden
Größeren«.
Johann Michael Bossard
und das Gesamtkunstwerk

41 Einführungen und Quellentexte

42 *Barbara Djassemi*
Werben für das »deutsche
Kunstwerk« – Eine Einführung
in Johann Bossards *Werbeschrift*

59 *Johann Bossard*
Werbeschrift an meine Freunde
(1925)

76 *Gudula Mayr*
Ein »absoluter Misserfolg« –
Johann Bossards *Brief an Herrn C. H.*

89 *Johann Bossard*
Brief an Herrn C. H. (1933)

103 *Natalie Bachmann*
»Der Kampf gegen E. ist mir geradezu als Notwehr gegen die direktorale Misswirtschaft aufgedrungen worden« – Johann Bossards *Entgegnungen zum Aufsatz des Kollegen Ehrhardt* und ihr historischer Kontext

113 *Johann Bossard*
Einige Entgegnungen zum Aufsatz des Kollegen Ehrhardt (1933)

123 *Gudula Mayr*
»Die versöhnende Ebene gefühlserhebender großer Kunst« – Johann Bossards *Brief an den Leiter der Gau-Führerschule Herrn Gundlach*

139 *Johann Bossard*
Brief an den Leiter der Gau-Führerschule Herrn Gundlach (1934)

145 *Janina Willems*
»Diese vielleicht anregendste Reise meines Lebens« – Jutta und Johann Bossards Studienreise nach Belgien und Frankreich

151 *Johann Bossard*
Bericht über eine Studienreise nach Belgien und Frankreich (1938)

169 *Maike Bruhns*
»[E]ine deutsche Kunst nach Form und Gehalt« – Der Sonderkurs für Bildhauer und die Exkursion nach Berlin 1940

175 *Johann Bossard*
Bericht über einen Studienausflug nach Berlin (1940)

183 Anhang

184 Verzeichnis der abgekürzt zitierten Archive und Literatur

188 Verzeichnis der historischen Personen

191 Schriften der Kunststätte Bossard

192 Abbildungsnachweis, Impressum

Vorwort

Johann Bossards theoretische Schriften und Reiseberichte präsentieren einen unerschöpflichen Reichtum an Beobachtungen, Stellungnahmen und utopisch-visionären Vorschlägen. Der Bogen spannt sich dabei vom eigenen, beruflichen und teilweise persönlichen Umfeld über Kunstfragen bis hin zum gesellschaftlichen und politischen Zeitgeschehen. Vor allem die *Werbeschrift an meine Freunde* (1925) sowie der *Brief an Herrn C. H.* (1933) stellen eine unabdingbare Grundlage dar für das Verständnis seiner Kunststätte als Gesamtkunstwerk aus der Zeit des Expressionismus.

Die wiedergegebenen Texte liegen alle als historische Typoskripte vor, waren also vom Künstler zur Verbreitung vorgesehen. Die einführenden Aufsätze greifen zur Einordnung zusätzlich auf den reichen schriftlichen Nachlass zurück, insbesondere auf die erhaltenen Briefe. Ausgeklammert wurden von den als historisches Typoskript vorliegenden Texten diejenigen, in denen sich Johann Bossard ausschließlich zu Fragen der Kunst und Kunstkritik äußerte. Sie würden nur in der Zusammenschau mit den zahlreichen kunsttheoretischen, handschriftlichen Notizen und Fragmenten aus dem Nachlass ein umfassendes Bild ergeben und könnten Gegenstand eines späteren Bandes werden.

Johann Bossard konzipierte seine Texte für eine halböffentliche Rezeption, bei der er die Adressaten weitgehend selbst auswählte. Er ließ durch Schreibkräfte maschinenschriftliche Vervielfältigungen herstellen, die er in seinem persönlichen Umfeld verteilte – auch mit dem Ziel, diese erste Adressatengruppe als Multiplikatoren zu nutzen und noch weitere Personen zu erreichen. Obwohl einige Texte den Charakter von Programmschriften haben, strebte Bossard keine Veröffentlichung in Zeitschriften oder anderen Medien an – möglicherweise, weil ihm aus seinen Erfahrungen in der Vergangenheit bewusst war, dass sich wohl nur ein kleiner Kreis für seine idealistischen Visionen begeistern lassen würde.

Bereits 1897 begriff sich Johann Bossard als ernst zu nehmende Künstlerpersönlichkeit und stellte seine Werke in München aus.[1] Bis zur Abfassung des ersten programmatischen Textes, der *Werbeschrift,* sollten noch 28 Jahre vergehen, in denen der Künstler immer wieder zu schriftlichen Bekenntnissen über seine Kunst aufgefordert wurde, was er jedoch hartnäckig ablehnte. Das Schreiben wolle ihm »gar nicht gelingen«, es sei ihm »ohnehin zuwider« und er käme doch nur »vom hundertsten ins tausendste«.[2]

Dass sich Bossard trotz seiner eher introvertierten Persönlichkeit schließlich doch mehrfach in ausführlichen Texten an eine, allerdings eng umgrenzte, Öffentlichkeit wandte, lag wohl in seiner sozialutopischen Gesellschaftsvision begründet, aus der sich für ihn ein Sendungsauftrag ableitete, verdankte sich aber auch äußeren Anlässen. Die beiden am spätesten vorgelegten Texte, Reiseberichte von 1938 und 1940, entstanden wohl beide nach behördlicher Aufforderung.

In der Zwischenzeit hatten die Künstler der europäischen Avantgarde eine Vielzahl von Künstlermanifesten verfasst und diese, im Zeitalter der Dominanz der Printmedien, zumeist in Zeitungen und Zeitschriften publiziert. Mit den privat verteilten Typoskripten setzte sich Bossard also signifikant von der Textform des Künstlermanifestes ab und blieb letztlich auch seinem zurückhaltenden Wesen treu. Auch in ihrer Länge und ihrer zumeist unübersichtlichen Struktur unterscheiden sich Bossards programmatische Schriften von den Manifesten seiner Zeit, ähneln ihnen jedoch in ihrem Anliegen, »die Kluft zwischen Kunst und Leben, zwischen Kunst und Politik, zu überbrücken«.[3]

Die vorliegende Ausgabe versteht sich als kritische Leseausgabe. Die Texte folgen im Wesentlichen den historischen, im Archiv der Kunststätte Bossard erhaltenen Typoskripten, da es diese Textversionen waren, die Johann Bossard zur Verbreitung vorsah und teilweise – wie bei der *Werbeschrift* – über den handschriftlichen Zusatz von Titel, Autorenname und Datierung gewissermaßen authentifizierte.

Über die Fußnoten sind alle im Manuskript gestrichenen Stellen sowie sonstige Änderungsspuren gekennzeichnet, um die Entwicklung von Bossards Gedankengängen nachvollziehbar zu machen und insgesamt einen Eindruck vom Prozess des Schreibens zu vermitteln. Bemerkenswert ist der überschaubare Überarbeitungsaufwand. Streichungen nahm Bossard nur ausnahmsweise vor, korrigierte jedoch gelegentlich Formulierungen oder fügte Ergänzungen ein.

Transkriptions- und Rechtschreibfehler in den historischen Typoskripten wurden unter Rückbezug auf die Manuskripte Johann Bossards korrigiert; dies wird über eckige Klammern sowie Fußnoten kenntlich gemacht. Dadurch ergibt sich im Einzelfall auch ein verbessertes Verständnis von Bossards Aussagen (z. B. »die Geisteskühnen der Universitäten« an Stelle von »die Geisteskühlen der Universitäten«). Unsicherheiten bei der Transkription von Manuskripten werden durch den Einschub »[?]« gekennzeichnet, völlig unleserliche Passagen durch »… [hier unleserlich]«.

In der Zeichensetzung folgen die Transkripte den Typoskripten, sofern sich nicht durch eine abweichende Zeichensetzung der Manuskripte eine verbesserte Verständlichkeit ergibt. Nur wenn die Abweichung in der Interpunktion die Setzung von Punkt, Semikolon und Gedankenstrich betrifft, ist dies durch eckige Klammern und Fußnoten kenntlich gemacht (d. h. eine Kommasetzung nach dem Manuskript ist nicht gesondert ausgewiesen).

Nicht gekennzeichnet sind die in den Typoskripten durch die Schreibkräfte vorgenommene Auflösung von »&« zu »und«, die Auflösung des Verdoppelungsstrichs über Konsonanten, die Korrektur von »ÿ« zu »y«, von »z. Bspl.« zu »z. B.« sowie von »ß« zu »ss«.

Getippte oder handschriftliche Korrekturen in den historischen Typoskripten wurden stillschweigend übernommen. Überzählige oder fehlende Leerzeichen in den Typoskripten wurden ohne weitere Kennzeichnung korrigiert.

Bei der Transkription der zitierten historischen Manuskripte wurden die Verdoppelungsstriche über Konsonanten stillschweigend aufgelöst. Im Übrigen sind die historischen Manuskripte im Wortlaut transkribiert wiedergegeben und etwaige Kürzungen durch Auslassungszeichen gekennzeichnet.

Unterstreichungen, Sperrungen und sonstige Hervorhebungen wurden aus den historischen Typoskripten übernommen und auch bei Inkonsistenzen nicht aneinander angeglichen.

Hinzuweisen ist noch auf die folgenden Besonderheiten der Edition: Die Seitenzahlen der historischen Typoskripte sind in der folgenden Ausgabe in eckigen Klammern in den Text eingefügt: [1]. Auslassungszeichen mit nur zwei Punkten ([..]) markieren Auslassungen eines einzigen Buchstabens.

Bei der Bearbeitung dieses Buches wurde mir von zahlreichen Seiten freundliche Hilfe zuteil. An erster Stelle möchte ich die Träger der Kunststätte Bossard nennen: den Landkreis Harburg, die Sparkasse Harburg-Buxtehude sowie die Gemeinde Jesteburg, im Stiftungsrat und Stiftungsvorstand seit Beginn der Arbeit an der vorliegenden Publikation repräsentiert durch Hans-Heinrich Aldag, Hans-Joachim Bordt, Hans-Jürgen Börner, Thorsten Heinze, Udo Heitmann, Björn Hoppenstedt, Rüdiger Joppien, Heinz Lüers, Rainer Rempe, Carsten Schmuckall und Andreas Sommer. Wichtige Auskünfte und Beratung verdanke ich Gisela Bauer, Uta Falter-Baumgarten, Felix Kollbach, Silke König, Julia Mummenhoff (Archiv der HFBK Hamburg), Detlef Pankow, Margrit Schaade, Christiane Stahl (Alfred Ehrhardt Stiftung), Jens Wohlthat, Martina Wohlthat und Hans Georg Wolf. Besonders zu erwähnen ist außerdem die große Unterstützung durch das Team der Kunststätte Bossard. Finanziell wurde die Erstellung der vorliegenden Publikation ermöglicht durch das Niedersächsische Ministerium für Wissenschaft und

Kultur, die Ernst von Siemens Kunststiftung sowie die EWE Stiftung. Bei allen diesen Institutionen und Personen möchte ich mich herzlich bedanken.

Jesteburg, im Herbst 2018
Gudula Mayr

1 Gruppenausstellung im Kunstverein München, nachgewiesen u. a. durch den Beitrag *Kunstchronik, Aus dem Kunstverein* in den *Münchener Neuesten Nachrichten* vom 10.3.1897, S. 3 f. (ohne Nennung von Autor und Ausstellungstitel).
2 Briefe von Johann Bossard an Emil Hegg vom 10.1.1916 (erstes und zweites Zitat) und vom 11.4.1916 (letztes Zitat) (AJB 179).
3 Beyme, Klaus von, *Das Zeitalter der Avantgarden: Kunst und Gesellschaft 1905–1955*, München 2005, S. 230.

Kunsttempel
Blick aus dem Vorbau
durch das geöffnete
Hauptportal, Zustand
um / nach 1936

Aufsätze

> »Immer strebe zum Ganzen,
> und kannst Du selber
> kein Ganzes werden,
> als dienendes Glied schließ
> an ein Ganzes Dich an.«[1]
> Schiller/Goethe,
> *Tabulae votivae*

Udo Bermbach

Über Johann Bossards Weltanschauung

Vorüberlegung

Die weitläufige Anlage, die Johann Bossard (1874–1950) auf seinem Heidegrundstück im Laufe einiger Jahrzehnte zusammen mit seiner Frau Jutta, geb. Krull (1903–1996) als Kunst- und Meditationszentrum abseits der Städte baute, war gedanklich zum einen den Ideen Wagners vom Gesamtkunstwerk geschuldet, zum anderen aber auch der eigenen Weltanschauung, die er sich aus einer Reihe politischer Versatzstücke gebildet hatte.[2] Bossard war, wie Künstler zumeist, kein genuin politischer Denker, aber er war auch nicht unpolitisch, sondern nahm interessiert und engagiert an den gesellschaftlichen und politischen Entwicklungen seiner Zeit teil. Zur theoretischen Einordnung seiner Beobachtungen nahm er auf, was er sich angelesen hatte, und reagierte auf jene gesellschaftlich-politischen Debatten, die es um ihn herum gab. In seinem Versuch, sich denkend über die Lage seiner Zeit Klarheit zu verschaffen, verband er Ideen aus dem linken politischen Spektrum mit solchen, die eher der politischen Rechten zuzurechnen waren, woraus ein ideenpolitisches Konglomerat entstand, dessen Vorstellung von Politik und politischer Gestaltung sich nicht eben leicht auf eine gängige Klassifizierung bringen lässt,

sondern den Leser eher verwirrt, weil scheinbar Unvereinbares miteinander konzeptionell verbunden wird. Diese Heterogenität der Elemente seines politischen Denkens und vor allem die Tatsache, dass Bossard keine Schrift hinterlassen hat, die seine gesellschaftlich-politische Weltanschauung zusammenhängend darlegt, erschweren auch den Versuch einer zuverlässigen Rekonstruktion seiner Vorstellungen. Denn in den unveröffentlichten, sich zumeist unterschiedlichen Anlässen verdankenden Notizen und Briefen finden sich nur Bruchstücke politischer Bekenntnisse, aus denen auf größere Zusammenhänge rückgeschlossen werden muss. Eines der wichtigsten Dokumente, die hier heranzuziehen sind, ist die zu Weihnachten 1925 verfasste *Werbeschrift an meine Freunde*, die dem Zweck diente, Sponsoren für die geplante Bebauung in der Lüneburger Heide zu gewinnen;[3] daneben zählen Briefe an öffentliche Funktionsträger sowie an Freunde, denen der Künstler immer wieder die mit seinen Arbeiten verbundenen Absichten zu erklären und nahezubringen suchte. Solche sehr unterschiedlichen Textsorten verursachen zwangsläufig die Schwierigkeit, aus zeitlich wie zweckhaft unverbundenen Materialien eine insgesamt konturierte Darstellung der gesellschaftlich-politischen Vorstellungen zu gewinnen, die in sich zwar nicht wirklich stimmig sein kann, wohl aber doch eine gewisse inhaltliche Plausibilität für sich zu reklamieren vermag. Und dies trotz mancher ideenpolitischer Widersprüche, die normalerweise als unvereinbar miteinander bewertet werden, hier aber von Bossard sehr unbekümmert um systematische Kohärenz zusammengezwungen werden. Solche Vorbehalte bedenkend, lassen sich aber doch gewisse Leitmaximen ausmachen, an denen entlang sich die Umrisse eines politischen Weltbildes erkennen lassen, das – alles in allem – bestimmten nationalen und konservativen Überzeugungen folgt, ohne sich restlos einer parteipolitischen Richtung zuordnen zu lassen.

Politische Pflöcke

In einem Brief an seinen Schweizer Freund und Mäzen Emil Hegg[4] schrieb Bossard 1906, nachdem er von einem einjährigen Studienaufenthalt in Italien nach Deutschland zurückgekehrt war und hier die preußische Staatsangehörigkeit angenommen hatte, gleichsam erklärend für diese Entscheidung: »Deutschtum ist für mich ein idealer Begriff der zum höchsten verpflichtet. Immer wieder hat dieses Volk Männer hervorgebracht, deren tiefer Instinkt Missionen erkannte, deren Erfüllung zu den edelsten Taten der Menschheit gehören werden & auch in der Breite herrscht doch ein Trieb zu etwas Werdendem.«[5]

In gewisser Weise formuliert Bossard hier die Grundlage seiner politisch-ästhetischen Einstellung, insoweit er nämlich das »Deutschtum« als ›Idealbegriff‹ zu einem Leitbegriff seines Denkens macht und über den bloß politisch-nationalen Sinn hinaus für geistig-kulturelle Leistungen in Anspruch nimmt. Die Deutschen, das ergibt sich als Kern aus dem Zitat, sind nicht auf das Politische zu beschränken, sondern gehen darüber hinaus und sehen ihre zentralen Aufgaben meta-politisch. Das zielt, so ist zu vermuten, auf die Bereiche der Kunst und Philosophie als die Sphären des ›Idealen‹. Der »Trieb zu etwas Werdendem« darf wohl so verstanden werden, dass die Deutschen auf diesen ihren eigentlichen Betätigungsfeldern die Suche nach Wahrheit und Schönheit voranbringen wollen, auch für die Menschheit insgesamt, dass sie also Höchstleistungen auf ästhetischem wie intellektuellem Gebiet, weniger auf dem der Politik, zu erbringen suchen.

Solche Vorstellungen stehen in einer langen historischen Tradition. Sie haben ihren Ursprung darin, dass die Deutschen »seit dem Ende des 11. Jahrhunderts eine durch Sprache definierte, noch nicht politisch bestimmte ›Nation‹«[6] waren und diese kulturell gestiftete Identität sich bis in die Neuzeit erhalten hat. Geht man, wie Borchmeyer dies getan hat, die Selbstzeugnisse der deutschen Intellektuellen durch, die nach den Gründen und Rechtfertigungen deutscher Identität suchten, so findet sich immer wieder dasselbe Muster einer Antwort: die Deutschen werden bestimmt als eine Sprach- und Kulturgemeinschaft, die eben auf den unterschiedlichen Gebieten der Kultur ihre entscheidenden Leistungen erbringen. Diese Bestimmung hatte in der Neuzeit auch damit zu tun, dass es den Deutschen, im Unterschied etwa zu den Franzosen, Engländern oder skandinavischen Völkern, verwehrt war, einen eigenen Nationalstaat zu bilden. Alle Versuche dazu waren geschichtlich gescheitert, auch die im 19. Jahrhundert verbreitete Hoffnung, nach den Befreiungskriegen auf dem Wiener Kongress von 1815, später dann durch die Frankfurter Nationalversammlung von 1849, doch noch die Einheit des Volkes in einem gemeinsamen Nationalstaat zu erreichen. Und so wurde denn, gleichsam subsidiär, die Einheit der Deutschen dadurch bestimmt, dass sich alle, die Deutsch sprachen, zur deutschen Nation zählten und gezählt wurden und das vornehmste Verdienst des Volkes in seinen

Aufsätze

Pause bei der Getreideernte
von links: Emil Hegg, Jutta Bossard, Wilma Krull, Johann Bossard, Foto von Franz Hötterges, o. J. (um 1932–1935)

kulturellen Hervorbringungen gesehen wurde. Diese Kulturleistungen, vor allem in Literatur und Musik, aber überstiegen den völkisch-nationalen Rahmen und kamen, so das Verständnis der meisten Intellektuellen und Literaten, allen Völkern zu Gute. Wenn Emanuel Geibel (1815–1883) in seinem Gedicht *Deutschlands Zukunft* 1861 reimte, »Und es mag am deutschen Wesen einmal noch die Welt genesen«, so war damit nicht die deutsche Politik, wohl aber die deutsche Kultur gemeint, auf welche die damaligen Deutschen so stolz waren, dass sie von ihrer Überlegenheit überzeugt waren. Wie hatte Friedrich von Schiller (1759–1805) formuliert? »Zur Nation euch zu bilden, ihr hoffet es, Deutsche, vergebens; Bildet, ihr könnt es, dafür freier zu Menschen euch aus.«[7] Ganz in diesem Sinne hatte auch Richard Wagner (1813–1883) über die Deutschen in seinem Essay *Wollen wir hoffen?* 1879 zusammenfassend formuliert, »nicht zu Herrschern, wohl aber zu Veredlern der Welt bestimmt« seien sie und sie sollten »die ganze Welt mit unseren eigentümlichen Kulturschöpfungen durchdringen, ohne jemals Weltherrscher« werden zu wollen.[8] Das ist eine der prägnantesten, wenngleich keineswegs eine vereinzelte, sondern eher typische Formulierung für das spezifisch deutsche Verhältnis von Politik und Kultur, und da Bossard von Wagners Denken und Werk nachhaltig beeinflusst war, darf unterstellt werden, dass ihm dieser Gedanke, der bei Wagner in immer neuen Variationen vorkommt, nicht unvertraut gewesen ist, seine eigenen Auffassungen vielleicht sogar mitgeprägt hat.

Dementsprechend nimmt auch die Politik bei Bossard – wie bei Wagner, dessen geistesverwandten Vorgängern und vielen deutschen

Künstlern bis in die Gegenwart – nur eine sekundäre Stellung für die Wahrnehmung der Welt ein. Hatte Wagner die Politik mit großer Geste als Grund für die meisten Übel seiner Zeit in den Orkus gewünscht und an deren Stelle die Kunst als das große Medium der Vergemeinschaftung propagiert,[9] finden sich auch bei Bossard ähnliche Negativurteile über die Politik seiner Zeit. Tief enttäuscht von der Niederlage des Ersten Weltkriegs, den er zunächst, wie fast alle Künstler, Intellektuelle und Gelehrte des Kaiserreichs begrüßt hatte, zu dem er aber zunehmend in Widerstand getreten war, hatte er offensichtlich gleichwohl Schwierigkeiten, sich mit dem neuen parlamentarischen Parteiensystem der Weimarer Republik anzufreunden.[10] Der unerwartete Untergang des Kaiserreichs, der als zutiefst ungerecht empfundene Versailler Vertrag und das den Deutschen bisher unbekannte parlamentarische Parteiensystem mögen Gründe gewesen sein, mit der neuen Situation zu fremdeln und sich um die erbrachten Einsätze, Leistungen und Entbehrungen betrogen zu fühlen. Bossard ging es hier wohl wie der Mehrheit der Deutschen, denen die Novemberrevolution mit ihren gesellschaftlich-politischen Folgen sowie die alliierten Friedensbedingungen den Boden unter den Füßen wegzuziehen schienen. Politik sei, so schrieb Bossard unter dem Eindruck der Katastrophe und der falschen und defizitären Informationspolitik der kaiserlichen Politiker und Militärs in einem Brief vom 19. Januar 1919 an seinen Schweizer Freund Emil Hegg, »der Inbegriff der Lüge & wer nicht schon so durch und durch vergaunert ist dass er seine eigenen Lügen glaubt ist nicht zum Politiker geeignet.«[11] Politik wird hier mit Personen wie mit politischen Parteien verbunden, »die wohl teilweise gute und nützliche Ideale als Ziele aufstellen, aber in Feindschaft gegen Teile des Volkes gehetzt, dem Ganzen nicht fördernd sind«, heißt es in der *Werbeschrift* 1925, in der Bossard auch Kritik am Materialismus des Kapitalismus übt, der stets in »Geld und nicht in Werten« denkt, »sinnbetörenden, überfeinerten Luxus« fördert und eine Erziehung propagiert, die auf bloße Nützlichkeit und Verwertbarkeit angelegt ist.[12] Das vorherrschende kapitalistische Wirtschaftssystem, Basis der Nachkriegsgesellschaft, hat aus seiner Sicht den Verlust an Geist und das Verschwinden der Religion zur Folge und damit das Verschwinden gesellschaftseinigender Normen jenseits ökonomischer Nützlichkeit. Deshalb schlägt er vor, »unter gänzlicher Ausschaltung kapitalistischer Schuldenmacherei« die »Lehranstalten des Staates für Landwirtschaft und Handwerk, Technik, Wissenschaft und Kunst« zu »Ausgangspunkt[en] für die höheren Aufgaben der Arbeitsdienstpflicht« zu machen und »[i]m Anschluss an Siedlungstätigkeit, also in der Verbindung von Land-, Garten- und Bautätigkeit […] ganz zwanglos die rein berufliche Weiterbildung [zu] erreichen.«[13] Was ihm vorschwebt ist offenbar eine kleinteilig aufgebaute Gesellschaft, für welche der »Gedanke der Autarkie […] für dieses ganze Tätigkeitsgebiet eine, wenn nicht ausschliessliche, so doch hauptsächliche Voraussetzung«[14] ist. Dieses Ziel der Autarkie wird mit dem Gedanken der gemeinschaftlichen Nutzfläche der Allmende verbunden, die er wiederbeleben zu können hofft, weil er damit die Arbeitslosigkeit beheben zu können glaubt. »Möge also mit der Neueinführung des zeitgemäß[ß] abgewandelten Urvätererbes der ›Allmende‹ der so nötigen sozialen Behebung der Arbeitslosigkeit als selbstverständliche Frucht recht bald die Verfestigung der inneren Einheit des deutschen Volkes folgen.«[15]

Obgleich er sieht, dass der »Allmendegedanke […] heute keine Möglichkeit [hat], sich mit überschüssiger Bodenfläche eindecken zu können, sondern nur […] aus schwach ausgenütztem Boden höchst ertragreiche Fruchtzellen zu gestalten vermag«,[16] glaubt er an dessen gemeinschaftsbildende Kraft und propagiert ihn aus diesem gesellschaftspolitischen Grund. Er sieht die Chance, »in gemeinsamer Arbeit« »Sümpfe, Ödländer und ausgetrocknete Seen« urbar zu machen, auch Wälder wieder den Gemeinden zurückzugeben, auf diese Weise einiges zu tun, »der Not zu begegnen, sie zu wenden, da sie auch trotz der gewaltigen wirtschafstechnischen Waffen immer wieder ihr hartes Gesicht der Menschheit, und im besonderen den Deutschen, zuwendet.«[17] Und verbunden damit ist ein höchst modern anmutender Vorschlag: Energie aus natürlichen Quellen wie Wasser und Wind zu gewinnen, um die Menschen im Norden Europas mit Strom zu versorgen.[18] Aus solchen sehr unverbundenen und heterogenen Einzelvorschlägen ergibt sich in Bossards Weltvorstellung ein System subsidiär gesteigerter Planung von Produktion und Verteilung, die über den schon erwähnten Arbeitsdienst geleistet werden sollen.

Unklar ist, in welchem systematischen Zusammenhang mit diesen Vorstellungen ein anderer Gedanke Bossards steht, den er ausführlich vorstellt. Es geht dabei um einen »Orden«,[19] der sich aus »Zellen der Erneuerung«[20] zusammensetzen soll. Solche Erneuerungszellen sind offenbar Zusammenschlüsse von Menschen, die gemeinsam siedeln und arbeiten. »[D]ie [T]apferen der schwieligen Faust, die [G]eisteskü[h]nen der Universitäten, die Schüler des Handels und der Gewerbe, die Schönheitsfreudigen und Starken in der Form, die Geistigen des Klanges und der tiefen Worte«[21] sollen sich zusammenfinden, sollen Kerne der Erneuerung der Gesellschaft bilden und – man ist an anarchistische Ideen erinnert, die auch in Lebensreform-Siedlungen praktiziert wurden – Denken und Handeln gemeinsam üben. »Das Fest der Arbeit eint sie alle«, heißt es im Text der *Werbeschrift,* »[a]m Anfang war die Tat und kargem Boden wird die Frucht entlockt. Marsch und Tanz, Gehorsam, weil er Kraft erzeugt, und Froh[h]eit, weil sie Weisheit lehrt, leiten schon den ersten Tag.«[22] In solcher Gemeinschaft kann es dann »körperliche Ertüchtigung der Jugend« geben, auch »ästhetische Erziehung«, können »geistige [...] Strebungen« als Einheit erfahren und nicht in separierendem Fachwissen gespalten werden. Das alles soll verbunden werden mit einem »Pflichtarbeitsjahr«, das die Erziehung und Ertüchtigung »von den Schlacken traditioneller Einseitigkeit« befreit, »Körper, Seele, Geist« vereint und daraus »hohe[..] Kultur[..]« entstehen

Getreideernte
von links: Jutta Bossard, Wilma Krull, Johann Bossard, Emil Hegg, o. J. (um 1932–1935)

lasse. Unter dem Stichwort »Werdegang einer Kulturzelle« formuliert Bossard in abbreviativer Weise: »Kriegersiedlung[..], Ödlandkulturen und Ödlandgegenden aus privatem und Staatsbesitz erworben, sind der Ort [der Erneuerung, ist wohl gemeint, U. B.]. Pionier-, Feld- und Gartenbau[,] Erziehungsarbeit, Tempelbau, Barackenlager verwandeln sich in Ortschaften. Für Einzelzwecke, Privatbauten werden Aufträge angenommen. Stifterehrungen am Tempel geben Mittel. Spartanischer Verzicht auf Grabmalsluxus und statt dessen Tempelpfennig. Meister, Gesellen, Lehrlinge. Reorganisation des Fachausbildungswesens und der Kunsterziehung. Geistige Richtlinien überkonfessioneller Art, Materialismus das verkehrte Ende.«[23]

Überraschenderweise schreibt Bossard in seiner *Werbeschrift:* »Der Gedanke des Kommunismus wird vom Erneuerungsorden aufgenommen«[24], überraschend deshalb, weil sich ansonsten nichts findet, was auf eine Sympathie mit dem Kommunismus hindeutet. So ist es denn auch schwer, zunächst zu wissen, welcher »Gedanke des Kommunismus« aufgenommen werden soll – vermutlich alles, was auf Gemeinschaft zielt –, noch schwieriger, den ebenfalls betonten Aspekt einer Elitebildung damit zu vereinbaren. »Der Erneuerungsorden schafft Elitegruppen«[25] – heißt es in der *Werbeschrift* – »für alle Dinge menschlicher Fähigkeit wird Höchst-, wird Adelsleistung erstrebt; aber nicht in seelenlosem Virtuosentum hat man sich auszugeben, Vielseitigkeit, Harmonie wird die Leitung und Leistung der Kulturerneuerungszellen aus[..]zeichnen [...].«[26]

Alles in allem lassen solche assoziativ gereihten und kaum in einen systematischen Zusammenhang zu bringenden Stichworte mehr erahnen als deutlich werden, welche Vision einer neuen Gesellschaft Bossard vorschwebte. Es ist, mit aller Vorsicht gesagt, wohl eine Gesellschaft, die ihr Fundament im landwirtschaftlichen und handwerklichen Bereich hat, die dem Gedanken der Gemeinschaft Vorrang vor dem des Individualismus einräumt und jene Gemeinschaft gleichsam ›erden‹ will, die zugleich auch bestimmte Spezialisierungen, welche die Moderne hervorgebracht hat, rückgängig machen soll. So fordert Bossard von der Berufsausbildung von Ärzten und deren Einsatz: »Krankheit zu verhüten, wenn der Arzt wäre, wo er hingehörte, nämlich nicht in die Flicksäle der Krankenhäuser, sondern in die Werkstätten, Gärten, Schulen und Felder; [...] als Mitarbeiter, der am eigenen Leib erprobt, wie gesund der Schweiss ist und der die Schwachen und Einsichtslosen dank seiner Ausbildung belehren[..], anleiten kann.«[27] Dahinter steht sicherlich die alte anarchistische Hoffnung, die Trennung von Hand- und Kopfarbeit wenigstens partiell aufheben zu können, eine Hoffnung, die nicht nur in der radikalen Linken verbreitet war, sondern auch von der politischen Rechten gelegentlich propagiert worden ist.[28]

Sind diese Voraussetzungen gegeben, muss dem die geistige Entwicklung der Gemeinschaft als die eigentliche Leistung folgen. »Hat die Siedlung sozusagen für die lebenswichtigen Bedürfnisse das Notwendigste erhalten, so erfolgt der Ausbau aller Teile, welche zum Bedürfnis der kulturellen Seite des deutschen Menschen gehören: Kirche, Rathaus, Schule geben die Aufgaben, zu deren Bewältigung die entsprechend gebildete zweite Hilfsdiensttruppe herangezogen wird.«[29]

Für Bossard geht es nicht nur darum, jenseits des kapitalistischen Wirtschaftssystems Strukturelemente einer alternativen Weise von Produktion und Verteilung und einer neuen Gemeinschaftsbegründung anzudeuten, sondern ganz entscheidend für ihn ist es, dass sich die Veränderungen der konkreten Verfasstheit der Gesellschaft in einem geistigen Mentalitätswandel niederschlagen. Die konkrete Veränderung der gesellschaftlichen Strukturen ist gleichsam die materielle Voraussetzung für die Wiedergewinnung einer neuen Spiritualität. Es geht also um eine religiöse, künstlerische, soziale und wirtschaftliche Erneuerung des deutschen Volkes. Um dies zu bewirken, muss sich das Leben des Volkes erneut mit der Religion verbinden – eine durchgehende Forderung in der *Werbeschrift.* »Ins Leben hinunter trete die Religion [u]nd durchdringe die ganze Erziehung, vergeistige jede Tat«, heißt es, und dies meint die »Macht und Wirkung religiöser, kirchlicher Verinnerlichung.«[30] Denn »Erkenntnis quillt aus anderen Bronnen« als dem der materiellen Welt, deren Erscheinungen »leer oder unverständlich« sind.[31] »Die Worte der Religiösen und Weisen« aber geben dem »Leben [...] Richtung«, denn »was nicht von innen begriffen, wem nicht eigene Lebensnotwendigkeit den Weg weist, der begreift in allen Daten der Vergangenheit nur das ewig Gestrige« und bleibt im Historischen als einem Vergangenen stecken.[32] Religiöse Spiritualität, die für Bossard nicht konfessionell gebunden ist, von der nicht einmal sicher angenommen werden kann, dass sie christlich ist, aber erschließt erst den wahren Sinn des Lebens und macht den Menschen zum Menschen. »[K]ein stärkerer Gott ist, als der der Liebe, der ewig Unwandelbare«,[33] heißt es an einer Stelle, und das meint wohl Religion als Liebesreligion, wie sie, das sei nebenbei bemerkt, auch in der *Bayreuther Theologie*,[34] im Umfeld Wagners, geübt wurde.

Versuch einer politischen Einordnung
Fasst man alle Vorbehalte Bossards gegenüber einer als schlecht und defizitär empfundenen Realität zusammen, Vorbehalte, die sich zum Teil auch indirekt aus den Vorschlägen einer ›Verbesserung‹ von Gesellschaft und Politik ergeben, so kann man den Eindruck gewinnen, Bossard mache tiefgehende menschlich-normative Defizite aus, die, verursacht durch Industrialisierung und Modernisierung der Gesellschaft, bereits im Kaiserreich vorhanden gewesen wären, sich in der Weimarer Republik verschärft hätten und denen durch neue gesellschaftliche Strukturelemente begegnet werden müsse. Diese Dialektik, bestehenden Defiziten mithilfe alternativer Konstruktionsmomente zu begegnen und damit einer als desaströs empfundenen Moderne eine vermeintlich heilende Alternative entgegenzusetzen, teilt Bossard mit vielen Verfechtern der Lebensreformbewegung. Er ist, das lässt sich konstatieren, ein Vertreter einer durch die Lebensreformbewegung propagierten ›anderen Moderne‹, allerdings ein sehr eigenwilliger und an die allgemeinen Tendenzen dieser Lebensreform nur begrenzt anschlussfähiger Repräsentant.[35] Deshalb lässt sich nicht eindeutig und zweifelsfrei festlegen, was eine solche Bestimmung für die politische Einordnung genau bedeutet.

Doch so viel lässt sich sagen: Der Anti-Parteienaffekt Bossards und die damit verbundenen Vorbehalte gegen den Parlamentarismus, der Rückgriff auf historisch abgearbeitete Elemente einer Gemeinschaftsbildung, wie dies etwa für den Begriff der Allmende gilt, die Hoffnung auf autarkes Wirtschaften in überschaubaren Kleineinheiten, Vorstellungen von Kleingruppen, d. h. »Zellen«,[36] aus denen, weil es sich um Basisorganisationen handelt, die nahe am ›Volk‹ sind, die moralisch-sittliche, soziale, ästhetische und politische Erneuerung des Volkes insgesamt hervorgehen könnte, sind allesamt Ideen, die in einem weiten und durchaus unpräzisen Sinne noch am ehesten dem konservativ-nationalen politischen Spektrum nahe stehen. Da der deutsche Konservativismus in den Jahren der Weimarer Republik keine einheitliche politische Strömung war, sondern in viele, sich teilweise bekämpfende Gruppierungen zerfiel,[37] ist eine eindeutige Zuordnung von Bossards Denken zu einem der konservativen Lager kaum möglich. Es gibt Überschneidungen und eine gewisse Nähe zu vielen Ausformungen dieses Konservatismus, zu völkischen, bündischen und nationalistischen Gruppierungen und Ideen, aber Bossards Denken geht in solchen Strömungen nicht auf, weil er, gemessen an ihnen, zu unorthodox denkt und seine Vorstellungen eklektisch aus kaum zusammenstimmenden Ideenpools stammen. Dass Mitglieder jener Gruppen, die sich der *Konservativen Revolution* zugehörig fühlten, auch nur den Begriff Kommunismus positiv in den Mund genommen hätten, wie Bossard dies tat, ist undenkbar; der Kommunismus war nicht nur für Hitler und die NSDAP eine ›bolschewistisch-jüdische Weltverschwörung‹, sondern auch für weite Teile des deutschen konservativen Lagers, und für Vertreter dieser Verschwörungstheorie war Antisemitismus konstitutiv. Aber Antisemitismus spielte bei Bossard keine folgenreiche Rolle. Er war weder überzeugter Antisemit noch glaubte er mit Entschiedenheit an Rassetheorien, etwa in dem Sinne, wie diese für die Ideologie des Nationalsozialismus grundlegend waren. Auch wenn er gelegentlich von Rassen sprach, so war dies eher einem opportunen Sprachgebrauch geschuldet als einer tiefsitzenden Überzeugung. Schon dies allein, der fehlende Antisemitismus wie die mangelnde Rezeption der Rassentheorie, wiesen Bossard eine Sonderstellung innerhalb des konservativen Lagers zu. Diese eigenbrötlerische Haltung, wenn man das so nennen darf, gilt auch für seine Position hinsichtlich der 1933 zu Macht gekommenen NSDAP. Auch hier gab es durchaus einige positive inhaltliche Überschneidungen, insoweit die Nationalsozialisten sich teilweise des Ideenguts der *Konservativen Revolution* bemächtigt hatten, aber keine Identität. Bossard war kein Mitglied der NSDAP, auch wenn er für den »aus der Tiefe des notleidenden Volkes auf[gestiegenen]« Führer zunächst eine gewisse Sympathie hegte und im März 1933 meinte, man solle ihm zunächst einmal »Glauben und Vertrauen entgegenbringen, den offenen Blick für Notwendigkeiten zutrauen«, und von sich selbst schrieb, er würde »gänzlich ohne Neigung zu parteipolitischer Bindung, doch für den nationalsozialen Gedanken eintreten«, und anfügte, er greife mit dem Gedanken der Allmende »bewusst auf vorkapitalistische Ordnungen zurück, wie sie im germanischen Volks- und Wirtschaftsleben schon bestanden haben.«[38] Es sind jene altgermanischen Versatzstücke, die in Teilen der NSDAP beliebt waren, die bei Bossard auf Sympathie stießen. Und es ist die Hoffnung auf einen autoritären Führerstaat, dem es gelingen sollte, sehr rasch und spürbar eine Besserung der Lage des deutschen Volkes herbeizuführen. Hitlers »freier Blick« und eine »genügende autoritäre Machtfülle« sind für Bossard die Bedingungen für eine »Erneuerung, wie sie dem Ganzen dient«, und er glaubt, Erneuerung sei stets jenen gelungen, »die aus dem kargsten Boden« stammten und daher auch die »freiesten Köpfe und die kräftigsten Hände« gehabt hätten.[39] Dass Bossard damit nicht einer schrankenlosen Diktatur das Wort redet, ergibt sich aus einem Satz, der den eben zitierten Sätzen unmittelbar nachfolgt: »Ich halte es für sehr wünschenswert, dass sich zwischen den aus alter Tradition kapitalistisch eingestellten Gruppen und Hitler ein Verbindungsmann findet, der die Möglichkeiten zum Guten auf beiden Seiten zu erkennen vermag, und dessen Wirksamkeit dadurch zum grössten Vorteil werden könnte, wenn es ihm gelänge, die erweiterten Gesichtspunkte zur Geltung zu bringen.«[40]

Kunst und Politik
Für Bossard ist allerdings die materielle »Gesundung«[41] des deutschen Volkes nur die Voraussetzung für seine geistige. Erst wenn die Arbeitslosigkeit erfolgreich bekämpft und das Konsumbedürfnis befriedigt sind, »wird […] der Grund möglich für Propaganda der höheren Werte, deren Deutschland verlustig zu gehen droht.«[42] Darin aber besteht das eigentliche Ziel aller gesellschaftlich-politischen Reformbemühungen, dass die Voraussetzungen geschaffen werden, damit »die Erstarkung und Vergeistigung des Volkskörpers und ebenso der Wiederaufstieg Deutschlands emporspriessen müssen.«[43] Es geht, um es kurz zu sagen, um die Wiedergewinnung der geistig-intellektuellen Höhe, welche die Deutschen einmal hatten.

Für dieses Ziel ist es entscheidend, der Kunst eine besondere, eine dominante Stellung zuzuweisen. Wie Richard Wagner glaubt auch Bossard, das werde am besten durch deren Sakralisierung erreicht.[44] »Kunst und Religion müssen sich einen«,[45] heißt es in der Tradition der Bayreuther Kunstreligion, und beide sollen nach seinen Vorstellungen, dem Leben unmittelbar verbunden sein. Von einer religiös aufgeladenen Kunst verspricht sich Bossard neue moralische Imperative, die dem Leben Grund

Vor der Ackerfläche
von links: Wilma Krull, Thea Hebsaker, geb. Krull, Johann Bossard, Jutta Bossard,
o. J. (um 1932–1935)

und sittliche Richtung geben sollen. »Der Einheit von Kunst und Leben muss nachgestrebt werden«, heißt es in der *Werbeschrift* von 1925, denn darin »liegt die Wurzel der Erneuerung. […] Kunst ist keine Angelegenheit der Schwätzer, keine Angelegenheit derer, die Oberflächen immer noch einmal polieren, seine Kurve immer noch einmal verbrä[..]men, glaubend, Seele sei ein Wort und nicht ein Befehl heiliger Hingabe. In der Kunst dränge das heilige Feuer, der prometheische Funke als Abglanz des Geheimnisses der Gottheit, würdigend die Taten im Dienst der harten Notwendigkeit und bese[e]ligend alle Mühsal des Alltags in das volle Leben des ganzen Volkes ein. Kunst ist keine Angelegenheit der Müssiggänger, sie ist nicht da um verlästert zu werden von denen, deren [Ü]berdruss der Beweis ihrer Unwürde ist.«[46]

Dass aber Kunst nicht im luftleeren Raum und voraussetzungslos entsteht, betont Bossard auch immer wieder. Die nordische Dichtung wie die Edda,[47] »nordisches Schriftgut« mit der Betonung »heldischer Gesinnung« könnten Kraft geben für die Bewältigung der Gegenwartsaufgaben.[48] Richard Wagner, so schreibt er, habe darauf hingewiesen, »dass Kunst ohne geistige Verankerung, ohne Beziehung zum Rasseerbe der Mythologie zur Afterkunst werden muss«,[49] seine Ideen zum Verhältnis von Kunst und Leben seien noch »unausgeschöpft« und sie lägen in den »erneut so lebensträchtig gewordenen Gestalten der Edda, der nordischen und deutschen Sagen und Märchen.«[50] Das ist, nebenbei bemerkt, eine mehr als eigenwillige Interpretation Wagners, der Kunst und Rasse nie in strikte Beziehung gesetzt und schon gar nicht vom »Rasseerbe« geredet hat.[51] Aber auch für Bossard ist dies eine ungewöhnliche Bemerkung, weil er kein Anhänger der Rassetheorien gewesen ist und dieser Satz wohl nur in Aufmerksamkeit heischender Absicht dem Adressaten des Briefes, dem Leiter der Gau-Führerschule Hamburg, geschuldet ist.

Immer wieder findet sich in den unveröffentlichten Schriften und Briefen der Gedanke, Kunst und Leben müssten eine Einheit bilden, die Kunst mit der Religion eine unangreifbare Stellung einnehmen. Bossard stellt sich dies als einen Arbeitszusammenhang vor: aus der täglichen Arbeit zur Sicherung des eigenen Lebens werde, so kann man ihn verstehen, auch jener Sinn und Anstoß gewonnen, der sich in der Kunst niederschlage, und dort in einer Form deutlich werde, durch welche die Verbindung zum Leben natürlicherweise gegeben sei. Das Konzept Wagners, das Gesamtkunstwerk als Synästhesie aller Künste zu verstehen und es dann auch appellativ durch das Musikdrama ins Leben eingreifen zu lassen, steht zum einen hinter den entsprechenden Überlegungen von Bossard, wird zum anderen aber auch variiert und auf die Bedürfnisse eines bildenden Künstlers hin ausgelegt. Wenn es bei ihm heißt: »Bei Betrachtung des Gesamtkunstwerkes Wagners fällt als sehr wichtig auf das Tempo der Darstellung, die Wichtigkeit von Gruppierungen der Darsteller zu einem Bild von architekturaler Eindringlichkeit und symbolischer Bedeutung. Bei einem rein bildnerischen Gesamtkunstwerk wird auch die Zeit insofern von Bedeutung sein als der Beschauer zu einer aktiven Gliederung der Anschauung gelangen muss«[52], dann ist der Versuch, den Geist des Wagnerschen Gesamtkunstwerks mit seiner lebensintervenierenden Intention in die Bedingungen der bildenden Kunst wie der Architektur zu übersetzen, deutlich. Dass dies zugleich die theoretische Grundlage für das im Bau befindliche Heideareal war, leuchtet unmittelbar ein. Wenn Wagner auf der Bühne den germanischen Mythos zum Leben wiedererweckte – so im *Lohengrin*, im *Ring*, im *Tristan* und *Parsifal* –, so griff Bossard auf die nordischen Sagen und die Figuren der Edda zurück, durchaus im Sinne Wagners und vor allem mit demselben Missionsdrang. Der Beginn der *Werbeschrift* von 1925 formuliert diese Absicht unzweifelhaft: »Auf einem Gelände in der Nähe des Naturschutzparkes in der Lüneburgerheide soll ein Kunsttempel erstehen. Dem Heidewanderer, dem sehnsüchtigen, jungen Menschen der Grossstadt soll zum Naturgenuss der weiten Ebene und des hohen Himmels des [n]iederdeutschen Landes der Atem Gottes, wie er am reinsten und doch menschennahesten aus dem grossen, einheitlichen Kunstwerk quillt, eine schönheitliche Quelle, eine Stätte innerer Eikehr errichtet werden.«[53] In diesem einen Eröffnungssatz verbinden sich Natur, menschliches Leben, die Nähe zu Gott mit der Aufnahme des Kunstwerks zu einer Erfahrungseinheit, die in jenem *Kunsttempel* bzw. dem *Eddasaal* gemacht werden soll, der mit Figuren der *Edda*, mit Wieland dem Schmied und Gudrun und Siegfried ausgemalt ist. Die Frage, woher wir kommen, wird durch diese Figuren beantwortet, die Frage, wohin wir gehen, bleibt dem Betrachter überlassen, auch wenn die Figuren dessen Gedanken in jene Richtung lenken sollen, die Bossard selbst als »heldische[..] Gesinnung«[54] bezeichnet hat.

Ob die *Kunststätte* je diese Wirkung gehabt hat, darf bezweifelt werden. Wie überhaupt bezweifelt werden muss, dass Kunst jene ihr von Bossard – in der Tradition Wagners – angesonnene Mission einer moralischen Lebensbesserung je realisiert hat. Gleichwohl ist die *Kunststätte* in der Heide bis auf den heutigen Tag in ihrer Art überaus eindrucksvoll, nicht zuletzt deshalb, weil sie als ein gebautes Dokument den Willen ihres Schöpfers und den seiner Ehefrau bezeugt, Kunst aus dem bloß kulinarischen Konsum herauszuholen und ihr eine lebensbestimmende Aufgabe zuzuweisen. Dahinter steht die Hoffnung, die Wagner am Ende seines Lebens als »ästhetische Weltordnung«[55] auf den Punkt gebracht hat, also die Vorstellung, gesellschaftliche und politische Konflikte könnten irgendwann einmal durch die ›ästhetische Erfahrung‹ aller Menschen ersetzt werden. Es ist die Utopie von der Kunst als einem Medium ästhetischer Vergesellschaftung, eine schöne Utopie, doch leider eine realitätsferne. Um noch einmal Schiller zu zitieren: »Daß der Deutsche doch alles zu einem Äußersten treibet.«[56]

1 Schiller, Friedrich von, *Sämtliche Werke,* hrsg. v. Gerhard Fricke u. a., München 1987, Bd. 1, S. 305 (*Tabulae votivae* von Schiller und Goethe).
2 Der vorliegende Text folgt in wesentlichen Gesichtspunkten dem Kapitel *Die Kunststätte Bossard* in meinem Buch *Richard Wagners Weg zur Lebensreform,* Würzburg 2018, S. 178–198.
3 Bossard, Johann, *Werbeschrift an meine Freunde,* Weihnachten 1925, Typoskript, o. O. [Jesteburg] 1925 (AJB 1). Vgl. dazu ausführlich Schulz-Ohm, Magdalena, *Vom Künstlerhaus zum Gesamtkunstwerk. Eine exemplarische Untersuchung von Johann Michael Bossards expressionistischer Kunststätte,* Typoskript, Phil. Diss., Universität Hamburg 2017, S. 122–129.
4 Emil Hegg war ein Schweizer Augenarzt, enger Freund und Förderer Bossards. Mit ihm existiert ein umfangreicher Briefwechsel und von Hegg stammte das Buch *Ferdinand Hodler und Johann Bossard. Eine Konfrontation,* Zürich 1923. Siehe dazu den Aufsatz von Janina Willems in der in Vorbereitung befindlichen Publikation »*Über dem Abgrund des Nichts«. Die Bossards in der Zeit des Nationalsozialismus,* hrsg. v. Gudula Mayr, Ausst. Kat. Kunststätte Bossard, Jesteburg, Jesteburg 2018 (Schriften der Kunststätte Bossard, 17).
5 Brief von Johann Bossard an Emil Hegg vom 21.12.1908 (AJB 178). Für eine von der Lebenspraxis Bossards ausgehende Interpretation siehe Schulz-Ohm 2017, S. 74–82.
6 Borchmeyer, Dieter, *Was ist deutsch? Die Suche einer Nation nach sich selbst,* Berlin 2017, S. 38.
7 Schiller 1987, S. 267 (*Xenien*).
8 Wagner, Richard, *Wollen wir hoffen?,* in: *Gesammelte Schriften und Dichtungen,* Leipzig 1907, Bd. 10, S. 130.
9 Dazu: Bermbach, Udo, *Der Wahn des Gesamtkunstwerks, Richard Wagners politisch-ästhetische Utopie,* Stuttgart u. a. 2005, bes. S. 81–94.
10 Dazu: Mayr, Gudula, »*Bildhauern ist aber überhaupt ausgeschlossen.« Johann Bossard und der Erste Weltkrieg,* in: *Bildhauer sehen den Ersten Weltkrieg,* Eine Publikation der Arbeitsgemeinschaft Bildhauermuseen und Skulpturensammlungen e.V., hrsg. v. Ursel Berger u. a., Bremen 2014, S. 58–73.
11 Brief von Johann Bossard an Emil Hegg vom 7.1.1919 (AJB 179).
12 Alle Zitate im Satz: Bossard 1925, S. 6, 9 und 4.
13 Bossard, Johann, *Brief an Herrn C. H.* vom 16., 18. u. 23.3.1933, o. O. [Jesteburg] 1933 (AJB 5), S. 3 (erstes Zitat im Satz) und 2 (alle weiteren).
14 Ebd., S. 3.
15 Ebd., S. 13.
16 Ebd., S. 8. Im Original ist das Wort »Allmendegedanken« unterstrichen.
17 Alle Zitate im Satz: Ebd.
18 Ebd.
19 Bossard 1925, z. B. S. 6 und 14.
20 Ebd., S. 5.
21 Ebd.
22 Ebd.
23 Ebd., S. 6.
24 Ebd., S. 10.
25 Ebd.
26 Ebd.
27 Ebd.
28 Vgl. *Theorie und Praxis der direkten Demokratie. Texte und Materialien zur Räte-Diskussion,* hrsg. v. Udo Bermbach, Opladen 1973, z. B. S. 79–87, 103–123, 124–133.
29 Bossard 1933a, S. 2.
30 Alle Zitate im Satz: Bossard 1925, S. 7.
31 Alle Zitate im Satz: Ebd.
32 Alle Zitate im Satz: Ebd.
33 Ebd., S. 14.
34 Vgl. Bermbach, Udo, *Richard Wagner in Deutschland. Rezeption – Verfälschungen,* Stuttgart u. a. 2011, S. 231–294.
35 Vgl. dazu Bermbach 2018, S. 89–100.
36 Bossard 1925, S. 5.
37 Dazu Mohler, Armin u. Weissmann, Karl Heinz, *Die Konservative Revolution in Deutschland 1918–1932. Ein Handbuch,* Graz 2005, bes. S. 99–129.
38 Bossard 1933a, S. 9 (erstes und zweites Zitat im Satz) und 5 (drittes und viertes Zitat im Satz).
39 Alle Zitate im Satz: Ebd., S. 9.
40 Ebd.
41 Ebd., S. 5 und 11.
42 Ebd., S. 12.
43 Ebd., S. 13.
44 Zur Nähe von Bossards Gedanken zu denen Wagners und dessen Gesamtkunstwerk, die hier nicht thematisiert werden soll, vgl. detailliert Schulz-Ohm 2017, S. 74–82, 122 f. und 197–200.
45 Bossard 1925, S. 7.
46 Ebd., S. 3.
47 Zur Rezeption der *Edda* vgl. Schulz-Ohm 2017, S. 144–177.
48 Bossard 1933a, S. 10.
49 Bossard, Johann, *An den Leiter der Gau-Führerschule, Herrn Gundlach,* vom 27.5.1934, Typoskript, o. O. [Jesteburg] 1934 (AJB 8) S. 5. Dass hier vom »Rasseerbe« die Rede ist – was sonst kaum vorkommt –, ist wohl der Tatsache geschuldet, dass der Satz in einem Brief steht, in welchem Bossard sein Auffassung darlegt, in welche Richtung die politische und künstlerische Entwicklung gehen sollte. Der Begriff ist wohl dazu gedacht, Nähe zum Nationalsozialismus vorzugaukeln, wo eigentlich keine ist.
50 Ebd., S. 3.
51 Zur Haltung Wagners in der Rassefrage vgl. Bermbach, Udo, *Wagner und Gobineau. Zur Geschichte eines Missverständnisses,* in: ders., *Kultur, Kunst und Politik. Aufsätze. Essays,* Würzburg 2016, S. 281–298.
52 Notizheft mit handschriftlichen Einträgen Johann Bossards, undatiert, n. p. [S. 3] (AJB 115).
53 Bossard 1925, S. 1.
54 Bossard 1933a, S. 10.
55 Wagner 1907, Bd. 10, S. 284.
56 Schiller 1987, Bd. 1, S. 292 (*Xenien*).

Roger Fornoff

»Symbol eines kommenden Größeren«.
Johann Michael Bossard
und das Gesamtkunstwerk

**Zwischen Totalitarismus und Utopie:
Der Hang zum Gesamtkunstwerk**

Im Begleitkatalog zu der legendären Ausstellung *Der Hang zum Gesamtkunstwerk* konstatierte der Schweizer Kurator Harald Szeemann (1933–2005) in einer ebenso lapidaren wie bewusst paradoxen Formulierung: »Das Gesamtkunstwerk gibt es nicht« – sei es doch, wie er als Erklärung anfügt, letztlich nicht mehr als »ein Hang, ein Bekenntnis, eine Obsession«,[1] ja ein Phantasma aus Kunst und Erlösung, das bislang noch nirgendwo in die Wirklichkeit umgesetzt worden sei. Mehr noch: Die Realisierung dieser »Obsession nach dem Ganzen« und seiner umfassenden ästhetischen Neugestaltung hätte monströse Folgen; sie wäre, so Szeemann weiter, schlichtweg das Ende der freien und autonomen Schöpferkraft, denn sie würde die vollständige »Arretierung der Wunschenergien und die »Umwandlung von Phantasiedenken in Besitzsicherung«[2] bedeuten – mit der Konsequenz, dass das realisierte Gesamtkunstwerk seinen eigenen ideellen Gehalt dementieren würde. In der Tat: Weil Gesamtkunstwerke prinzipiell auf das Ganze gerichtet sind, insofern sie dazu tendieren »die Grenze zwischen Kunstgebilde und außerkünstlerischer Wirklichkeit«[3] aufzulösen und diese schließlich in ihrer Gesamtheit nach den eigenen ästhetischen und weltanschaulichen Parametern umzuformen, geht mit ihnen fast immer ein problematischer Totalitätsanspruch einher, dessen Verwirklichung nahezu zwangsläufig in Totalitarismus und den totalen Staat münden würde. Vor diesem Hintergrund hat Szeemann ohne Zweifel recht: Das Gesamtkunstwerk, verstanden als ein vollständig Realisiertes, gibt es nicht – glücklicherweise, wie man hinzufügen muss. Gleichzeitig jedoch ist das Gesamtkunstwerk alles andere als ein leeres Trugbild, als eine bloße Fata Morgana; im Gegenteil: Ohne sich einer langen Suche unterziehen zu müssen, begegnet man ihm auf Schritt und Tritt in der Kunstgeschichte des 19. und 20. Jahrhunderts, wo es in den unterschiedlichsten Realisationsgraden und ästhetischen Gestaltungen auftritt: als naturmystischer Gemäldezyklus bei Philipp Otto Runge (1777–1810), als Bühnenweihfestspiel bei Richard Wagner (1813–1883), als futuristische Lautmusik bei Luigi Russolo (1885–1947), als alpine Glasarchitektur bei Bruno Taut (1880–1938), als Wohnmaschine bei Le Corbusier (1887–1965) oder als Soziale Plastik bei Joseph Beuys (1921–1986). Szeemanns paradoxe Formulierung ist also richtig und falsch zugleich: Gesamtkunstwerke gibt es durchaus, je-

25

doch nicht als abgeschlossene Werke, sondern lediglich als Antizipationen, Bruchstücke, Glutkerne oder Teilrealisierungen, die in einem utopischen Sinne über sich hinaus auf künftige ideale Wirklichkeiten verweisen und deren ästhetische, gesellschaftliche, politische und religiöse Strukturierungen bereits im Kleinen vorwegnehmen. Es greift mithin zu kurz, in der aus der Frühromantik stammenden und von Richard Wagner erstmals systematisch ausgearbeiteten Idee des Gesamtkunstwerks lediglich den Versuch einer Wiedervereinigung ehemals verbundener, im Prozess der Moderne jedoch auseinandergetretener und autonomisierter Einzelkünste zu sehen. Gesamtkunstwerke lassen sich mit dieser Definition nicht vollständig erfassen, denn sie sind immer, dies ist gleichsam die Konsequenz aus ihrem antizipatorischen Charakter, in kulturkritisch, philosophisch, metaphysisch oder religiös grundierte totalisierende Metanarrative eingebunden, die ihnen nicht nur einen spezifischen Sinngehalt verleihen, sondern ihnen auch eine konkrete soziale oder religiöse Funktion im Hinblick auf die Herausbildung des von dem Metanarrativ avisierten utopischen Neuen zusprechen.

Auch die von Johann Bossard (1874–1950) zwischen 1911 und 1950 errichtete Kunststätte in der Lüneburger Heide bei Jesteburg, in der er in Anknüpfung an Wagners Idee des Gesamtkunstwerks »versuchte, möglichst viele Einzelkünste miteinander zu verschmelzen«,[4] ist in diesem Sinne nicht als rein ästhetisches Gebilde, als für sich stehendes autonomes Kunstwerk zu begreifen, sondern, wie Bossard in seiner 1925 verfassten *Werbeschrift an meine Freunde* schreibt, als »Symbol […] eines kommenden Grösseren«, als »in Form und Gehalt […] schon […] feste[r] Kern, um den eine […] nährende Frucht sich ansetzen soll«. Die von Bossard in jahrzehntelanger Arbeit mit der für Gesamtkünstler typischen Obsessivität erbaute Kunststätte mit dem Tempel oder wie ihn Bossard 1945 titulierte, der ›Lichtkathedrale‹[5] in ihrer Mitte als Manifestation des von ihm erstrebten »grossen, einheitlichen Kunstwerk[s]«[6] sollte folglich vor allem eines sein: der Ausgangspunkt, oder besser: die Keimzelle einer umfassenden geistig-kulturellen Erneuerung des damaligen Deutschland, von deren Verlauf Bossard erwartete, dass sie weitgehend den weltanschaulich-metanarrativen Prämissen seines Denkens folgen würde. Will man Bossards Gesamtkunstwerkskonzept verstehen, dann genügt es dementsprechend nicht, allein die plurimediale Ästhetik seiner Kunststätte zu untersuchen. Nicht weniger wichtig ist es, den Blick auf Bossards Weltanschauung und ihre philosophischen und religiösen Bezugspunkte sowie auf die utopischen Horizonte seines ästhetisch-politischen Denkens zu richten. Erst durch eine solche umfassende Kontextualisierung lassen sich die komplexen Bedeutungsgehalte des Bossardschen Gesamtkunstwerks in vollem Umfang entfalten.

Weltanschauliche Koordinaten: Bossards *Werbeschrift an meine Freunde*

Obwohl Bossard als ein introvertierter Charakter mit einem Hang zum Einsiedlerischen beschrieben wird, der sich, wann immer er konnte, aus Hamburg auf sein Kunstgelände in die norddeutsche Provinz zurückzog, fällt beim Blick auf sein Werk und seine schriftlichen Äußerungen doch auf, wie genau er die künstlerischen und intellektuellen Entwicklungen seiner Epoche wahrnahm. Mag Bossard auf der persönlichen Ebene ein Einzelgänger gewesen sein, so war er doch jenseits von dieser keineswegs eine »singuläre«, sondern vielmehr »eine exemplarische, um nicht zu sagen paradigmatische Figur, in deren Werk sich fast idealtypisch ästhetische, politische, sozialutopische, philosophische und religiös-spirituelle Strömungen seiner Zeit«[7] bündeln. Gleichwohl fällt es nicht leicht, aus dem heterogenen Ideenkonglomerat, das in seinen Briefen, Notizen und schriftlichen Abhandlungen sichtbar wird und das sich, wie Udo Bermbach zu Recht anmerkt, nur schwer »auf eine gängige Klassifizierung bringen lässt«,[8] eine konzise und in sich klar strukturierte Weltanschauung abzuleiten. Zu viele Leerstellen existieren und zu viel Widersprüchliches und kaum miteinander in Einklang zu Bringendes steht dort locker verbunden nebeneinander und fügt sich nur schwerlich zu einem einheitlichen Bild. Und dennoch lassen sich, gerade im Blick auf die bedeutendste Manifestation von Bossards ästhetisch-politischem Denken, seine *Werbeschrift an meine Freunde* aus dem Jahr 1925, zumindest grobe Konturen eines Weltbildes rekonstruieren sowie einige für Bossards Vorstellungswelt maßgebliche ideengeschichtliche Referenzen aufzeigen.

Sieht man von der überragenden Bedeutung ab, die Richard Wagners musikdramatisches und kunsttheoretisches Werk für Bossard hatte, so lassen sich seine weltanschaulichen Überzeugungen vor allem zwei kunst- und ideengeschichtlichen Komplexen zuordnen, die ihrerseits freilich auch wichtige Impulse von Wagner empfangen haben: erstens der Lebensreformbewegung der Jahrhundertwende, insbesondere in ihrer programmatischen Ausprägung bei Fidus (1868–1948), an dessen theosophische Tempelbauvisionen Bossards Gesamtkunstwerksidee unübersehbar anschließt; und zweitens der Avantgardebewegung des deutschen Expressionismus, deren Einflüsse auf Bossard in den gotischen Formelementen seines *Kunsttempels* ebenso sichtbar werden wie in den abstrakt-kristallinen Mustern des *Zweiten Tempelzyklus*, die nicht nur von Ferne die visionäre Kristallsymbolik der expressionistischen Architekturvereinigung der *Gläsernen Kette* evozieren. Bossards Nähe zum Gedankengut des architektonischen Expressionismus zeigt sich jedoch nicht nur auf der Formebene seiner ästhetischen Gestaltungen, sondern auch im Idealismus und Gefühlsüberschwang der *Werbeschrift*, die in Rhetorik und Bildsprache an die übersteigerten utopischen Verlautbarungen des *Arbeitsrates für Kunst* oder die pathetisch-delirierenden Briefe der *Gläsernen Kette* erinnert. Zu dieser ekstatischen Grundgestimmtheit kommen wesentliche weltanschauliche Denkmotive, die sich so oder ähnlich auch in den Schriften expressionistischer Künstler und Architekten finden lassen: in religiöser Hinsicht das Bewusstsein, an einer nahezu eschatologischen Zeitenwende zu leben, in der sich die Entstehung einer neuen geistigen Weltepoche am Horizont abzeichnet, die den Materialismus ebenso wie die Entfremdungs- und Differenzierungsphänomene der kapitalistischen Gesellschaft überwindet; in sozial- und kulturreformerischer Hinsicht eine Utopie subsidiär organisierter Siedlungs-, Produktions- und Lebensgemeinschaften, die von einem ›Erneuerungsorden‹ als geistiger Elite der kommenden Gesellschaftsordnung getragen wird; sowie in kunstutopischer Hinsicht die Sehnsucht nach einem architektonischen Gesamtkunstwerk als idealer Vereinigung von Architektur, bildender Kunst und Handwerk bzw., wie es Hans Luckhardt (1890–1954), Mitglied der *Gläsernen Kette*, formulierte, die Sehnsucht nach einem »ideellen Bau«,[9] der – zumeist als Kathedrale, nicht selten aber auch als Volkshaus, Stadtkrone oder Kristallpalast imaginiert – das ideelle Zentrum eines neuen, Kunst, Religion und Leben synthetisierenden Totalitätszusammenhangs, bilden sollte.

Helkarthismus und Theismus: Bossards religiöse Weltsicht

Noch in einer weiteren Hinsicht sind die Parallelen zwischen dem Denken Bossards und dem des architektonischen Expressionismus unübersehbar. Ebenso wie viele andere Vertreter dieser künstlerischen Strömung war Bossard davon überzeugt, dass der kunstschöpferische Prozess unmittelbar an das Religiöse gebunden, ja dass er gleichsam selbst ein religiöser Akt sei. Aus dieser Vorstellung von der prinzipiellen Kongruenz von Kunst und Religion, die

Bruno Taut bereits 1920 mit der lapidaren Formel »Unser Architekturwollen ist nur Religionwollen«[10] beschrieben hatte, leitet sich auch das zeitspezifische, zwischen Ich-Aufgabe und Allmachtsphantasie changierende Selbstverständnis Bossards und vieler expressionistischer Künstler und Architekten ab, die sich einerseits als gleichsam entsubjektivierte Medien und Kanäle sahen, durch die das Geistige künstlerisch-bauliche Formen erlangt – Bossard spricht in diesem Zusammenhang vom Künstler als »Centralspiegel des Alls«[11] –, andererseits aber auch als Auserwählte mit historischer Mission und einer privilegierten Beziehung zum Absoluten. Bossard, für den der religiöse Charakter wahrer künstlerischer Schöpfung außer Frage stand, prägte für den Zusammenhang von Kunst und Religion den Begriff des »Helkarthismus«, der vom Namen der nordisch-germanischen Totengöttin Hel abgeleitet ist und von Bossard vielsagend als »Lehrwort der Erneuerungskunst«[12] charakterisiert wird. Dass der innerhalb von Bossards religiösem Weltbild zentrale Begriff des »Helkarthismus« dem Mythenkreis der *Edda* entlehnt ist, verweist zwar auf seinen Hang zur altnordischen Religion, bedeutet aber keineswegs, dass sich sein Religionsverständnis auf diese eingrenzen ließe. Ebensowenig ist es jedoch christlich oder lässt sich eindeutig einer anderen religiösen Überlieferung zuordnen. Das religiöse Weltbild des Künstlers ist vielmehr durch einen ausgeprägten Synkretismus gekennzeichnet, in dessen Rahmen Elemente verschiedener religiöser Glaubenssysteme zusammengeführt und die theologischen Unterschiede zwischen diesen verschiedenen Glaubenssystemen nivelliert werden. Bossards Religionsauffassung entspricht damit nicht nur in vielen Aspekten dem, was Wolfgang Rothe bereits 1969 im Begriff der »expressionistischen Religiosität«[13] gefasst hat, sie weist auch manifeste Bezüge zur Theosophie und ihrer Verknüpfung divergenter religiöser Traditionen auf. Im Unterschied zur Theosophie jedoch, die nicht zuletzt unter dem Einfluss bahnbrechender naturwissenschaftlicher Entdeckungen am Ende des 19. Jahrhunderts wie der Röntgenstrahlung (1895) oder der Radioaktivität (1896) anthropomorphe Gottesvorstellungen aufgab und stattdessen das Göttliche in monistischer Perspektive als transpersonale Potenz fasste, tendiert Bossard zu einer theistischen Betrachtungsweise, die hinter den verschiedenen Gottesbildern der Weltreligionen immer nur den einen, in der Transzendenz verborgenen, himmlischen All-Vater erkennt.

Der theosophische Einfluss auf Bossards religiöse Gedankenwelt zeigt sich überdies in den zahlreichen neuplatonischen und gnostischen Motiven, die seine *Werbeschrift* durchziehen. Neuplatonisch ist vor allem die Licht-Metaphorik Bossards, aus der sich eine Vielzahl von Begriffen speist, die der Künstler zur Charakterisierung derjenigen Phänomene verwendet, die mit Gott bzw. der göttlichen Sphäre in engem Zusammenhang stehen. Auf die Metaphysik des Lichts, wie sie paradigmatisch für den gesamten christlichen Neuplatonismus des Mittelalters als erstes von Plotin (205–270) und in seiner Nachfolge von Pseudo-Dionysius Areopagita (aktiv wohl nach 475 und vor 529 n. Chr.) erarbeitet wurde, verweist etwa Bossards Rede von den »Lichtkünder[n]«, als die er vor allem jene Künstler bezeichnet, die als Eingeweihte der geistigen Lichtwelt den lichtfernen »Organisatoren irdischer Zwecke«[14] entgegentreten. Doch auch künstlerische Ideen wie die »Zelle des ewigen Lichtstrahles«,[15] womit Bossard die von ihm als »chorähnlicher Abschluss des Kunsttempels« geplante, aber niemals verwirklichte »Ostercella«[16] meint, oder Metaphern wie der »Flug« des deutschen Wieland »aus tiefster Schmach […] ins Licht«[17] sind neben Prägungen wie dem »harte[n] Licht des Geistes«[18] oder dem »Segen himmlischen Lichtes«[19] unverkennbar Variationen neuplatonischer Lichtmetaphysik, wie sie gemeinsam mit gnostischen Motiven und Motivzusammenhängen von den theosophischen Doktrinen Helena Blavatskys (1831–1891) oder Rudolf Steiners (1861–1925) in der zweiten Hälfte des 19. Jahrhunderts reaktualisiert wurde und in der Folge auch in die Lebensreformbewegung und deren kultische Verehrung der Sonne Eingang fand. Auf neuplatonische Ursprünge gehen schließlich Begriffe und Formulierungen wie »Urquell« oder »Dienst am Einen« zurück, insbesondere aber das Bild vom »Atem Gottes«, der »am reinsten und doch menschennahesten aus dem grossen, einheitlichen Kunstwerk quillt«[20] – ein Bild, das an die Emanationslehre Plotins denken lässt, wonach das unvordenkliche Eine als Quelle allen Seins verschiedene Stufen des Seienden in einer absteigenden Reihe aus sich hervorbringt: die Sphäre des Geistes (*nous*), die menschliche Seele, die als Teil der Weltseele aus einem Welt-Selbst (*psyche*) und einem Geist-Selbst (*pneuma*) besteht, und schließlich die Materie (*hyle*) als Inbegriff des Finsteren und Gottfernen und damit als Gegenbild zur lichten Überwelt des Geistes.

Einen stärker gnostischen Hintergrund hat demgegenüber Bossards ›helkarthistische‹ Vorstellung von der Befreiung der menschlichen Seele aus ihrer Gefangenschaft in der materiellen Welt und damit aus ihrer Selbst- und Gottesentfremdung durch die schöpferische Arbeit des Künstlers: »Immer wieder«, so Bossard in der *Werbeschrift*, »geht der Weg, wie der des Sonnenstrahles, so jener der kindlichen Seele in das Dunkel der Hel. Vergessen hat sie die lichte Höhe und vergessen scheint sie von ihrer Heimat. Im Dunkeln fängt der taumelnde Kampf an, und an hundert Fehltritten erst erkennt sie Pfade, und nach hundert Irrgängen erst ahnt sie Ziele. […] Immer wieder steigt der Künstler in die Nacht des Unbewussten, in das Reich der Hel und immer wieder schlägt er, ein anderer Prometheus, aus den Felsen, die das göttliche Licht seiner Seele begraben, den leuchtenden Funken des Geistes der Höhe.«[21]

Was Bossard hier beschreibt, ist nichts anderes als der in gnostischen Traditionen als *Anodos* bezeichnete Weg der Erlösung, d. h. die Heimkehr des Geist-Selbst aus seiner welthaften Umklammerung in die Überfülle des göttlichen Lichtreichs (*pleroma*). In seiner Charakterisierung des *Anodos* folgt Bossard weitgehend gnostischen Dualismen wie Licht und Finsternis, Geist und Materie, Höhe und Tiefe oder Heimat und Fremde; zudem parallelisiert er in einem aufschlussreichen Bild die »Nacht des Unbewussten«, die zugleich als »Reich der Hel« apostrophiert wird, mit der materiellen Weltsphäre, die wiederum in der von Ferne an Platons Höhlengleichnis erinnernden Metonymie des »Felsens« vergegenwärtigt wird. Irdisch-stoffliche Welt, Nacht, Dunkelheit und Unbewusstes werden hier ebenso in eins gesetzt wie umgekehrt geistige Welt, Tag, Helle und Bewusstheit: eine Denkfigur, die einerseits das traditionelle gnostische Motiv von der »Welt als geronnene[r] Unbewusstheit und habitualisierte[m] Vergessen«[22] aufnimmt, der das höhere Bewusstsein, die geistige Schau oder die absolute Erkenntnis der entweltlichten Geistseele entgegengesetzt wird, andererseits aber auch auf psycho- und pneumatherapeutische Ansätze, wie etwa die bei vielen expressionistischen Künstlern populäre gnostisch inspirierte Psychoanalyse C. G. Jungs (1875–1961), verweist.

Eine vielschichtigere Bedeutung hat demgegenüber der Rekurs auf den griechischen Titanen Prometheus, der von Bossard in der *Werbeschrift* mehrere Male erwähnt wird und daher offensichtlich ein wichtiger Gewährsmann für ihn war. Die Figur des Prometheus spielt in den weitverzweigten synkretistischen Mythologemen der antiken Gnosis ebenso wie im gesamten europäischen Gnostizismus eine wichtige Rolle, wobei sie häufig mit der Gestalt des Luzifer gleichgesetzt wird, da beide gegen göttliche Autoritäten aufbegehrten und im

Aufsätze

Johann Bossard
Gefesselter Prometheus
1902, Lithografie,
Inv.-Nr. JB 2334

Johann Bossard
Wielandtor
(Detail), o. J. (1933–1935)

Johann Bossard
Männlicher Akt
(Luzifer?),
1898, Mischtechnik
auf Leinwand,
Inv.-Nr. JB 2101

Rahmen ihrer Revolte den Menschen das Feuer und damit das Licht der Erkenntnis brachten. Insbesondere die Figur des Luzifer, die ursprünglich mit dem Morgenstern in Verbindung gebracht, von Origines (185 bis um 254) und anderen frühchristlichen Kirchenvätern jedoch zunehmend zur Satansgestalt umgedeutet wurde, wird im Rahmen der Gnosis in hohen Ehren gehalten, ist Luzifer doch derjenige, der sich gegen den Schöpfergott der materiellen Welt, den ›Demiurgen‹, auflehnt und den Menschen erstmals die Kunde des wahren, in der Transzendenz verborgenen Gottes bringt.[23] Als jener Heros, der den Menschen zu seinem göttlichen Ursprung und damit zu sich selbst zurückführt, kann Luzifer zugleich als ein Vorläufer des nietzscheanischen Übermenschen betrachtet werden, der in der *Werbeschrift* ebenfalls aufgerufen und gleichsam gnostisch umgedeutet wird, insofern eine übermenschliche Existenz in Bossards Sinne zwar den Tod Gottes voraussetzt, aber eben nur den Tod des Schöpfers ›dieser‹ Welt, nicht den Tod des weltentrückten Gottes der Gnosis.[24]

Die Gestalt des Prometheus-Luzifer besitzt in Bossards religiös-mythologischer Weltsicht aber noch eine zweite Bedeutung, die freilich eng mit ihrer Funktion als Lichtbringer verknüpft ist. In Übereinstimmung nicht nur mit Goethe, sondern nahezu der gesamten deutschen, französischen und englischen Kunst- und Literaturtradition des 19. Jahrhunderts[25] sieht Bossard Prometheus als Symbolfigur des Künstlergenies, das als solches die Aufgabe zu erfüllen habe, seinen Mitmenschen das Licht der wahren Gotteserkenntnis zu bringen und hierdurch jenen jubilatorischen Zustand der Einheitsschau herbeizuführen, den Bossard mit dem Terminus »Theismus« bezeichnet und den er im Rückgriff auf das auf Pythagoras (um 570 bis nach 510) zurückgehende, aber auch von Steiner wiederholt gebrauchte Bild der »Weltensymphonie« folgendermaßen beschreibt: »Du erkennst dich soweit du bist und an deinen Formen; bestrahlt wieder von himmlischem Lichte, hast du die Kraft, Gottheit gestaltende Einsicht zu erweisen, vorzuleben als ein neuer Ton in der göttlichen Weltensymphonie, zu sein eine göttliche Harmonie.«[26]

Die prometheische Figur des Künstlers figuriert in Bossards Denken dementsprechend nicht nur als Psychagoge, Lichtkünder, Übermensch und Promotor eines neuen Zeitalters der Gottesnähe; sie verwandelt mit ihren aus der Erkenntnis des Geistigen schöpfenden ästhetischen Gestaltungen zudem die ontologisch minderwertige irdisch-materielle Welt in eine erneuerte und durchgeistigte Sphäre allgemeiner Einheit, in deren Mitte das Gesamtkunstwerk der ›Lichtkathedrale‹ den »Atem Gottes« als Mensch und Kosmos miteinander verbindendes, pneumatisches Fluidum erfahrbar macht.

Lebensreform und Allmende: Bossards Siedlungsutopie

Die neue Epoche des Geistes, die Bossard, wenn nicht als providentielles Ziel der Weltgeschichte, so doch als »vorbestimmte[..] Rune« des »helkarthistische[n] deutsche[n] Volk[es]«[27] am Horizont aufscheinen sah, vermag sich jedoch nicht von selbst, unabhängig von menschlichen Anstrengungen und menschlicher Arbeit zu entfalten. So wie der prometheische Künstler als von der Gesellschaft getrennter, vereinzelter Gottsucher in sein eigenes Inneres hinabsteigen muss, um dort unter Aufbietung aller seiner seelischen Kräfte die »leuchtenden Funken des Geistes« aus ihren irdischen Verkrustungen zu schlagen, so wie jeder einzelne Mensch nur im »taumelnde[n] Kampf«, nach »hundert Fehltritten« und »Irrgängen« zu »Gottheit gestaltende[r] Einsicht« vorzudringen vermag, so bedarf es zur Realisierung dieser neuen Epoche der aufopferungsvollen Arbeit an der Umgestaltung des Bestehenden. Folgt man Bossard, dann kann die spirituelle Transformierung der Welt allerdings nicht mehr im Rahmen der entfremdenden, die Menschen voneinander separierenden kapitalistischen Arbeits- und Wirtschaftsweise geleistet werden, sondern nur in alternativen genossenschaftlichen oder kommunitären Sozialverhältnissen. Konkret schweben Bossard sogenannte »Erneuerungsgemeinde[n]«[28] vor, die er sich nicht nur in der Lüneburger Heide, sondern in ganz Deutschland als neugegründete Siedlungen vorstellt, in denen die verschiedenen Berufsgruppen der deutschen Bevölkerung zusammenkommen, um dort in gemeinsamer Land-, Garten- und Bautätigkeit jene Kulturkeimzellen zu errichten, von denen in sozialer, wirtschaftlicher, erzieherischer und künstlerisch-architektonischer Hinsicht die Umgestaltung der deutschen Kultur und Gesellschaft ausgehen soll.

Auch Bossards Idee einer utopischen Siedlungsgemeinschaft als Keimzelle sozialer Erneuerung ist keineswegs originell; diese Idee lag vielmehr seit der zweiten Hälfte des 19. Jahrhunderts förmlich in der Luft und hatte bereits zu Bossards Lebzeiten vielfältige Ausprägungen erfahren. Zu den wichtigsten theoretischen Anregern gehörte auch in dieser Hinsicht Richard Wagner, dessen Konzept freier Künstlergenossenschaften, die in gemeinschaftlicher Tätigkeit das musikdramatische Gesamtkunstwerk als Medium gesellschaftlicher Vereinigung produzieren sollten, deutliche Bezüge zu Bossards Gemeindemodell aufweist. Parallelen bestehen auch zu den anarchistisch inspirierten Siedlungsutopien von Petr Kropotkin (1842–1921), William Morris (1834–1896), Leo Tolstoi (1828–1910) und vor allem Gustav Landauer (1870–1919), mit denen jeweils unterschiedliche Vorstellungen von einem grundlegenden sozialen und – bei Tolstoi und Landauer – auch religiösen Neuanfang mit dem Wunsch nach einem Leben in Einfachheit, Harmonie und kollektiver Solidarität verbunden sind. Und schließlich ist auch die Nähe von Bossards Modell zur Idee einer Revitalisierung der mittelalterlichen Bauhütten, wie sie im Umfeld des architektonischen Expressionismus und insbesondere in den Kathedralvisionen des Weimarer Bauhauses entwickelt wurde, unübersehbar.

Inspiriert worden ist Bossards Idee der »Erneuerungsgemeinde« mit Sicherheit aber auch von der Fülle realer Siedlungs- und Landkommunegründungen, die seit der Wende vom 19. zum 20. Jahrhundert vor allem im Kontext von Lebensreform, germanischer Glaubenserneuerung, Freideutscher Jugend oder religiösem Sozialismus vorgenommen wurden. So divergent die verschiedenen Siedlungs- und Kommuneprojekte in weltanschaulicher Hinsicht auch waren – das Spektrum reichte von der ›Rassischen Zuchtkolonie‹ Mitgard über die lebensreformerische Obstbausiedlung ›Eden‹ bis hin zu den an urchristlichen Idealen orientierten Bruderhöfen in Sannerz und in der Rhön oder zur anarcho-syndikalistischen Kommune ›Freie Erde‹ bei Düsseldorf –, gemeinsam war ihnen, dass sie alle neue, tendenziell antimoderne Formen des Lebens, Wirtschaftens und zum Teil auch der Religionsausübung jenseits von Großstadt, Industrie und kapitalistischer Verwertungsökonomie erprobten. Nach Wolfgang Krabbe sind es vornehmlich vier Grundmotive, die die Siedlungs- und Landkommunebewegung des frühen 20. Jahrhunderts kennzeichnen: erstens »die Ablehnung des herrschenden sozioökonomischen Systems, insbesondere des Privateigentums an Grund und Boden, und des kapitalistischen Profitstrebens, dem man eine mehr oder minder durchgeführte Gütergemeinschaft entgegensetzt«; zweitens »das Streben nach einem utopischen Zustand der ›Natürlichkeit, Wahrhaftigkeit und Echtheit‹, der […] der Gesellschaft als ein revolutionäres Anschauungsmodell dienen sollte«; drittens der Versuch, »Lebensgemeinschaften« zu begründen und damit den Vereinzelungstendenzen der modernen Gesellschaft entgegenzuwirken; sowie viertens die Sehnsucht nach einer ökologisch-naturnahen und häufig auch vegetarischen Lebensweise, verbunden mit der »Flucht aus der Großstadtzivilisation«[29] und der Abkehr von industriell gefertigten Massenprodukten.

Bossards Idee der »Erneuerungsgemeinde« entspricht in vielerlei Hinsicht diesen typischen Merkmalen alternativer Siedlungs- und Kommuneprojekte in den ersten Jahrzehnten des letzten Jahrhunderts. So sollte, um nur eine Parallele auszuführen, auch seine »Erneuerungsgemeinde« offensichtlich auf dem Prinzip des Gemeineigentums an Grund und Boden beruhen, worauf nicht nur Bossards Ansinnen hindeutet, den Gedanken des Kommunismus für ihren Aufbau fruchtbar zu machen, sondern auch sein in einem Brief aus dem Jahr 1933 vorgetragenes Plädoyer für die »Neueinführung des zeitgemä[ß] abgewandelten Urvätererbes der ›Allmende‹«, von dem er die »so nötige[..] soziale[..] Behebung der Arbeitslosigkeit« und als dessen »selbstverständliche Frucht [...] die Verfestigung der inneren Einheit des deutschen Volkes«[30] erwartete. Mit dem altgermanischen Allmende-Gedanken und dessen gemeinwirtschaftlichen Impulsen verbindet sich zudem die Ablehnung des die Individuen voneinander trennenden Spezialistentums, in dem Bossard eine der schädlichsten Auswirkungen des Kapitalismus überhaupt erblickt. Im Einklang mit den Ideen der Siedlungsbewegung sieht Bossard nur ein Remedium gegen diesen »Fluch[..] des Spe[z]ialistenwesens«:[31] nämlich die partielle Aufhebung der modernen Strukturen gesellschaftlicher Arbeitsteilung, so dass der Gesichtskreis jedes Einzelnen, so wie in vorkapitalistischen und vorindustriellen Zeiten, wieder das Ganze zu umfassen vermag. Erst hierdurch, so ist Bossard überzeugt, wird soziale Einheit möglich.

Zu den von Krabbe herausgearbeiteten Motiven der deutschen Siedlungsbewegung tritt bei Bossard noch das im weitesten Sinne theosophische Ziel der spirituellen Welttrans-

Kunsttempel mit Drittem Tempelzyklus
Zustand um / nach 1952

formation hinzu, das eng mit der Idee des architektonischen Gesamtkunstwerks als Sinnbild dieses Transformationsprozesses verbunden ist. Im Rahmen der Siedlungsbewegung gibt es freilich auch in dieser Hinsicht eine Reihe von Vorläufern, an die Bossards Pläne aller Wahrscheinlichkeit nach anknüpfen. Zu nennen sind vor allem lebensreformerische Kommuneprojekte wie etwa die 1903 gegründete Gemeinschaft Grappenhof in Amden am Walensee unweit von Bossards Geburtsort Zug, wo Fidus – gemeinsam mit anderen »Apostel[n]«, »Lehrer[n] und Verkünder[n] vom Werte religiöser Innenschau«[3] – seine gesamtkünstlerische Architekturutopie zu realisieren und den schon zuvor von ihm entworfenen *Tempel der Erde* zu errichten gedachte. Auch wenn Fidus' Bauprojekt sehr bald an den inneren Widersprüchen der Amdener Kommune scheiterte, so hatte es doch eine große Wirkung auf die ästhetisch-neureligiösen Bewegungen des frühen 20. Jahrhunderts und in besonderem Maße auch auf Bossard, dessen *Kunsttempel* im Hinblick auf seine architektonische Grundstruktur und das vornehmlich theosophisch geprägte Bildprogramm viele Motive der Fidusschen Tempelutopie aufnimmt.

Medium der geistigen Transformation: Die ›Lichtkathedrale‹

Charakterisierte Bossard den von ihm auf dem Gelände der Kunststätte errichteten Sakralbau in der *Werbeschrift* noch als »Tempel« oder auch »Kunsttempel«, so verwendete er in einem späteren Gespräch mit dem Zeitzeugen Harald Wohltat (1927–2012) den Begriff der »Lichtkathedrale«,[33] der aus mehreren Gründen passender erscheint: Er verweist erstens auf die Bezüge des Baus zur expressionistischen Kathedralutopie und ihre ästhetisch-politischen Kontexte, die zum Zeitpunkt des Baubeginns in der Mitte der 1920er Jahre die lebensreformerischen Ursprungsimpulse von Bossards Tempelbauprojekt zunehmend überlagert hatten. Zweitens markiert der Begriff der ›Lichtkathedrale‹ die eminente Bedeutung der neuplatonisch-gnostischen Lichtmetaphysik für Bossard, die, wie etwa Hans Sedlmayr (1896–1984) herausgearbeitet hat,[34] auch eine der Haupteinflussquellen für die gotische Kathedralarchitektur des Mittelalters darstellt, zu deren wesentlichen Zielsetzungen die Transzendierung alltäglicher Wahrnehmungsformen durch die Entfaltung von auratischen Lichtereignissen[35] gehörte. Und drittens betont der Begriff der ›Lichtkathedrale‹ den Gesamtkunstwerkscharakter des Baus, insofern die Kathedrale seit jeher als Resultat einer stileinheitlichen Synthese von Architektur, Plastik, Malerei und Kunsthandwerk betrachtet wurde.

Das Zusammenwirken von architektonisch-künstlerischer Gestaltung und Licht in der mittelalterlichen Kathedrale diente vor allem einer Funktion: Es sollte die Kathedrale als »sinnlich-poetische[s] Bild des nahegebrachten Himmels«[36] und damit als symbolische Repräsentation des göttlichen Lichtreichs erscheinen lassen. In dieser Bedeutung geht die Kathedrale jedoch nicht auf: Dadurch, dass sie eine Vielzahl divergenter Künste und Medien miteinander verknüpft – von der aufwärts strebenden Linienführung der steinernen Bögen und Pfeiler über die golden schimmernden Bildnisse der Heiligen bis hin zu den Messgesängen der Liturgie und der Diaphanie der Lichteffekte –, erzeugt sie überdies ein mystisch-synästhetisches Raumkontinuum, das die Sphäre des bloß Symbolischen übersteigt und zur performativen Entsprechung der pleromatischen Himmelswelt und der aus ihr erwachsenden Wahrnehmungs- und Empfindungsqualitäten wird. Für die christlichen Theologen des Mittelalters hatte die so produzierte synästhetische Raumerfahrung anagogischen Charakter, indem sie den Gläubigen schon unter den Bedingungen der materiellen Welt in die immaterielle Welt des Geistes hinaufführen sollte, was nach Pseudo-Dionysius Areopagita dadurch möglich ist, dass »alle sichtbaren Dinge ›materielle Lichter‹ sind, die die intelligiblen Dinge spiegeln« und damit letztlich sogar an der »vera lux selbst«[37] teilhaben.

Auch Bossards theosophisch-heterodoxe ›Lichtkathedrale‹ zielt auf die pneumatische Verwandlung des Individuums, verstanden als aufwärtsgerichteter Läuterungsprozess der Seele und schließliche Wiederbegegnung mit Gott und dem Göttlichen. Dieser medial-transformative Charakter der ›Lichtkathedrale‹ wird von Bossard bereits zu Beginn der *Werbeschrift* deutlich hervorgehoben, wenn es dort im Hinblick auf den »Heidewanderer[..]« heißt, der durch ein »Broncetor« und den »Vorhof der Werdelust« in das Innere der Kathedrale eintritt:³⁸ »Drei zyklische Verwandlungen harren seiner.«³⁹ Bewirkt werden soll dieser dreigliedrige Verwandlungsprozess durch drei wechselnde Bilderzyklen, die an den Wandflächen der Tempelhalle aufgestellt werden und jeweils eine Periode des kosmisch-menschlichen Seelendramas visualisieren: Der erste Bilderzyklus soll die Tempelhalle in die »Welt des Vororganischen« verwandeln, für deren Darstellung Bossard u. a. »kristallische[n], kraftstrebige[n] und konstru[k]tive[n] Formen« sowie »Lineamente geschliffener und bemalter Fenster, Verflechtungen des Bodenplanes, holz- und steinverschlungene Mosaiken, Binder und Stützen, lichtsaugende und -strahlende Spiegel« vorsieht.⁴⁰ Hinter der »Welt des Vororganischen«, die hier symbolisch und performativ zugleich inszeniert wird, steht unverkennbar das an die gnostische *hyle* erinnernde mineralische Elementarreich der Theosophie, in das sich die menschliche Geistseele nach dem Sündenfall verfangen hat und aus dem sie sich im Rahmen einer jahrtausendelangen spirituellen Arbeit wieder herausarbeiten muss. Diesen quälerischen, opferreichen und von Rückschlägen begleiteten Prozess, durch den sich das pneumatische Selbst aus dem mineralischen Reich befreit und sich dem Göttlichen annähert, sollen der zweite und der dritte Bilderzyklus beschreiben, die den Kathedralraum in die »Halle des Kampfes« und die »Halle der Geisteskämpfe« verwandeln und hierbei den Turmbau zu Babel, die »Kreuzigung« oder den Kampf des Menschen mit den Titanen sowie die »Welt der Konzile«, des »Massenwahns« und »des inneren Streites mit dem Versucher« im zweiten Zyklus thematisieren sollen.⁴¹ Ihren Endpunkt erreicht die Verwandlung des Besuchers jedoch nicht im Hauptraum der Kathedrale, sondern in der nur durch einen dunklen Gang erreichbaren »Zelle des ewigen Lichtstrahles«,⁴² einem Ort «finaler Erkenntnis«,⁴³ wo die menschliche Seele ihre irdischen Schlacken endgültig abstreift und nach Art eines heilbrin-

genden Ostererlebnisses sich als das erkennen kann, was sie immer war: ein Teil Gottes.

Angesichts der eminenten Bedeutung, die die Osterzelle für seine architektonische Erlösungskonzeption hatte, erstaunt es, dass Bossard sich schließlich dafür entschied, auf ihren Bau zu verzichten. Ob die Nichtausführung der Cella an fehlenden Geldmitteln lag oder ob seine ursprüngliche Konzeption der Zelle als 6 x 6 Meter großer Bau sich in seinen Augen als zu kleinformatig erwies, lässt sich bis heute nicht mit letzter Sicherheit sagen. Einiges spricht jedoch dafür, dass Harald Szeemann recht hat, wenn er vermutet, dass Bossards Entscheidung nicht äußeren Umständen geschuldet war, sondern dass er sie deshalb getroffen hat, weil er eine mögliche Profanierung seiner Erlösungsvorstellung durch ihre ästhetische Konkretisierung scheute.[44] Es scheint, dass Bossard das Wunder der Gottesbegegnung nur als Leerstelle zu markieren bzw. in der farbigen Symbolik des ›Licht-Triptychons‹, das in der fertigen ›Lichtkathedrale‹ die Cella ersetzt, anzudeuten vermochte. Das Undenkbare kann nicht gemalt, nicht gebaut und nicht aus Stein gehauen werden – an seiner Darstellung findet die gesamtkünstlerische »Obsession nach dem Ganzen« ihre Grenze. Bossard scheint dies am Ende erkannt zu haben.

Kunsttempel mit Zweitem Tempelzyklus
Zustand um / nach 1928

1 Szeemann, Harald, »Vorbereitungen«, S. 16, in: *Der Hang zum Gesamtkunstwerk. Europäische Utopien seit 1800*, hrsg. v. Susanne Häni, Ausst. Kat. Kunsthaus Zürich u. a., Frankfurt am Main 1983, S. 16–19.
2 Szeemann zit. n. Kipphoff, Petra, *Splitter aus Utopia*, in: DIE ZEIT, 18.2.1982 (url: www.zeit.de/1983/08/splitter-aus-utopia, abger. am 4.7.2018).
3 Marquard, Odo, *Gesamtkunstwerk und Identitätssystem*, S. 40, in: *Der Hang zum Gesamtkunstwerk. Europäische Utopien seit 1800*, hrsg. v. Susanne Häni, Ausst. Kat. Kunsthaus Zürich u. a., Frankfurt am Main 1983, S. 40–49.
4 Mayr, Gudula, »Licht und Dunkel« – »Schall und Stille«. Johann Bossard und Richard Wagner, S. 133, in: *Schwerpunkt: Wagner und die bildende Kunst*, Würzburg 2014 (*wagnerspectrum*, H. 2, 2014, 10. Jg.), S. 133–152.
5 So der Zeitzeuge Harald Wohlthat am 24.10.2011 im Interview mit Manfred Schulz TV & Film Produktion, vgl. DVD *Die meinen werden mich schon finden*, 2012, Interview mit Harald Wohlthat unter »Extras«, Min. 24:29.
6 Bossard, Johann Michael, *Werbeschrift an meine Freunde*, Weihnachten 1925, Typoskript, o. O. [Jesteburg] 1925 (AJB 1), S. 1.
7 *100 Jahre Kunststätte Bossard. Ein expressionistisches Gesamtkunstwerk am Rand der Lüneburger Heide*. Transkript der Podiumsdiskussion vom 27.3.2011, Diskutanten: Udo Bermbach, Debora Dusse, Roger Fornoff, Harald Wohlthat, Moderation: Susanne Kaufmann (Schriften der Kunststätte Bossard, 11), hrsg. v. Gudula Mayr, Jesteburg 2011, S. 31.
8 Siehe dazu den Beitrag von Udo Bermbach in diesem Band (S. 14).
9 *Die Briefe der Gläsernen Kette*, hrsg. v. Iain Boyd White u. Romana Schneider, Berlin 1986, S. 94.
10 Ebd., S. 63.
11 Brief von Johann Bossard an Emil Hegg vom 14.8.1912 (AJB 178).
12 Bossard 1925, S. 14.
13 Rothe, Wolfgang, *Der Mensch vor Gott. Expressionismus und Theologie*, S. 41, in: *Expressionismus als Literatur. Gesammelte Studien*, hrsg. v. Wolfgang Rothe, Bern u. a. 1969, S. 37–66.
14 Bossard 1925, S. 2.
15 Ebd., S. 2 f.
16 Mayr 2014b, S. 152.
17 Bossard 1925, S. 4.
18 Ebd.
19 Ebd., S. 23.
20 Bossard 1925, S. 8, 22, und 1.
21 Ebd., S. 14.
22 Sloterdijk, Peter, *Die wahre Irrlehre. Über die Weltreligion der Weltlosigkeit*, S. 41, in: *Weltrevolution der Seele. Ein Lese- und Arbeitsbuch der Gnosis*, hrsg. v. Thomas Macho u. Peter Sloterdijk, München 2000, S. 17–54.
23 Auch die Theosophie und die frühe Anthroposophie sahen in Luzifer zuvörderst einen spirituellen Lichtbringer und

Erkenntnisstifter und wehrten sich gegen dessen ›Verteufelung‹, was sich auch in den Namen der von ihnen gegründeten Zeitschriften, *Lucifer* (Blavatsky) und *Luzifer-Gnosis* (Steiner), niederschlug. Bei Blavatsky und dem frühen Steiner ist Luzifer eine Christus gleichgeordnete Figur, in dessen Streben nach Gottwerdung beide eine notwendige Voraussetzung für das Erreichen einer höheren Vollkommenheit sahen.
24 In Bossards *Werbeschrift* heißt es: »Wie der silberne Frühling des Nordens über weite Wasserspiegel und duftatmende Ebenen, durch knospende Birkenzweige und Wolkenflöre, rieselt durch [kristalknospende] Pfeiler, verflochten emporziehende, lichtsaugende und wi[..]derstrahlende Menschenbildergewebe, das Licht des grossen Gottesgefühles, um das Symbol des Uebermenschen das Wort: das bist Du.« (Bossard 1925, S. 2 f.). Tatsächlich ergibt dieses Zitat nur vor dem Hintergrund gnostischen Denkens Sinn, denn die hier angesprochene Selbsterkenntnis des Übermenschen – »das bist du« – ist nach gnostischer Auffassung immer auch Gotteserkenntnis, die hier als Eintauchen in das »Licht des großen Gottesgedankens« verstanden wird (vgl. Schulz-Ohm, Magdalena, *Vom Künstlerhaus zum Gesamtkunstwerk. Eine exemplarische Untersuchung von Johann Michael Bossards expressionistischer Kunststätte*, Phil. Diss., Typoskript, Universität Hamburg 2017, S. 127 f.), der als solcher auch die Geistseelen der Menschen umfasst. Auch wenn Nietzsche (1844–1900) mit der Formel vom Tod Gottes sicherlich anderes intendierte, ist deren gnostische Interpretation insofern nicht gänzlich von der Hand zu weisen, als der Philosoph in *Die fröhliche Wissenschaft* dezidiert vom Tod des »alte[n] Gott[es]« spricht (Nietzsche, Friedrich, *Die fröhliche Wissenschaft*, S. 574, in: *Kritische Studienausgabe*, hrsg. v. Giorgio Colli u. Mazzino Montinari, Bd. 3, München 1999, S. 341–651) – für Gnostiker ein deutlicher Hinweis auf den Demiurgen, der in vielen gnostischen Traditionen mit Jachwe, dem Gott des Alten Testaments, identisch ist.
25 Vor allem im Kontext des Symbolismus wird die Prometheus-Figur überdies zum Ahnherrn der Idee einer Vereinigung der Künste im Gesamtkunstwerk; exemplarisch hierfür ist Alexander Skrjabins (1871–1915) Sinfonie *Prométhée. Le Poème du feu*, für die der Komponist u. a. ein detailliertes Schema von Farb-Klang-Korrespondenzen entwickelte (vgl. Corbeau-Parsons, Caroline, *Prometheus in the Nineteenth Century. From Myth to Symbol* (Legenda Studies in Comparative Literature, Bd. 25), New York 2013, S. 168–180).
26 Bossard 1925, S. 15.
27 Ebd., S. 23.
28 Bossard 1925, S. 10 f. und 16.
29 Krabbe, Wolfgang R., *Gesellschaftsveränderung durch Lebensreform*, Göttingen 1974, S. 36.
30 Bossard, Johann, *Brief an Herrn C. H.* vom 16., 18. u. 23. 3. 1933, Typoskript, o. O. [Jesteburg] 1933 (AJB 5), S. 13.
31 Bossard 1925, S. 16.
32 Ebd., 12.
33 Wohlthat schilderte einen »Sonntagabend, den [er] im Sommer 1945 mit Bossard im *Kunsttempel* erleben durfte«: »Eine Viertelstunde haben wir sicherlich schweigend vor den Kästen vor den bemalten Westfenstern gesessen, um das Lichtspiel auf den [damals] leeren Wänden und auf dem Mosaikboden zu beobachten. […] In dieser Viertelstunde erkannte ich erstmals die Bedeutung, die der Lichteinfall durch die bemalten Fenster für die Stimmung Bossardscher Räume hat. […] Ich brach damals das Schweigen und machte eine Bemerkung in dieser Richtung. Bossard bestätigte mir, daß er beim Entwurf seines Tempels an die gotische Kathedrale gedacht habe und daß es ihm wichtig gewesen sei, in ähnlicher Weise aus Raum und Licht ein Kunstwerk entstehen zu lassen.« Wohlthat, Harald, *Johann Michael Bossard (1874–1950). Ein Visionär auf dem Weg vom Kunsthandwerk zum Gesamtkunstwerk*, Typoskript, o. O. [Kiel] 1997, S. 79.
34 Sedlmayr, Hans, *Die Entstehung der Kathedrale*, Freiburg 1993, S. 314 f.
35 Vgl. Böhme, Gernot u. Böhme, Hartmut, *Feuer, Wasser, Erde, Luft. Eine Kulturgeschichte der Elemente*, München 2014, S. 158. Bossard hat im Zusammenhang mit der von ihm erbauten ›Lichtkathedrale‹ davon gesprochen, dass Licht sein »wichtigster Baustoff« sei (Interview mit Harald Wohlthat, wie Anm. 5, Hauptfilm, Min. 3:15) – ein Credo, das seine Nähe zur lichtmystischen Kathedralauffassung des Neuplatonismus und dessen modernen Reaktualisierungen in Theosophie und lebensreformerischem Sonnenkult belegt.
36 Sedlmayr 1993, S. 310.
37 Ebd., S. 315.
38 Bossard 1925, S. 1 f.
39 Ebd., S. 2.
40 Ebd.
41 Ebd.
42 Ebd., S. 2 f.
43 Schulz-Ohm 2017, S. 136.
44 Vgl. Szeemann, Harald, »Die Riesenskizze zu einer Zukunftshoffnung«, S. 17, in: *Johann Michael Bossard: ein Leben für das Gesamtkunstwerk*, Ausst. Kat Kunsthaus Zug u. a., Zug 1986, S. 15–18.

Kornernte
von links: Emil Hegg,
Johann Bossard,
Franz Hötterges (?),
Wilma Krull, o. J.
(um / vor 1932–1935)

Johann Bossard auf dem Bürgli
südlich des Wohn- und Atelierhauses, 1927

Einführungen und Quellentexte

Barbara Djassemi

Werben für das »deutsche Kunstwerk« – Eine Einführung in Johann Bossards *Werbeschrift*

Textgenese und Rezeption
Weihnachten 1925 vollendete Johann Michael Bossard (1874–1950) die *Werbeschrift an meine Freunde*. Von der zunächst handgeschriebenen Vorlage ließ er ein Typoskript anfertigen, das er mehrmals vervielfältigte und »an verschiedene Künstler und Institutionen«[1] schickte sowie innerhalb der Lehrerschaft an der Hamburger Kunstgewerbeschule verteilte.[2]

Erreicht habe der Appell der *Werbeschrift*, in der Bossard das Programm für seinen geplanten Tempelbau vorstellte, allerdings nur wenige Freunde, schreibt Jutta Bossards Generalbevollmächtigter und Testamentsvollstrecker Harald Wohlthat (1927–2012) in seinen Erinnerungen an den Künstler.[3] Zu den Lesern der 23-seitigen Schrift gehörten die drei wichtigsten privaten Mäzene und Fürsprecher – Emil Hegg (1864–1954), Helmuth Wohlthat (1893–1982) sowie dessen ehemaliger Regimentskamerad Theo Offergeld (1896–1972).[4] Wohlthat und Offergeld unterstützten die Realisierung des Tempelbauvorhabens, das insgesamt 15.000 Mark nur für den Rohbau kosten sollte,[5] dann auch mit jeweils 5.000 Mark.[6] Zur Eheschließung mit Jutta Krull im August 1926 spendete auch Hegg für den Tempel.[7] Als Gegenleistung für die Geldgaben erhielten die Mäzene Arbeiten des Künstlers.[8] Die restliche erforderliche Summe brachte Bossard durch das kurz zuvor abgeschlossene *Grabmal Kraus* in Neuss selbst auf. Ab Oktober desselben Jahres konnte der Bau des *Kunsttempels* beginnen.

Der Text stellt eine Herausforderung dar. So bemängelt der junge Autor Keller bereits in der Einleitung zu der Druckversion von 1957 den unübersichtlichen Aufbau des Textes, die fehlende Gewichtung und Stringenz der Gedanken und den pathetischen Sprachstil.[9] Civelli ergänzt, Bossard verstecke oftmals seine »[…] Anliegen hinter dunklen, mythologisch verbrämten Andeutungen, die der Leser selbst bei Kenntnis der entsprechenden Göttersagen nur ansatzweise zu erschliessen vermag.«[10] Des Weiteren stellt er heraus, »Bossards Manifest« sei »[…] geprägt von völkischen, rassischen, religiösen, mythologischen, theosophischen und lebensreformerischen Ideen sowie sozialutopischen Vorstellungen, in denen Kunst, Religion und Natur vereinigt und vermengt wurden.«[11]

In der Tat erinnern einige Textpassagen eher an spontane Niederschrift als an ein durchdachtes Manifest. Die sich daraus ergebende Problematik liegt auf der Hand: Selbst akribisches Lesen schützt nicht vor Fehldeutungen. Aus diesem Grund sollen im Folgenden die Einflüsse untersucht werden, die auf Johann Bossard gewirkt und sein Kunstschaffen und sein Denken geprägt haben. Auf die *Werbeschrift* bezogen: Woher kommen die Ideen für die zentralen Aussagen seines utopisch-reformerischen Textes, in dessen Kern es um die Erneuerung der Gesellschaft und der Kunst geht? Hierfür finden sich sowohl Hinweise in den Büchern aus Bossards Bibliothek als auch in Texten, die er zwar selbst nicht besaß, die ihm aber wahrscheinlich in der *Staatlichen Kunstgewerbeschule* in Hamburg zugänglich waren. Auch damals geführte Diskussionen in Künstlerkreisen dürften ihn beeinflusst haben.

Unter Einbeziehung der historisch-politischen Gegebenheiten sollen Textpassagen der *Werbeschrift* herangezogen werden, die Auskunft darüber geben, welche gesellschafts- und sozialpolitischen sowie künstlerischen Anliegen der Künstler hatte.

Dabei wird der Bogen gespannt von Bossards Vorstellungen von Kunst über seine Ideen für die Erneuerung der Gesellschaft bzw. des deutschen Staates bis hin zur Aufgabe, die dem Künstler dabei zukommt.

Besonders den zuletzt genannten Punkt – die Funktion des Künstlers in diesem staatsumwälzenden Reformprojekt – wollte Bossard mit der *Werbeschrift* zum Ausdruck bringen. Dabei sollte der von ihm gebaute Tempel exemplarisch für das mögliche Aussehen deutscher Architektur stehen: »[Es] muss immer und immer wieder darauf hingewiesen werden, jedem Einzelnen gegenüber, um dessen Hilfe wir werben, dass es sich im Grunde nur darum handelt, einmal zu zeigen, oder wenigstens anzudeuten wie ein deutsches Kunstwerk beschaffen sein sollte, einen Ideengang anklingen zu lassen, der merken lässt, dass wir gegenüber der anschwellenden Meinung der Untergangspropheten keineswegs am Ende eines Formwillens sind [...].«[12] Dies verdeutlichte er in einem Brief an Helmuth Wohlthat und er wies zudem darauf hin, »[...] dass auch der kleine Tempel, dessen Bau mir nun ermöglicht worden ist, ähnlich meiner Werbeschrift nicht ein fertiges Werk, sondern ein Werbemittel darstellt.«[13]

Es ist das »sich Niemals-Genugtuende, Alles-Sagen, Alles-Umfassenwollen«, das den Zugang zu Bossard erschwert, erkannte der Neußer Kunstkritiker Karl Gabriel Pfeill (1889–1942) bereits 1929 im *Berner Bund*. Selbst im Einzelwerk versuche er, »gleichsam den Kosmos zu umfassen und wiederzugeben«. Mit dem Resultat, dass nur wenige die »menschliche[n] wie künstlerische[n] Offenbarungen von mitunter überwältigender Größe und herber Schönheit« verstünden.[14]

Dies gilt durchaus auch für Bossards schriftstellerische Arbeiten. Das Verfassen von knappen, verständlichen (kunst-)theoretischen Texten lag ihm nicht. Bereits 1909 formulierte er in einem Brief an den Vorsitzenden des Werdandi-Bundes, Friedrich Seeßelberg (1861–1956), den er wahrscheinlich als Reaktion auf die Aufforderung, einen Beitrag zu schreiben, geschickt hatte: »[...] [E]s fehlt mir die Gabe Schwerwiegendes leicht zu behandeln. Ich habe Raum und Zeit nötig um mich durch Worte verständlich machen zu können. Schriftstellerische Formkraft fehlt mir, ich komme vom Hundertsten ins Tausendste und könnte dadurch nur die allgemeine Begriffsverwirrung [...] vermehren helfen.«[15]

In dem großen Nebeneinander vieler Form gewordener Ideen, die das Werk Bossards ausmachen, erkennt man eine Grundhaltung seiner Persönlichkeit: Seine »Bildungswut«, die vor allem aus seiner »Arme-Leute-Kindheit« resultierte und einherging mit »bescheidene[m] Schulwissen«, das er, vor allem in den Münchner Jahren von 1894 bis 1896, autodidaktisch zu kompensieren versuchte.[16] Durch die Aneignung fehlender Bildungselemente, gepaart mit großem Ehrgeiz und Begabung war Bossard schließlich der soziale Sprung ins Bildungsbürgertum gelungen, zunächst als Staatsbeamter und Oberlehrer an der *Staatlichen Kunstgewer-*

beschule in Hamburg, der dann ab 1927 auch die Amtsbezeichnung als ›Professor‹ führen durfte.[17] Relevante und valide Aspekte seines umfangreichen Wissens verarbeitete Bossard in seinem Gesamtkunstwerk; die Werbeschrift gibt davon Zeugnis. Hier bringt er Vorstellungen zusammen, die, wie Bermbach formuliert, »eklektisch aus kaum zusammenstimmenden Ideenpools stammen.«[18]

Grundlegende Einflüsse
Mit seinem Jugendfreund, dem späteren Nervenarzt und Mitbegründer der Anthroposophischen Gesellschaft, Dr. Felix Peipers (1873–1944), teilte der junge Bossard das Interesse für die Theosophie Helena Blavatskys (1831–1891). Ihr Hauptwerk – Die Geheimlehre – fußt auf indischer Religiosität und Spiritualität und will einen gemeinsamen wahren Kern aller Religionen aufzeigen. In ihrer Korrespondenz tauschten sich Bossard und Peipers zwar nicht direkt über Theosophie aus, die Beschäftigung damit geht jedoch aus einer Briefkarte hervor, in der Peipers Bossard bittet, ihm den ersten Teil von Blavatskys Geheimlehre auszuleihen.[19] In der Werbeschrift greift Bossard an einer Stelle eine zentrale Aussage Blavatskys auf, wenn er von der Allgegenwärtigkeit des »hohe[n], lichte[n] unverwundbare[n] Gott[es]«[20] spricht: »Man nennt seinen Namen Heiland, Grosser, Brahma, Sonnenkönig, Christus und seine Lehren sind in [a]ller Munde. Und seine Lehren waren zu allen Zeiten und bei allen höheren Völkern, die gleichen im Sinn, wenn auch verschieden im Wortlaut.«[21]

Auch die Ariosophie Guido (von) Lists (1848–1919), die nach Goodrick-Clarke eine Verknüpfung von völkischem Nationalismus, Rassendenken und okkulten Begriffen aus Blavatskys Theosophie war,[22] beeindruckte ihn und er schaffte sich fünf Bücher des österreichischen Autors an.[23] Aus dem Geheimnis der Runen, dem von List konstruierten ›Armanen-Futhark‹, übernahm Bossard zum Beispiel die Man-Rune (›Lebensrune‹), ihr Pendant, die Yr-Rune (›Todesrune‹) und die Sig-Rune, die er im Wohn- und Atelierhaus und im Kunsttempel an einigen Stellen in neuer Definition verwendete.[24]

Daneben beschäftigte er sich mit Hinduismus, Buddhismus und Okkultismus, worauf zahlreiche Bücher aus dem erhaltenen Buchbestand hinweisen. Einen wichtigen Einfluss in früher Zeit nahm auch A. Kottonau (vermutlich August Kottonau, 1872–1936), ein Guttempler, Lebensreformer und wohl Schüler Wilhelm Diefenbachs (1851–1913), dessen Schrift Für jeden Wanderer in Bossards Besitz war. Die Widmung »Dem lieben Bruder i.[m] L.[icht]«[25] und die erhaltene Korrespondenz zwischen Kottonau und Bossard auf der einen und Peipers und Bossard über Kottonau auf der anderen Seite gibt Aufschluss über eine Verbundenheit mit den Guttemplern, deren oberste Zielsetzung – Alkoholabstinenz und Solidarität mit anderen Menschen – für den Künstler ein Leben lang bestimmend waren.[26] Wie aus Bossards Unterlagen hervorgeht, war er von 1896 bis 1897 Mitglied in der Münchner Guttemplergemeinschaft.[27]

Die Anhänger der Guttempler gingen damals aus dem gleichen Geist wie auch die der Lebensreform hervor: Grundsätzlich wünschten sich beide Gruppen den kultur- und gesellschaftspolitischen Wandel, verstanden sich als Gegenbewegung zur materialistisch orientierten Industriegesellschaft in den Städten. Bossards Rückzug in die Heide, wie auch sein Streben nach Selbstversorgung waren typische Merkmale für lebensreformerisches Handeln.

Mit Peipers verband Bossard auch eine gemeinsame Begeisterung für Richard Wagner (1813–1883) und Friedrich Nietzsche (1844–1900). Vor allem Wagner prägte ihn nachhaltig, nicht nur im Hinblick auf die Idee des Gesamtkunstwerks, sondern auch auf das Interesse an der nordischen Mythologie[28] sowie auf die Vorstellung einer auf Liebe basierenden

Religion, die Bossard in der *Werbeschrift* als ein grundlegendes Element seines Erneuerungsgedankens betrachtet: »Und wieder erkennen wir, dass kein stärkerer Gott ist, als der der Liebe […]«, und: »Schaffend erleben wir die Gottheit, aus der Liebe[-]Tat wächst Weisheit.«[29]

Abneigungen und Vorlieben – Historismus, Jugendstil, Monumentalkunst
Auf dem künstlerischen Sektor erlebte Bossard hautnah die Entstehung und Verbreitung des Jugendstils in dessen deutschem Zentrum München mit. Er ließ sich durch die Grundhaltung dieser damals revolutionären Kunstrichtung beeinflussen. Zwei programmatische Punkte wurden zu Bossards persönlichem, lebenslangen Credo: die Abneigung gegen den Historismus und die Neigung zur gesamtkünstlerischen Gestaltung durch einheitliche Behandlung von äußerem Bauwerk und dekorativer Innenausstattung. Hiermit ging auch die Forderung nach der Verschmelzung von Kunst und Leben einher, wie Bossard sie in der *Werbeschrift* formulierte: »Der Einheit von Kunst und Leben muss nachgestrebt werden.«[30] Wie aktuell die aus dem Jugendstil stammende Ablehnung der »Seuche des Historismus«[31] nach wie vor in der *Werbeschrift* ist, zeigt die folgende Forderung: »Entfernet den Historismus aus eurem Blut, der noch die Werke der Jüngsten schädigt, dass sie vermeinen Würde und Kraft zu erhalten, neu zu sein mit aufgemalten wulstigen Negerlippen. Lasset die Sysiphusarbeit des Historismus denen, die nicht zum Urquell eigener Kraft dringen, den Untergangsphilosophen.«[32]

Historisierende Kunst bedeutet für Bossard gleichsam äußeren wie auch inneren Kulturverfall. Letzterer sei sichtbar in der «überladen[..]en, geistlos, protzenhaften Wohnkultur«, die bereits »auf die Seele des Kindes« wirke und eine »abstumpfende Wirkung« habe; der Historismus sei die »Wurzel der geistlosen Physiognomien unserer Strassenzüge«, die beim Menschen zu einer »ein ganzes Leben anhaftende[n] Unempfänglichkeit für die heiligende Ausstrahlung wirklicher Kunst« führe.[33]

Wie es aber überhaupt zu dieser Kunstrichtung kommen konnte, erläutert Hermann Muthesius (1861–1927) ausführlich in seinem 1904 erschienenen Sammelband »Kultur und Kunst«: Er sieht den Historismus als direkte Folge der Reichsgründung und des wirtschaftlichen Aufschwungs in Deutschland in den Jahren darauf. Seine Vorausnahme, »die Kunst eines Volkes [sei] eine Äußerung seines Charakters«, sieht er in der ›Scheinkunst‹ der Deutschen bestätigt: »Diese Kunst mußte reich, anspruchsvoll, strotzend sein, denn es ist ein natürlicher Wunsch des Neulings, die vermeintlichen Vorteile der ungewohnten Verhältnisse mit Behagen auszukosten. Dieser traditionslose Reichtum rief zunächst die Reproduktionen der früheren aristokratischen Stile in der Innendekoration und im Mobiliar ins Leben. Er führte auch zu den prunkenden Großstadtfassaden, vor allem aber zu den überdekorierten Räumen in jeder Form und in jedem Stil, die für die letzten beiden Jahrzehnte bezeichnend geworden sind. Er wurde der Grund für den in Deutschland herrschenden Protzengeschmack.«[34]

Bossards Vorstellung von ›falscher‹ Kunst – der Scheinkunst – deckt sich also mit der von Muthesius, war möglicherweise von ihr beeinflusst. Ideale Kunst hingegen sah er im Monumentalbau verwirklicht. In der *Werbeschrift* verwendete er dafür die Begriffe »lebendige[s] Kunstwerk«[35] beziehungsweise »kultische[s] Kunstwerk«[36]. Hegg gegenüber äußerte er bereits 1909: »Lebten wir in einer Zeit, die nicht auch ökonomisch idiotenhaft wäre, so wäre eben Monumentalkunst die Form, um im höchsten Sinne ideal zu wirken.«[37] Von der Monumentalkunst seiner Zeit hielt er jedoch wenig: »Was sich aber heute monumental nennt ist einfach rohe aufgeblähte Hohlheit, bestimmt barbarische Instinkte zu befriedigen oder zu düpieren.«[38]

Einführungen und Quellentexte

Peter Behrens
Dombauhütte
auf der Deutschen
Gewerbeschau
München, 1922

Allgemein passte sich Bossard mit seinem Streben nach Monumentalkunst in eine vorherrschende künstlerische Neigung seiner Zeit ein. Diese tauche, so fassten es Hamann und Hermand trefflich zusammen, »in allen imperialen Epochen« auf und lege »den Nachdruck auf die Architektur, das heißt auf eine monumentale Baugesinnung, bei der sich alle Einzelteile einem überragenden Grundgedanken unterzuordnen haben.«[39] Es sei »eine ausgesprochen ›tektonische‹ Epoche«, die um die Jahrhundertwende einsetze und »die auch Malerei und Plastik wieder in Zusammenhang eines monumentalen Gesamtkunstwerkes betrachtet«.[40] Monumentalbauten hätten vornehmlich die Funktion »religiöser Erhebung oder ethischer Erziehung«[41], sie wollten etwas zeigen, das nicht da ist, sind gestalthafte Vergegenwärtigung mit symbolischer Bedeutung.

Exemplarisch formulierte auch der Architekt und Mitbegründer des *Deutschen Werkbundes* Peter Behrens (1868–1940) dieses Anliegen: »Die monumentale Kunst ist der höchste und eigentlichste Ausdruck der Kultur einer Zeit. Sie findet naturgemäß ihren Ausdruck an der Stelle, die einem Volk am höchsten steht, am tiefsten ergreift, von der aus es bewegt wird.«[42] Behrens' Ansicht über Kunst dürfte Bossard bekannt gewesen sein, wie auch dessen Arbeiten, explizit die *Dombauhütte,* die Behrens bei der *Deutschen Gewerbeschau* in München 1922 vorstellte und die Bossard in der Dachform seines *Kunsttempels* zitiert.[43]

Zur monumentalen Architektur gehörten in jener Zeit auch die zahlreichen, nicht realisierten Entwürfe für Tempelbauten des Künstlers Fidus, bürgerlich Hugo Höppener (1868–1948). Gegen Ende des 19. Jahrhunderts stellte er heraus, dass das »Ideal der bildenden Kunst […] der Tempel des neuen Glaubens [sei], die Stätte, wo die Kunst in ihrer Gesamtheit dem Volke zugänglich wird.«[44] Besonders der *Tempel der Erde* (1901) inspirierte Bossard wahrscheinlich zu seinem eigenen Tempelbau und weist Ähnlichkeiten auf, zum Beispiel in Bezug auf die quadratische Grundform mit angeschlossener Rotunde oder – wie es Bossard in der *Werbeschrift* eigentlich vorsah – die Aufteilung des Hauptraums in drei Hallen.[45]

Für Bruno Taut (1880–1938), Architekt und Gründungsmitglied der Künstlergemeinschaft *Gläserne Kette,* wurde der Monumentalbau – ob als Tempel oder Lichtkathedrale – zum Zukunftsbau, zum Träger und Symbol des neuen Gemeinschaftsgedankens, der sich nach der Novemberrevolution 1918 politisch gab und als sozialistischer Expressionismus hervortrat.[46] In seinem Aufsatz *Architektur neuer Gemeinschaft* schreibt Taut 1920 vor allem dem vom Volk ernannten Architekten die große Aufgabe zu, die ins Chaos versunkene Gesellschaft wieder in einen neuen Zustand der Harmonie und Gemeinschaft zu führen:[47] »Der alte Staat beruhte auf Trennungen und Spaltungen. Wenigstens zu einem winzigen Teil sind sie verschwunden […] Das Gemeinschaftsgefühl ist in einem neuen Maße frei geworden. Deshalb der Ruf nach der Architektur; denn diese ist nichts anderes als die Kristallisierung des Gemeinschaftsgefühls«.[48]

Und in der *Stadtkrone,* die Taut bereits während des Ersten Weltkrieges verfasst hatte, aber erst 1919 veröffentlichte, und die auch in Bossards Besitz war, beschrieb er die Rolle des Architekten in diesem Reformprozess noch genauer: »Der Architekt muß sich auf seinen hohen, priesterhaft herrlichen, göttlichen Beruf besinnen und den Schatz zu heben suchen, der in der Tiefe des Menschengemüts ruht. In voller Selbstentäußerung vertiefe er sich in die Seele des Volksganzen und finde sich und seinen hohen Beruf, indem er, als Ziel wenigstens, einen Materie gewordenen Ausdruck für das gibt, was in jedem Menschen schlummert. Ein glückbringendes, baugewordenes Ideal soll wieder erstehen und allen zum Bewußtsein führen, daß sie Glieder einer großen Architektur sind, wie es einst war.«[49]

Die von Taut beschriebene herausragende Funktion des Künstlers bzw. des Architekten, die im Ergebnis zu einem manifestierten kristallisierten Gemeinschaftsgefühl führen sollte, findet sich bei Bossard implizit in der *Werbeschrift* wieder. Auch hier ist der Künstler, eben als der Schöpfer des lebendigen Kunstwerks, für die Formwerdung des Erneuerungsgedankens verantwortlich: »Dem kultischen Kunstwerk also einerseits den höchsten geistigen Rang zu sichern und andererseits den Dienst an ihm in die erdhaftesten Tiefen zu tragen, den Kreis um Ackerbau, Kindererziehung, Krankenpflege, sportlich-turnerische Ertüchtigung, Erfindermühen, künstlerische Tätigkeit, philosophisch-religiöse-Lehre in einem zu ziehen, scheint mir aus allen Gründen, von oben und unten her, eine Lebensnotwendigkeit für die Erneuerungsgemeinde zu sein, und gleicherweise damit für das deutsche Volk.«[50]

Folglich sieht sich Bossard also selbst auch in der von Taut beschriebenen Position des Architekten, der mit seinem Schaffen, explizit mit dem *Kunsttempel,* das ›deutsche Kunstwerk‹ hervorbringen will, das eng verbunden ist eben mit dieser Vorstellung der erneuerten Kultur und der neuen Volksgemeinschaft: »Nicht mehr für Augenblender in Ausstellungen wird erzogen und geschaffen, sondern für Schönheit, die dem [G]anzen dient.«[51] In der »Einheit von Kunst und Leben« sieht Bossard »[…] die Wurzel der Erneuerung, denn Kunst ist keine Angelegenheit der Schwätzer, keine Angelegenheit derer, die Oberflächen immer noch einmal anders polieren, eine Kurve immer noch einmal verbrä[..]men, glaubend, Seele sei ein Wort und nicht ein Befehl heiliger Hingabe.«[52] Bossard fordert, die »Kunst [müsse] untrennbar mit dem Leben der Volkheit verbunden sein«.[53] Ganz im Sinne Tauts in der *Stadtkrone* soll die Kunst auch bei Bossard die Befindlichkeit des Volks zeigen beziehungsweise die Entwicklung zu einer neuen Volksseele beeinflussen.

Der Ruf nach kultureller und sozialer Erneuerung

Gerade in der zweiten Hälfte des 19. Jahrhunderts wurden die Folgen der industriellen Revolution in sämtlichen Bereichen spürbar. Die zahlreichen positiven Errungenschaften, zum Beispiel technischer und medizinischer Art, brachten gleichzeitig auch negative Erscheinungen wie Landflucht, Verstädterung und eine Verschlechterung der Lebensumstände großer Teile der Bevölkerung mit sich. Als Reaktion darauf entstanden die Ideen des Kommunismus und Sozialismus, Charles Darwins (1809–1882) (falsch verstandene bzw. falsch ausgelegte) Evolutionstheorie, die das Christentum ins Wanken brachte und Alternativreligionen wie zum Beispiel die Theosophie hervorbrachte. Weltanschaulich brach sich Darwins *Survival of the fittest* bei vielen Menschen in rassistischem und völkischem Denken Bahn.[54] In Deutschland bzw. nach dem Sieg Preußens mit dem Norddeutschen Bund gegen Frankreich entstand daraus ein ausgeprägter Nationalismus, der durch die Reichsgründung 1871 besiegelt wurde.[55]

Während man um 1900 die in diese Richtung Denkenden meist unter der *Fortschrittlichen Reaktion* zusammengefasst hatte, tauchte seit Mitte der 1920er Jahre der Begriff der *Konservativen Revolution* auf, zu denen auch zahlreiche rechte Organisationen zählten. Zu ihnen gehörten sowohl die anfänglichen Befürworter des Ersten Weltkriegs als auch diejenigen, die den mit den Siegermächten abgeschlossenen *Versailler Vertrag* als ungerechtfertigt empfanden. Sie verstanden sich nach 1919 als Opposition zur Weimarer Republik, die sie lediglich als »Wartesaal oder schlimmstenfalls als Zwischenreich«[56] betrachteten.

Hermand und Trommler stellen heraus, dass »das ideologische Ziel fast all dieser rechten Organisationen eine neue Gemeinschaft [war], die auf halbem Wege zwischen Kapitalismus und Sozialismus angesiedelt sein sollte.«[57] Daneben gab es aber ebenso liberale und sozia-

Djassemi: Eine Einführung in Johann Bossards *Werbeschrift*

**Der Kunsttempel
im Rohbau**
Zustand 1926

listische Strömungen, die die krisenhafte Entwicklung der neuen Republik zwischen 1919 und 1933 im politischen, sozialen und kulturellen Bereich spiegelten.

›Auf halbem Wege‹ kann man auch Johann Bossard begegnen. In seiner *Werbeschrift* ist ablesbar, dass auch er einander augenscheinlich entgegenstehende Richtungen miteinander vermischte. So stehen bei ihm neben nationalistisch-völkischen Vorstellungen wie dem einheitlichen Kulturwillen und dem Interesse an der Stärkung der deutschen Identität auch (volks-)sozialistische Ideen wie der Wunsch, für das gesamte Volk Gemeinschaftsarchitektur zu schaffen.[58] Eine Erklärung, warum das Links-Rechts-Schema auf die Künstler der Architekturmoderne des Expressionismus nicht anwendbar ist, liefert Gerda Breuer. Sie stellt heraus, dass viele Expressionisten, die – wie Bossard – bereits in der Lebensreformbewegung ihre Wurzeln hatten, sich alle aus einer gemeinsamen Quelle speisten, nämlich der Forderung nach gesellschaftlicher und kultureller Erneuerung. Die eindeutig ablesbare Links-oder-Rechts-Positionierung von heute gab es damals nicht.[59]

Die Künstler-Utopie
Seit Gründung der Weimarer Republik war es in Künstlerkreisen geradezu eine ›Mode‹, sich Gedanken über die Entwicklung des eigenen Landes zu machen und utopische Ansätze für ein besseres Deutschland zu liefern. Neben zahlreichen utopischen Romanen, die in dieser Zeit entstanden sind, gab es auch utopische politische Schriften; nicht zuletzt *Mein Kampf* von Adolf Hitler (1889–1945) kann dazugerechnet werden. Zu den Utopisten gehörten auch einige Künstler der *Gläsernen Kette* wie Walter Gropius (1883–1969) und Bruno Taut. Sie entwickelten Ideen etwa im Bereich des Siedlungswesens oder neuer Bau- und Formkonzepte.

Auch Bossard sah sich als Künstler in der Pflicht, seinen Beitrag für die Reform des Staats und der Gesellschaft liefern zu müssen. Mit einem schon fast überheblichen Unterton bemerkt er, man solle seine Vorschläge nicht als Hirngespinste abtun, sie seien tauglicher als die der eigentlichen Akteure innerhalb des Staats, wenn es um Neuerungen und Verbesserungen ginge: »Öde man uns nicht an, mit dem Vorwurf der Künstlerutopie. Die Realpolitiker, die Wirtschaftsdenker, die Gesetzgeber, die Parteileiter, die Menschen des platten Tagesdenkens haben sich in diesen Notzeiten blamiert bis auf die Knochen.«[60]

Bossard zog für sich die Schlussfolgerung, dass die negativen Auswirkungen der übermäßigen materialistischen Orientierung des Kapitalismus die sozialistischen und kommunistischen Bestrebungen im Lande verstärkten und sich kräftezehrend auf den Gesamtzustand der Republik niederschlügen. Vielleicht sah er das bestehende politische, wirtschaftliche, sozialgesellschaftliche System der Weimarer Republik sogar als Gefahr für die Entwicklung oder gar ein Fortbestehen der deutschen Kultur. Bossard fordert, »[…] den Sozialismus […] von seiner schädlichen Verelendungstheorie [zu] befreien und den Kapitalismus von seiner geistlosen Frohnarbeit.«[61]

Für Bossard versagt der Staat bei der Behebung sowohl der Arbeitslosigkeit als auch der Verarmung in den Städten: »Welch Unfug [,] Arbeitslosen-Einrichtungen zu schaffen, wo es so viel Arbeit gibt, dass die nötigen Hände fehlen; […] die private Kraft zu schwächen, wo die staatliche nicht ausreicht; […] zu streiken, wo die Wohnungsnot uns das Elend zum Himmel schreit, deutsches Land unfruchtbar zu lassen, weil die Rentabilitätsberechnung das Anlagekapital nicht glaubt herauswirtschaften zu können; […] nur immer in Geld und nicht in Werten zu denken, zu wirtschaften […].«[62]

Bossard konstatiert, es fehle den Deutschen ein »einheitliche[r] Kulturwillen[..]«;[63] diesen gelte es aufzubauen. Ein Orden bzw. ein Bund müsse dafür gegründet werden, von dem aus das gesamte Volk und der Staat wieder genesen könne. In Bossards Vorstellung würde dieser Bund so stark sein, dass durch seine Unterstützung der Staat wieder in Gang gebracht werden könnte, denn, »[w]enn das Höhere sieghaft Geltung behalten soll, muss die Hilfe vom Erneuerungsbund in den Staat einströmen und nicht umgekehrt.«[64]

Der Erneuerungsorden – zwischen bündischer Jugendbewegung und Bauhaus
Typisch für die Zeit und innerhalb des politischen Sprachgebrauchs völkischer Gruppierungen vermehrt zu finden war der Vergleich des Staats oder des Volkes mit organischen und biologischen Metaphern. Auch bei Bossard findet man entsprechende Sprachbilder: Hier ist von »Nervensträngie[n]«[65] die Rede, die die impulsgebenden »Kernorganisationen« des Erneuerungsordens mit den Orten produktiver Arbeit verbinden. Das Deutsche Reich verglich er mit einem »Idiotenhirn«, in dem »Kräfte brach liegen, die der Organismus doch benötigt«.[66] Und schließlich ist die Rede von der »Kulturzelle«[67] bzw. »Kulturkeimzelle«[68], aus der die neue Gesellschaft erwachsen soll. Die Institution, die dies bewirken soll, ist der Erneuerungsorden. Dieser Vergleich mit Organen und körperlichen Abläufen setzt das Verhältnis von Erneuerungsorden und Staat in einen logischen Zusammenhang.

In der *Werbeschrift* verarbeitet Bossard den nietzscheanischen Gedanken des Übermenschen. Gleich am Anfang heißt es, der Tempel stehe für das »Symbol des Uebermenschen« und für »das Licht des grossen Gottesgedankens und Menschengefühles«.[69] Hier ist der Übermensch der tragende Pfeiler der neuen, kommenden Gesellschaft bzw. der neuen Kultur. Allerdings ist weder der von einigen Nietzsche-Adepten verfochtene, biologisch hochgezüchtete Mensch beziehungsweise der Machtmensch gemeint, sondern der Tatmensch, »[...] der Macht über sich selbst gewinnen und seine Tugenden pflegen und entfalten will, der schöpferisch ist und auf der ganzen Klaviatur des menschlichen Denkvermögens, der Phantasie und Einbildungskraft zu spielen weiß«.[70]

In Bossards Erneuerungsorden stehen demzufolge die ›Tüchtigen‹, die Ideengeber, die Kreativen an der Spitze. Sie sind die beratenden Kräfte, an deren Seite auch die »Jugendvertreter« mit »ihrer unverbildeten Naivität«[71] wirken. »Dieser Menschenschlag von geistig regen Utopisten nebst Künstlern und Allerweltsgenies gibt die wertvollsten Anreger für einen Bund, der straffe Organisation besitzt.«[72] Sie sollen mit den praktisch orientierten, leitenden Mitgliedern des Erneuerungsordens zusammenarbeiten, die für die Organisation des Bundes zuständig sind. Diese wiederum seien geprägt »durch unwandelbare Güte« und sollen »[...] ihrem Amte Würde geben und der Absicht des Ordens Kraft.«[73] Die »Meister« des Erneuerungsordens, wie Bossard sie bezeichnete, sollen »erprobte Organisatoren« und »frühere Offiziere« sein. Bossard nennt »pensionierte Beamte oder Rentenempfänger«[74], bei denen der Lebensunterhalt gesichert sei und die gemeinsam mit den Leitern der Arbeiterverbände für die straffe Organisation sorgen sollten.

In Struktur und Programm hat Bossards Erneuerungsorden sowohl Ähnlichkeit mit der Bewegung der bündischen Jugend als auch mit Walter Gropius' Ideen für das *Staatliche Bauhaus*: Indem Bossard seine Institution mal als »Bund« und mal als »Orden« bezeichnete, stellte er automatisch eine Beziehung zu den ähnlich klingenden Gruppierungen der bündischen Jugend her. Sie waren die »linken Leute von rechts«[75] und sahen sich sozusagen als die Vorstufe der Volkwerdung. Zu ihnen gehörte auch die Artamanenbewegung.[76] Diese verstand sich als überbündisches Sammelbecken für alle Mitglieder rechter Bünde und als überparteilich. Ihre Mitglieder hatten das Menschen- bzw. Männerideal eines Ritter(orden)s – freiwillig

Einführungen und Quellentexte

Der Kunsttempel
mit Skulpturenreihe
und Vorbau, Zustand
um / nach 1936

unterwarfen sie sich der Disziplin und Selbstdisziplin und standen ausschließlich im Dienste des Bundes, der streng hierarchisch unter Leitung eines ›Führers‹ organisiert war. *Der Bund Artam e. V.* sollte Angehörige aller sozialen Schichten anziehen, und zwar »vom Grafensohn bis zum Tagelöhnerkind«.[77]

Nicht die Strenge der hierarchischen Gliederung, wohl aber die Berücksichtigung aller Volksschichten stellt eine Gemeinsamkeit dar: Denn auch Bossards Erneuerungsbund sollte »von unten bis oben« reichen, also alle Volksschichten umfassen mit dem Ziel der »gegenseitige[n] Durchdringung beider Pole«[78]: »Da kommen sie dann in Scharen die [T]apferen der schwieligen Faust, die [G]eistesküh[n]en der Universitäten, die Schüler des Handels und der Gewerbe, die Schönheitsfreudigen und Starken in der Form, die Geistigen des Klanges und der tiefen Worte.«[79] Bossard sah den Erneuerungsbund auch verantwortlich für die moralische Erziehung des Volkes. Wie die Artamanenbewegung sollte auch Bossards Bund »[ü]berpolitisch und überkonfessionell« sein, mit dem Ziel, einen »freie[n], hohe[n], starke[n] Mensch[en]« zu schaffen.[80]

Gemeinsames Ziel der Artamanen war die Besiedlung der ländlichen Gegenden im Osten Deutschlands und damit nicht zuletzt das Zurückdrängen der polnischen Saisonarbeiter. Die Ostbesiedlung spielte bei Bossard allerdings keine Rolle, vielmehr ging es ihm im Allgemeinen darum, »Ödlandgegenden«[81] innerhalb Deutschlands zu kultivieren, wohl um dem Problem des Bevölkerungswachstums zu begegnen.

Der *Bund Artam e. V.* rühmte sich, »als Erste[r] den ›Freiwilligen Arbeitsdienst‹ in die Tat umgesetzt«[82] zu haben. Das Arbeitslager diente dabei, neben dem positiven Effekt der Besiedelung, als erzieherisches Mittel, in dem die angestrebte Volksgemeinschaft vorgelebt werden sollte.[83] Auch Artur Mahraun (1890–1950), Gründer und ›Hochmeister‹ des *Jungdeutschen Ordens,* veröffentlichte 1924 – noch vor Bossards Ausführungen – einen Plan zur Einführung einer allgemeinen Arbeitsdienstpflicht. Auch stand in seinen Überlegungen die Kultivierung von Ödland zur späteren Ansiedlung an erster Stelle. Die vermehrte Ödlandkultivierung und der Ausbau der Landwirtschaft sollten die Versorgung der Bevölkerung mit Lebensmitteln sichern, um so unabhängig vom Ausland zu werden.[84]

Bossard befürwortete das »Pflichtarbeitsjahr« mit dem Ziel der moralischen und körperlichen Ertüchtigung. Als Vorbild bezog er sich auf »hohe[..] Kulturen«, in denen die gleichrangige Ausbildung von »Körper, Seele, Geist« »Zweck und Inhalt zugleich waren«.[85] Durch die Abschaffung der Wehrpflicht nach dem Ersten Weltkrieg war ein wesentlicher, körperbezogener Teil einer als ganzheitlich verstandenen Ausbildung entfallen; dem sollte entgegengewirkt werden. Durch die gemeinsame Arbeit »im hohen Werke« sollten die Freiwilligen aller Schichten jedoch auch erkennen, »wie sehr sie auf einander angewiesen sind«.[86] In dem 1933 verfassten *Brief an Herrn C. H.* führte Bossard die Idee des Arbeitsdienstes noch weiter aus.[87] Die Relevanz des Themas hatte sich in der Zwischenzeit deutlich verstärkt; so hatte die Regierung Brüning im Sommer 1931 den öffentlich geförderten *Freiwilligen Arbeitsdienst* (FAD) eingeführt.

Eine Reaktion auf den Ersten Weltkrieg stellten auch die so genannten *Kriegersiedlungen* oder *Kriegsopfersiedlungen* dar, auf die Bossard in der *Werbeschrift* Bezug nimmt. Den heimgekehrten Kriegsversehrten und deren Familien sollten ein Häuschen sowie ein Gartengrundstück zur Verfügung gestellt werden, um ihnen ein Auskommen zu sichern.[88] Aufgrund der angespannten Situation im Nachkriegsdeutschland wurde »[d]er schöne Gedanke, der Kriegsiedlung […] nicht in dem Masse durchgeführt, wie er es wohl verdient hätte.«[89]

Im gleichen Atemzug, in dem Bossard seinen Erneuerungsorden in die Nähe der Bünde bringt, stellte er darüber hinaus offensichtliche, wenn auch nicht ausdrücklich genannte, Beziehungen zu den Ideen des *Staatlichen Bauhauses* her. Die zentralen Forderungen der von Walter Gropius ursprünglich als Arbeitsgemeinschaft gedachten Vereinigung – Kunst und Handwerk unter Auflösung der »klassentrennenden Anmaßung« zusammenzuführen, die Architektur als Gesamtkunstwerk mit den anderen Künsten zu verbinden und sie als ihr »Endziel« zu betrachten, wurden 1919 formuliert.[90]

So wie Gropius im *Programm des Staatlichen Bauhauses in Weimar* erwähnt Bossard in der *Werbeschrift* auch die »Reorganisation des Fachausbildungswesens und der Kunsterziehung« und die Einteilung in »Meister, Gesellen, Lehrlinge«.[91]

In den Grundsätzen des Bauhauses heißt es: »Kunst entsteht oberhalb aller Methoden, sie ist an sich nicht lehrbar, wohl aber das Handwerk. Architekten, Maler, Bildhauer sind Handwerker im Ursinn des Wortes, deshalb wird als unerläßliche Grundlage für alles bildnerische Schaffen die gründliche handwerkliche Ausbildung aller Lernenden in Werkstätten und auf Probier- und Werkplätzen gefordert.

Die Schule ist die Dienerin der Werkstatt, sie wird eines Tages in ihr aufgehen. Deshalb nicht Lehrer und Schüler im Bauhaus, sondern Meister, Gesellen und Lehrlinge.«[92]

Sinnbild für das neue Bauen wurde der Holzschnitt einer Kathedrale von Lyonel Feininger (1871–1956) auf dem Titelblatt des vierseitigen *Bauhaus*-Manifests. Die kristalline Kathedrale als Zukunftsbau symbolisierte die größtmögliche Formvollendung der Kunst im Gesamtkunstwerk und die neue soziale Einheit.

Übertragen auf die Initiative Bossards in der Lüneburger Heide kann man vom *Kunsttempel* als diesem Form gewordenen exemplarischen Zukunftsbau sprechen, der im Kleinen im weitesten Sinn nach den Grundsätzen des *Staatlichen Bauhauses* – zumindest zwischen 1932 und 1936 – durch den Meister (Johann Bossard), die Gesellin (Jutta Bossard) und den Lehrling (Franz Hötterges)[93] »aus gleich geartetem Geist heraus einheitlich«[94] entstanden ist.

Ob die vielen unterschiedlichen Einflüsse und Anspielungen, die sich in der *Werbeschrift* ausmachen lassen, den beiden Hauptgeldgebern für den Tempelbau Wohlthat und Offergeld eingängig waren, ist zu bezweifeln: Offergeld äußerte kurz vor Vollendung der *Werbeschrift* im Dezember 1925 in einem Brief an Bossard: »Heute könnte ich Ihnen wohl noch nicht theoretisch auseinandersetzen, was mich mit Ihnen verbindet. Stärker, als Ihre Kunst, kann es vielleicht die durch Ihre Kunst zum Ausdruck gebrachte Philosophie sein. Es fehlt mir einstweilen noch das litterarische Rüstzeug, um diesen oder jenen Gedanken klären und ordnen zu können. So werde ich also wohl erst noch eine Zeitlang an meiner wissenschaftlichen Ausbildung arbeiten müssen, ehe Sie in mir einen brauchbaren Helfer bei Ihrem Werke sehen können.«[95]

Und Helmuth Wohlthat hatte die reformerischen Ideen der *Werbeschrift* wohl eher als Künstlerutopie und nicht als real umsetzbar angesehen. Er konnte sich vielmehr für die handfesten Baupläne des Tempels erwärmen und verfolgte mit Spannung jeweils den nächsten Schritt in der steten Weiterentwicklung des Kunstwerks.[96]

1 Keller, Rolf, *Zur Einführung*, S. I, in: Bossard, Johann Michael, *Werbeschrift an meine Freunde*, im Auftrage v. Jutta Bossard hrsg. u. eingel. v. dems., Typoskript, o. O. [Herten] 1957, S. I–II.
2 Bossard, C.[arla] A.[ugusta] Jutta, *Die Kunststätte Bossard*, S. 166, in: *Jesteburg in Wort und Bild*, hrsg. v. den Mitgliedern des Arbeitskreises für Heimatpflege Jesteburg, Jesteburg 1979, S. 163–171.
3 Wohlthat, Harald, *Johann Michael Bossard (1874–1950). Ein Visionär auf dem Weg vom Kunsthandwerk zum Gesamtkunstwerk*, Typoskript, o. O. [Kiel] 1997, S. 77.
4 Siehe ausführlich zu Emil Hegg, Helmuth Wohlthat und Theo Offergeld den Aufsatz von Janina Willems in der in Vorbereitung befindlichen Publikation »*Über dem Abgrund des Nichts*«. *Die Bossards in der Zeit des Nationalsozialismus*, hrsg. v. Gudula Mayr, Ausst. Kat. Kunststätte Bossard, Jesteburg, Jesteburg 2018 (Schriften der Kunststätte Bossard, 17).
5 In einem Brief vom 19.01.1925 an Emil Hegg gab Bossard den Betrag von 19.400 Mark für den Rohbau an, nachdem er einen provisorischen Kostenvoranschlag eingeholt hatte (AJB 179). Zu diesem Zeitpunkt plante er noch eine größere Ausführung des Tempels. Im August 1926 schrieb er: «Der Bau ist aufgrund meiner Abänderung neu berechnet, kostet ca. 15.000 Mark im Rohen.« (undatierter Brief an Emil Hegg auf der Hochzeitsanzeige Johann und Jutta Bossards vom August 1926, AJB 179).
6 Diese Beträge nannte Jutta Bossard (Bossard 1979, S. 166). In einem Brief vom 11.06.1926 (AJB 175) fragte Offergeld, welche Summe Bossard benötige und im darauffolgenden Brief vom 19.08.1926 (AJB 175) schrieb er an ihn: »Den noch fehlenden Betrag denken wir [Wohlthat und Offergeld] zu gleichen Teilen auf unseren Kopf zu nehmen.«
7 Bossard bedankte sich in einem Brief vom 20.8.1926 (AJB 179) bei Hegg für die »Tempelspende«.
8 Zwischen 1921 und 1923 erhielt Bossard insgesamt 12.000 Franken der Schweizerin Adelheid Page-Schwerzheim (1853–1925) in vierteljährlichen Ratenzahlungen. Im Gegenzug überließ er ihr die zwei 1916 entstandenen Bilder *Madonna mit den Wächtern* und *Zaubergarten*, deren Wert er mit 20.000 Franken bezifferte. S. dazu Civelli, Ignaz, »*Kein Sonnenschein der Freude*«. *Der Zuger Künstler Johann Michael Bossard, sein Verhältnis zu Zug und der Erste Weltkrieg*, S. 223 f., in: *Tugium. Jahrbuch des Staatsarchivs des Kantons Zug, des Amtes für Denkmalpflege und Archäologie, des Kantonalen Museums für Urgeschichte(n) Zug und des Museums Burg Zug*, Jg. 33, 2017, S. 211–230. Offergeld erwähnte in einem Brief vom 10.11.1926 (AJB 175) eine »gemalte Scheibe« und »Masken«.
9 Keller 1957, S. I: »Hinzu kommt, daß von einer Ordnung der zahllosen mehr oder weniger bedeutenden Gedanken keine Rede sein kann. Oft schweift Bossard vom Thema ab, oft schießt er über sein Ziel hinaus und verliert sich in pathetischen Phrasen.« Vgl. dazu auch Civelli 2017, S. 228.
10 Ebd.
11 Ebd., S. 227 f.
12 Briefentwurf von Johann Bossard an Helmuth Wohlthat vom 28.12.1926 und früher (Anfang undatiert, AJB 203).
13 Ebd. In seiner Vision sah er »zwölf an der Zahl um den Lüneburger Naturpark« und auch an anderen Stellen in Deutschland entstehen. Bossard, Johann Michael, *Werbeschrift an meine Freunde*, Typoskript, o. O. [Jesteburg] 1925 (AJB 1), S. 22.
14 Pfeill, Karl Gabriel, *Johann Bossards Heidetempel*, in: *Der Kleine Bund. Literarische Beilage des Bund*, Jg. 10, Nr. 14, 7.4.1929, S. 109. Pfeill war Schriftsteller und Kunstkritiker. 1919 gründete er mit Freunden die Vereinigung *Der Weiße Reiter*, die sich selbst als »jungrheinischen Bund für kulturelle Erneuerung« charakterisierte und deren Veröffentlichungen durch expressionistischen Stil, katholische Religiosität und einen diffusen Führergedanken geprägt waren. Vgl. dazu: Hohrath, Klaus, *Karl Gabriel Pfeill. Leben und Werk (1889–1942)*, Neuss 1987, S. 35–76. Pfeill schreibt über Bossard: »Die Entwicklung seiner [Bossards] reichen und vielfältigen Begabung als Maler, Bildhauer und Baukünstler (wozu sich noch ein philosophisch gerichteter grübelnder Intellekt sowie ein Schuss Dichtertum gesellt) ist durchaus problematisch, und es gelingt ihm in seinen vielen Werken und Versuchen zunächst nur selten, die vielfach widerstreitenden Elemente zu überzeugender Einheit, zu einer Schöpfung von schlackenlosem Guss zu fügen.« Pfeill 1929, S. 109.
15 Undatierter Entwurf eines Briefs an Friedrich Seeßelberg (AJB 375-246).
16 Wohlthat 1997, S. 6 f.; vgl. dazu auch Mayr, Gudula, »*Licht und Dunkel*« – »*Schall und Stille*«. *Johann Bossard und Richard Wagner*, S. 135, in: *Schwerpunkt: Wagner und die bildende Kunst*, Würzburg 2014 (wagnerspectrum, H. 2, 2014, 10. Jg.), S. 133–152.
17 Mitteilung des Hamburger Senats vom 7.1.1927. Personalakte Johann Bossard, Archiv der HFBK Hamburg.
18 S. dazu den Aufsatz von Udo Bermbach in diesem Band, S. 20.
19 Auf der undatierten Briefkarte von Peipers an Bossard (AJB 148) heißt

Einführungen und Quellentexte

es: »Kannst du den ersten Band der Geheimlehre entbehren? Ich habe mein Exemplar verliehen, moechte aber, falls du z. Zeit nicht darin liest oder schon ausgeliehen hast, zuweilen darin lesen können.«
20 Bossard 1925, S. 13.
21 Ebd.
22 Vgl. dazu: Goodrick-Clarke, Nicholas, *The Occult Roots of Nazism: the Ariosophists of Austria and Germany 1890–1935*, Wellingborough 1985.
23 Guido List: *Der Unbesiegbare*, Wien u. a. 1898 (BJB 377); *Die Religion der Ario-Germanen in Ihrer Esoterik und Exoterik*, Leipzig u. a. o. J. (BJB 990); *Das Geheimnis der Runen*, 2. Aufl., Leipzig 1912 (BJB 992); *Die Ursprache der Ario-Germanen und ihre Mysteriensprache*, Wien u. a. 1914 (BJB 781); *Die Bilderschrift der Ario-Germanen (Ario-Germanische Hieroglyphik)*, Wien u. a. 1910 (BJB 780).
24 Die *Man-Rune* als Symbol für den neuen Menschen – dargestellt durch Menschen mit erhobenen Armen – findet sich unter anderem auf dem *Lichtgebet* im *Bilderbuch* (1929), am Vorbau des *Kunsttempels* und an der Westseite im *Erossaal*; die *Yr-Rune* auf der Ostwand des *Erossaals* und die *Sig-Rune* auch am Vorbau des *Kunsttempels*.
25 Wohlthat 1997, S. 7. Wohlthat bezieht sich auf eine Ausgabe, die im Bibliotheksbestand derzeit nicht auffindbar ist.
26 Exemplarisch für Bossards solidarisches Verhalten steht die Aufnahme des jungen Franz Hötterges (1912–1993) in die kleine Heide-Gemeinschaft und dessen Förderung in verschiedenen Bereichen. Vgl. dazu Bossard 1979, S. 168 f.
27 Bossard ergänzte handschriftlich am 16. 12. 1935 eine im Oktober desselben Jahres unterschriebene Erklärung über Nicht-Logen-Angehörigkeit (Personalakte Johann Bossard, Archiv der HFBK Hamburg): »Ich trat im Jahr 1896 zu München in den dort neu zu gründenden Guttemplerorden [ein], im Jahre 1897 übersiedelte ich nach Berlin. Da meine Freunde, denen zuliebe ich eintrat, in München geblieben waren, trat ich im gleichen Jahre 1897 wieder aus, da ich zu einem längeren Verbleiben keinen Anlass mehr hatte.«
28 Vgl. dazu Mayr 2014 b. Die Autorin verweist auf die sich in Bossards Besitz befindlichen Bücher Richard Wagners und benennt zudem auch einen Entwurf Bossards für die Mappe *Dekorative Malereien*, der Szenen nordischer Mythen in der Interpretation Wagners zeigt (S. 136).
29 Bossard 1925, S. 14 und S. 22; zum religiösen Liebesgedanken vgl. den Aufsatz von Udo Bermbach in diesem Band, besonders S. 20.
30 Bossard 1925, S. 3.
31 Ebd., S. 7.
32 Ebd., S. 8.
33 Ebd., S. 19.
34 Muthesius, Hermann, *Kultur und Kunst*, 2. Aufl., Jena 1909 (Erstveröffentlichung 1904), S. 5.
35 Bossard 1925, S. 15.
36 Ebd.
37 Brief von Johann Bossard an Emil Hegg vom 8. 3. 1909 (AJB 176).
38 Ebd.
39 Hamann, Richard u. Hermand, Jost, *Stilkunst um 1900 (Epochen deutscher Kultur von 1870 bis zur Gegenwart*, Bd. 4), 2. Aufl., München 1975 (Erstveröffentlichung 1967), S. 353.
40 Ebd., S. 353 f.
41 Ebd., S. 348.
42 Peter Behrens 1908 im *Kunstgewerbeblatt*, zit. n. Hamann/Hermand 1975, S. 355.
43 Fok, Oliver, *Die Kunststätte Bossard*, S. 91, in: *Bau einer neuen Welt. Architektonische Visionen des Expressionismus*, hrsg. v. Rainer Stamm u. a., Ausst. Kat. Kunstsammlungen Böttcherstraße, Bremen u. a., Köln 2003, S. 86–91.
44 Fidus, *Gesellschaft*, 1896, zit. n. Frecot, Janos u. a., *Fidus 1868–1948. Zur ästhetischen Praxis bürgerlicher Fluchtbewegungen*, erw. Neuaufl., Hamburg 1997 (Erstveröffentlichung 1972), S. 93.
45 Vgl. dazu Fok, Oliver, *Johann Michael Bossard. Einführung in Leben und Werk* (Schriften der Kunststätte Bossard, 1; Schriften des Freilichtmuseums am Kiekeberg, 21), 3. überarb. Aufl., Ehestorf 2004 (Erstveröffentlichung 1996), S. 43 f.; Fok 2003, S. 89; Bossard 1925, S. 2.
46 Vgl. dazu Bushart, Magdalena, *Zukunftskathedralen*, in: *Bau einer neuen Welt. Architektonische Visionen des Expressionismus*, hrsg. v. Rainer Stamm u. a., Ausst. Kat. Kunstsammlungen Böttcherstraße, Bremen u. a., Köln 2003, S. 112.
47 Vgl. dazu *Die Briefe der Gläsernen Kette*, hrsg. v. Iain Boyd White u. Romana Schneider, Berlin 1986, S. 5.
48 Taut, Bruno, *Architektur neuer Gemeinschaft*, in: *Die Erhebung, Jahrbuch für neue Dichtung und Wertung: Zweites Buch*, hrsg. v. Alfred Wolfenstein, Berlin 1920, zit. n. Schubert, Dietrich, *Bruno Tauts »Monument des neuen Gesetzes« (1919) – zur Nietzsche-Wirkung im sozialistischen Expressionismus*, in: *Jahrbuch der Berliner Museen*, N. F. 29/30, 1987/88, S. 247.
49 Taut, Bruno, Die Stadtkrone, S. 60, in: Taut, Bruno, *Die Stadtkrone*, Mit Beiträgen von Paul Scheerbart u. a., Jena 1919, S. 50–87 (BJB 1059).
50 Bossard 1925, S. 15 f.
51 Ebd., S. 5.
52 Ebd., S. 3.
53 Ebd., S. 20.
54 Vgl. dazu Nipperdey, Thomas, *Deutsche Geschichte, 1866–1918*, Bd. 1: *Arbeitswelt und Bürgergeist*, brosch. Sonderausg., München 1998 (Erstveröffentlichung 1990), v. a. S. 510 f. Mit dem Konzept *Survival of the fittest* ist der Sozialdarwinismus der zweiten Phase gemeint. Hier stand, nach Nipperdey, »der Kampf ums Dasein,

ums Überleben der Fähigsten im Mittelpunkt […] und daraus [wurde] Geschichte gedeutet und Politik programmiert.« Ebd., S. 510.
55 Nipperdey, Thomas, *Deutsche Geschichte, 1866–1918, Bd. 2: Machtstaat vor der Demokratie,* brosch. Sonderausg., München 1998 (Erstveröffentlichung 1992), S. 252–252.
56 Hermand, Jost u. Trommler, Frank, *Die Kultur der Weimarer Republik,* Lizenzausg. d. Nymphenburger-Verl.-Handlung, München 1988 (Erstveröffentlichung 1978), S. 103.
57 Ebd.
58 In der *Werbeschrift* heißt es: »Hier kann der Gedanke des Volkshauses, der nach der Revolution seine Stimme erhob, sich zur Tat verdichten«, und: »Dem Aufbaugedanken, dem Wert- und Kraftgedanken der Persönlichkeit, wie der Volkheit sollen hier Stätten bereitet werden.« (Bossard 1925, S. 12 f.)
59 Vgl. dazu: Breuer, Gerda, *Expressionismus und Politik,* in: *Bau einer neuen Welt. Architektonische Visionen des Expressionismus,* hrsg. v. Rainer Stamm u. a., Ausst. Kat. Kunstsammlungen Böttcherstraße, Bremen u. a., Köln 2003, S. 154.
60 Bossard 1925, S. 9.
61 Ebd.
62 Ebd.
63 Ebd., S. 5.
64 Ebd., S. 16.
65 Ebd., S. 17.
66 Ebd.
67 Ebd., S. 6.
68 Ebd., S. 11.
69 Ebd., S. 3.
70 Safranski, Rüdiger, *Nietzsche. Biographie seines Denkens,* 7. Aufl., Frankfurt a.M. 2015 (Erstveröffentlichung 2000), S. 280.
71 Bossard 1925, S. 18.
72 Ebd., S. 12.
73 Ebd., S. 14.
74 Ebd., S. 17.
75 Hermand/Trommler 1988, S. 103.
76 Namens- und Ideengeber der Artamanenbewegung war der völkisch eingestellte Willibald Hentschel (1858–1947). Umgesetzt wurden dessen Kolonisierungs- und Siedlungsvorstellungen von Bruno Tanzmann (1878–1939) in der ersten Hälfte des 1920er Jahre. In seiner Zeitschrift *Deutsche Bauernhochschule* druckte Tanzmann 1923 den Aufruf Hentschels, »eine ritterliche Kampfgenossenschaft auf deutscher Erde« zu gründen, die »Artam« heißen sollte. Vgl. dazu Linse, Ulrich, *Zurück o Mensch zur Mutter Erde. Landkommunen in Deutschland 1890–1933,* München 1983, S. 327.
77 Hermand/Trommler 1988, S. 103.
78 Bossard 1925, S. 16.
79 Ebd., S. 5.
80 Ebd., S. 17.
81 Ebd., S. 6.
82 Rosenberg, Alwiß, *Zehn Jahre Artam,* in: *Zehn Jahre Artam,* hrsg. v. Bund Artam e.V., Sternberg-Neumarkt 1934, zit. n. Linse 1983, S. 331 f.
83 Ebd.
84 Vgl. dazu Benz, Wolfgang, *Vom freiwilligen Arbeitsdienst zur Arbeitsdienstpflicht,* S. 519 f., in: *Vierteljahreshefte für Zeitgeschichte,* Jg.16, 1968, H. 4, Oktober, S. 517–546 (url:http://www.ifz-muenchen.de/heftarchiv/1968_4_1_benz.pdf, abger. am 15.4.2018).
85 Bossard 1925, S. 6.
86 Ebd.
87 Bossard, Johann Michael, *Brief an Herrn C. H.,* Typoskript, o. O. [Jesteburg] 1933 (AJB 5). Bezüglich des Adressaten siehe die Einführung von Gudula Mayr in diesem Band, S. 76–79.
88 Civelli 2017, S. 228.
89 Bossard 1925, S. 5.
90 Gropius, Walter, *Manifest und Programm des Bauhauses,* 1919, zit. n. Droste, Magdalena, *Bauhaus 1919–1933,* Köln 2011, S. 18.
91 Bossard 1925, S. 6. An anderer Stelle führte Bossard dies noch weiter aus: »Den innersten Kern des Bundes, seinen festen Bestandteil bilden feste Organisationen, der dauernd für ihn Tätigen, gegenüber dem Strom der Zu- und Abflutenden der Lehrlinge und Gesellen. Die Meister.« Bossard 1925, S. 17.
92 Gropius, Walter, *Manifest und Programm des Bauhauses,* 1919, zit. n. Droste 2011, S. 19.
93 Franz Hötterges erhielt von Johann Bossard in der Heide eine private und praktische Bildhauerausbildung, an die er ein Kunststudium anschloss. Vgl. dazu Bossard 1979, S. 170, und die Zeittafel auf www.franz-hoetterges.de (abger. am 17.8.2018).
94 Gropius, Walter, *Manifest und Programm des Bauhauses,* 1919, zit. n. Droste 2011, S. 19.
95 Brief von Theo Offergeld an Johann Bossard vom 25.12.1925 (AJB 175).
96 Vgl. dazu die Einschätzung seines Sohns Harald Wohlthat in: *100 Jahre Kunststätte Bossard. Ein expressionistisches Gesamtkunstwerk am Rand der Lüneburger Heide.* Transkript der Podiumsdiskussion vom 27.3.2011, Diskutanten: Udo Bermbach, Debora Dusse, Roger Fornoff, Harald Wohlthat, Moderation: Susanne Kaufmann (Schriften der Kunststatte Bossard, 11), hrsg. v. Gudula Mayr, Jesteburg 2011, S. 36.

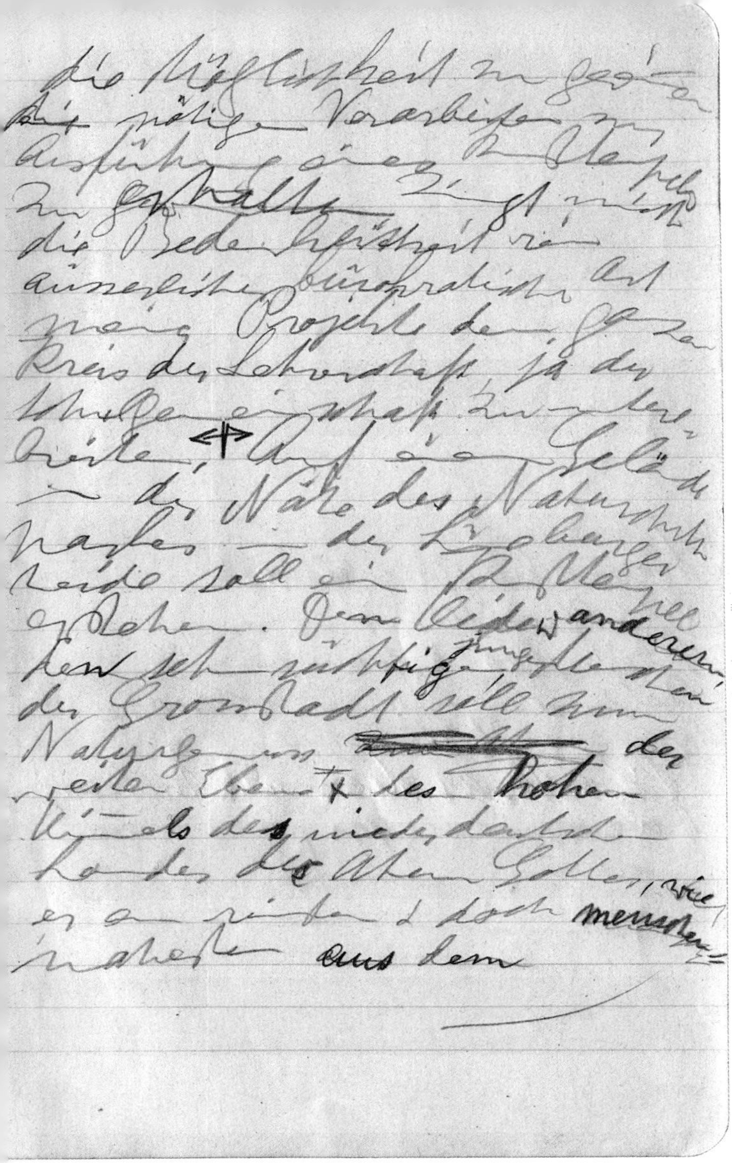

[Handwritten manuscript, largely illegible cursive. Tentative reading:]

die Möglichkeit zu geben die nötige Vorarbeiten zur Ausführung einer ... Stelle zu gestalten ... ist nicht die Bedeutsamkeit von äusserlicher künstlerischer Art meine Projekte der ... zur Kreis der ...schaft, ja der ... eingebracht zu ... breiten. Auch ein Gelände in der Nähe des Naturschutz Parkes — der Lüneburger Heide soll ein ... entstehen. Dem Leidenden ... sich ich ruhige ... der Grossstadt soll vom Natur... ... der ... ... + des hohen Himmels des niederdeutschen Landes des alten Gottes, wie es ... ... doch menschen... nahestehen aus dem

Johann Bossard
**Werbeschrift
an meine Freunde**
Manuskript, AJB 1-1,
1925

Johann Bossard

Werbeschrift an meine Freunde (1925)

[1]
Weihnachten 1925
J. Bossard.[1]

Auf einem Gelände in der Nähe des Naturschutzparkes in der Lüneburgerheide soll ein Kunsttempel erstehen.[2] Den Heidewanderern den sehnsüchtigen, jungen Menschen der Grossstadt soll zum Naturgenuss der weiten Ebene und des hohen Himmels des [n]iederdeutschen[3] Landes der Atem Gottes, wie er am reinsten und doch menschennahesten aus dem grossen, einheitlichen Kunstwerk quillt, eine schönheitliche Quelle, eine Stätte innerer Einkehr errichtet[4] werden. Im Anschluss an ein Künstlerheim, einer Stätte jahrelanger Formversuche soll sich ein [q]uadratischer[5], steilstrebiger und doch massig gegründeter Bau erheben, ein Symbol erst eines kommenden Grösseren, aber in Form und Gehalt doch nicht nur der geisteseifrige Ruf, sondern schon der feste Kern, um den eine erste nährende Frucht sich ansetzen soll. Durch ein Broncetor, des[s][6] übersprudelnde Gestalten die verwirrende Fülle des auf und absteigenden Lebens, schwarz erzen und blitzlichtüberfunkelt, dem Eintretenden zeigen,[7] gefasst von feuergeglühten Blöcken,[8] tritt der Wanderer in eine Vorhalle. Eine tronende Madonna ist die linde, mütterliche Herrscherin des [oblongen][9] Raumes. Die Ungeborenen streben ihrem milden, süssen Lichte zu, von allen Seiten drängen Putten, Kinder, Jugendscharen, volle Reife und Körpermüde wie [2] zum ewigen Jungbrunnen. Der Vorhof der Werdelust hält den Sucher nicht, er geht durch einen Gang in den Raum der Tat. Drei zyklische Verwandlungen harren seiner. Das erste [M]al[10] zeigt sich eine lichtdurchflutete, von allen Seiten lichtwiderspiegelnde Halle, deren Lichtquellen[11] und deren Pfeilerträger den Sinn kristallischer, kraftstrebiger und konstru[k]tiver[12] Formen zeigen Lineamente geschliffener und bemalter Fenster, Verflechtungen des Bodenplanes, holz- und steinverschlungene Mosaiken, Binder und Stützen, lichtsaugende und -strahlende Spiegel und Lichter der Decke, geben mit struktiv gedeuteten, linear und farbig lebendig bemalten Tragepfeilerflächen die Welt des Vororganischen –; diese[13] Welt wird bei der zweiten Wiederkehr die Halle des Kampfes. [Ü]ber[14] dem Eingang aus dem Vorhof erhebt sich das Bild des Turmbaues, zu ihm blickt[15] von der gegenüberliegenden Wand das Bild der Kreuzigung. Rechts und links zeigen Bilder den Menschen im Kampf mit den Titanen und die Kämpfe des Bruders mit dem

Bruder. Zur dritten Verwandlung empfängt den Wanderer die Halle der Geisteskämpfe. Die Welt der Konzile und des Massenwahns, der Wortkämpfe und des inneren Streites mit dem Versucher, die Gegensätze der Lichtkünder und der Organisatoren irdischer Zwecke nehmen auf den Wänden Bildform an. Aber nach jeder der drei Verwandlungen tritt der Wanderer durch den dunklen Gang an der Stirnseite des Raumes, gegenüber dem Vorhof, in die Zelle [3] des ewigen Lichtstrahles, und erkennt hier, erlebend im Symbol, die Ostern seines Herzens. Wie der silberne Frühling des Nordens über weite Wasserspiegel und duftatmende Ebenen, durch knospende Birkenzweige und Wolkenflöre,[16] rieselt durch [kristallknospende][17] Pfeiler, verflochten emporziehende, lichtsaugende und wi[..]derstrahlende[18] Menschenbildergewebe, das Licht des grossen Gottesgedankens und Menschengefühles, um das Symbol des Uebermenschen das Wort: das bist Du.[19]

Der Einheit von Kunst und Leben muss nachgestrebt werden. Hier liegt die Wurzel der Erneuerung, denn Kunst ist keine Angelegenheit der Schwätzer, keine Angelegenheit derer, die Oberflächen immer noch einmal anders polieren, eine Kurve immer noch einmal verbrä[..]men[20], glaubend, Seele sei ein Wort und nicht ein Befehl heiliger Hingabe. In der Kunst dränge das heilige Feuer, der prometheische Funke als Abglanz des Geheimnisses der Gottheit, würdigend die Taten im Dienste der harten Notwendigkeit und bese[..]ligend[21] alle Mühsal des Alltags in das volle Leben des ganzen Volkes ein. Kunst ist keine Angelegenheit der Müssiggänger, sie ist nicht da um verlästert zu werden von denen, deren [Ü]berdruss[22] der Beweis ihrer Unwürde ist. Vor das Hohe ist der Kampf gesetzt. Jeden Morgen und Abend sei uns die Sonne beglückend und befriedend eine Goldquelle, aber Tagesglut nur stählt und kränzt den Sieger, ihm offenbart sich das Geheimnis göttlichen Glückes. Das Symbol muss erlebt, erlitten und erstritten sein. Und auch keine Angelegenheit des Schachers sei die Kunst, ein Osterfeuer eines ganzen Volkes, von dem in jede Hütte an jeden Herd der [4] leuchtende und wärmende Funke geholt werde.

Und im deutschen[23] Volke gelinge endlich nach hundert Anläufen der Sprung. Aus dem Dunkel der Zeiten glühte seit Langem den Besten ein Ideal. Glückliche Zeiten und Zonen sahen Schönheit, edle Form und hohen Sinn in Völkern dieser Erde, wie in einem unfassbaren Traum verkörpert. Dem verarmten, unter hundert Wunden und Bedrängnissen leidenden Deutschland kann dieses üppige Märchen nur ein schmerzlich ungläubiges Lächeln entlocken. Nicht der königlich hohe unnahbar glänzende Apoll, nicht der üppige, trunkense[..]lige[24] Dyonisos reichen die Hand in unser Dunkel müheharten Leides. Die Frohn des Herakles ist unser Los, der deutsche Wieland die Rune siegender [Ü]berwindung[25] aus tiefster Schmach, seinem Flug ins Licht zu folgen ist das in unser Blut geätzte Schicksal.

Mag Amerika mit seinem Golde der alten Erde entrissene Schätze der Vorzeit aufwiegen und deutschen Toren ein beneidetes Afterbeispiel sein, mag England prahlen mit den Tributen einer Welt mit der irdischen [T]üchtigkeit[26] seiner Völker, mag die Pariser-Weltausstellung ein Sirenensang sein aus der Flut eines sinnbetörenden, überfeinerten Luxus und den Neid erreg[e]n[27] nicht nur deutscher Böotier[28], ein Stachel auch all derer, deren Götter heissen: klingender Erfolg und eitle [Ü]berbietungsfreude[29], Ruhmsucht und Hunger nach dem Lobe aller derer, die mit Flitter das harte Licht des Geistes verdunkeln möchten; mag[30] der Büttel uns bedrängen, mag es manchem Braven scheinen, dass Ausfuhr die Forderung der Stunde sei: Erneuerung bleibt unser Ruf. Und höher als Betrieb und Rentabilität steht uns der deutsche[31] Name, nie wieder eine er, trotz Not und Hass, sich [Billigramsch] und [Eitelfeil][32]. Karg wie unsere [Ä]cker[33] möge sein das äussere Kleid unserer Kunst, aber ein Brot des Alltags und [5] des hohen Opfermahles Leib sei sie uns, wie unserer Äcker Frucht.

Schon sehe ich sie werden, die Zellen der Erneuerung. Und vielleicht gibt es bald im Vaterlande nicht nur den Lüneburger Naturpark, und wie hier an seinen Grenzen wachsen auch überall Siedelungen um deren Kerne,[34] die Tempel der Erneuerung. Da kommen sie dann in Scharen die [T]apferen[35] der schwieligen Faust, die [G]eistesküh[n]en[36] der Universitäten, die Schüler des Handels und der Gewerbe, die Schönheitsfreudigen und Starken in der Form, die Geistigen des Klanges und der tiefen Worte. Das Fest der Arbeit eint sie alle und das Hohe ist ihr aller Teil. Am Anfang war die Tat und kargem Boden wird die Frucht entlockt. Marsch und Tanz, Gehorsam, weil er Kraft erzeugt und Froh[h]eit[37], weil sie Weisheit lehrt, leiten schon den ersten Tag. Sand wird gesiebt und Steine nehmen Form an, Schlafräume in langen Zeilen wie Schutzmauern um den Tempel erheben sich und Kunstschüler mit Meistern einen lehrend und lernend sich zu hohem Werke. Nicht mehr für Augenblender in Ausstellungen wird erzogen und geschaffen, sondern für Schönheit, die dem [G]anzen[38] dient.[39]

Welcher schöne und gute Gedanke wäre nicht schon in Deutschland gedacht und von edlen Herzen empfunden worden. Dass sie nicht Form wurden, tätiges Leben, liegt in einem Mangel einheitlichen Kulturwillens. Der schöne Gedanke, der Kriegersiedlung ist nicht in dem Masse durchgeführt, wie er es wohl verdient hätte. Die Ödlandkultur bleibt geringen Umfanges. Die körperliche Ertüchtigung der Jugend bleibt mangelhaft, ist sportlich teilweise zu spe[z]ialisiert[40] und dann gar politisiert. [6] Die ästethische[41] Erziehung entbehrt des hohen Zieles. Die geistigen Strebungen trennen sich in Fachwissen und konfessionellen Hader. Politik ist eine Angelegenheit der Parteien, die wohl teilweise gute und nützliche Ideale[42] als Ziele aufstellen, aber in Feindschaft gegen Teile des Volkes hetzen, dem Ganzen nicht fördernd sind. Der Erneuerungsorden ist die Forderung der Zeit, der alle guten Kräfte eint. Das Pflichtarbeitsjahr[43] in seinem Hauptgedanken der Erziehung und Ertüchtigung, befreit von den Schlacken traditioneller Einseitigkeit, kann sein Ausgangspunkt werden, wenn die vorhandenen Erziehungsinstitute aller Gebiete ihn aufnehmen in einer Pionierarbeit, die Körper, Seele, Geist in Werken vereint, die in allen hohen Kulturen Zweck und Inhalt zugleich waren, die aber mangels[44] einheitlicher Gedankenstrebung der Gegenwart im Grossen nicht mehr möglich waren.

Der Orden muss ein Tempelbauerorden sein. Der hohe Gehalt, der diesem Begriff innewohnt, im hehren Ewigen geoffenbart und zeugend in die Tat des Tages täglich umgesetzt, ist der Kern, um den einzig die uns nottuende Kultur ansetzen kann. Im hohen Werke, das alle Kräfte sich dienstbar macht, lernen diese sich und alle Zweige der Volkheit kennen und begreifen, wie sehr sie auf einander angewiesen sind. Nur der Dienst am hohen Werke gibt der Einzelleistung Rang.

Werdegang einer Kulturzelle: Kriegersiedlungen, Ödlandkulturen und Ödlandgegenden aus privatem oder Staatsbesitz erworben, sind der Ort. Pionier-, Feld- und Gartenbau[,][45] Erziehungsarbeit, Tempelbau, Barackenlager verwandeln sich in Ortschaften. Für Einzelzwecke, Privatbauten[46] werden Aufträge angenommen. Stiftererhrungen am Tempel geben Mittel. Spartanischer Verzicht auf Grabmalsluxus und statt dessen Tempelpfennig. Meister, Gesellen, Lehrlinge. Reorganisation des Fachausbildungswesens und der Kunsterzie- [7] hung. Geistige Richtlinien überkonfessioneller[47] Art, Materialismus das verkehrte Ende. Der unbesiegbare Gott: Lernet ihn erkennen in Euch.

Kunst und Religion müssen sich einen. Nicht werde ich mich einmischen in die Unterscheidungen der Dogmatiker. Aber was für das deutsche[48] Volk nottut, darüber erlaube ich mir ein Urteil. Ins Leben hinunter trete die Religion

"Werbeschrift an meine
Freunde"
Weihnachten 1925
J. Bossard

Auf einem Gelände in der Nähe des Naturschutzparkes in der Lüneburgerheide soll ein Kunsttempel erstehen. Den Heidewanderern, den sehnsüchtigen, jungen Menschen der Grossstadt soll zum Naturgenuss der weiten Ebene und des hohen Himmels des Niederdeutschen Landes der Atem Gottes, wie er am reinsten und doch menschennahesten aus dem grossen, einheitlichen Kunstwerk quillt, eine schönheitliche Quelle, eine Stätte innerer Einkehr errichtet werden. Im Anschluss an ein Künstlerheim, einer Stätte jahrelanger Formversuche soll sich ein Quadratischer, steilstrebiger und doch massig gegründeter Bau erheben, ein Symbol erst eines kommenden Grösseren, aber in Form und Gehalt doch nicht nur der geisteseifrige Ruf, sondern schon der feste Kern, um den eine erste nährende Frucht sich ansetzen soll. Durch ein Bronzetor, des übersprudelnde Gestalten die verwirrende Fülle des auf und absteigenden Lebens, schwarzärzen und blitzlichtüberfunkelt, dem Eintretenden zeigen, gefasst von feuergeglühten Blöcken, tritt der Wanderer in eine Vorhalle. Eine tronende Madonna ist die linde, mütterliche Herscherin des oblongen Raumes. Die Ungeborenen streben ihrem milden, süssen Lichte zu, von allen Seiten drängen Putten, Kinder, Jugendscharen, volle Reife und Körpermüde wie

Johann Bossard
**Werbeschrift
an meine Freunde**
Typoskript,
AJB 1-3, 1925

[u]nd[49] durchdringe die ganze Erziehung, vergeistige jede Tat. Glaubt ihr Menschen des Jetzt und Heute nur nicht, ihr kennet schon Macht und Wirkung religiöser, kirchlicher Verinnerlichung, und dürft den Mut haben abzulehnen, bevor Ihr[50] erprobt habt. Die Seuche des Historismus hat euch das Leben verfälscht. Erkenntnis quillt aus anderen Bronnen[51]. Erzieht[52] erst den Blick und dann werden euch die Erscheinungen nicht mehr leer oder unverständlich[53] sein. Die Worte der Religiösen und Weisen werden euch klar und das Leben erhält Richtung. Glaubet nicht, die grauen Ur- und Vorzeiten verbergen euch eine Weisheit, die mit Hacke und Spaten zu ergraben sei und die alten Tafeln längst begrabener Völker bergen eine Weisheit[54], die mit wissenschaftlicher Akribie eure eigene Tat, die euch die[55] Notwendigkeit in den Weg gestellt, zu de[u]ten und klären[56] vermögen. Was nicht von innen begriffen, wem nicht eigene Lebensnotwendigkeit den Weg weist, der begreift in allen Daten der Vergangenheit nur das ewig Gestrige[57], in dem wir ersticken, das an den wichtigsten Wendepunkten uns die Hand lähmt. Glaubet nicht Historie erschlösse euch die Seele der Kunst, glaubet nicht um das handle es sich im Kunstwerke, was die kritische Son[d]e[58] euch an den Glanzpunkten der Kunstprodukte anderer Zeiten und Völker in Museen zu weisen vermag. Das ist Staub und Asche und mögen die Toten ihre Toten begraben. Dafür hat nie das Herz ihrer Erzeuger [8] geglüht, dafür wurden nie Tempel gebaut, dafür wurde nie gedarbt und geduldet und selbst der Tod in die Wagschale geworfen. Aus lebendigster Lebensglut wurde je und heute geschaffen, was im Hohen bedeutungsvoll ist und war, und von je wurden Weisheit und Wahrheit nur erlebt und nur dem Würdigen erschloss sich Göttliches; – lebendiger Tat quillt die Gnade des Ewigen. Lasset den Hütern alter Tempelschätze, die Euch[59] Steine statt Brot bieten,[60] ihren Moder; mögen sie am Ewiggestrigen eintrocknen. Unser Teil sei die erlebte, beseelte, vergeistigte Tat. Ab wendet[61] euch von dem Aberglauben, nur der Vergangenheit sei hohe Kunst beschieden gewesen und glaubet nicht, andere Völker und Rassen können euch Führer sein. Ihr seid so jung wie die jüngsten Wilden und so alt wie Erde und Sonne. Hier glüht, hier lebet und wahrlich der Asche stäubet noch genug um uns; weder Osten, Süden, Westen brauchen uns davon zuzutragen. Entfernet den Historismus aus eurem Blut, der noch die Werke der Jüngsten schädigt, dass sie vermeinen Würde und Kraft zu erhalten, neu zu sein mit aufgemalten[62] wulstigen Negerlippen. Lasset die Sysiphusarbeit des Historismus[63] denen, die nicht zum Urquell eigener Kraft dringen, den Untergangsphilosophen. Gebet euch hin Erde und Sonne und hebet den lebendigen Geist.

Wertarbeit[64] ist ein besonderes Hochziel und Wertarbeiter sollen erzogen werden. Der Umfang dieses Gedankens dürfte in seiner ganzen Tiefe nicht so schnell erschöpft sein. Dienen wollen wir der Erde und verbannt sei Weichlichkeit, grosse Anforderungen stellen wir und die harte Arbeit mit Hacke und Spa [9] ten hat jeder zu leisten, der Künstler und der Gelehrte. Schweiss muss fliessen. Und wer den Erneuerungsorden verlässt um in das breite Leben der nationalen Wirtschaft zurückzukehren, soll den Segen der im Gedanken liegt, dass Arbeit ein Gottesgeschenk ist, dass wir erst arbeitend das Ebenbild der Gottheit[65] sind, durch die Tat beweisen. Den Sozialismus wollen wir von seiner schädlichen Verelendungstheorie befreien und den Kapitalismus von seiner geistlosen Frohnarbeit. Die Fünftagewoche ist ein Ziel, nicht ein toter Schematismus und ihr Zweck eine Mehrleistung auf wirtschaftlichen wie seelischen Gebieten. Öde man uns nicht an, mit dem Vorwurf der Künstlerutopie. Die Realpolitiker, die Wirtschaftsdenker, die Gesetzgeber, die Parteileiter, die Menschen des platten Tagesdenkens haben sich in diesen Notzeiten blamiert bis auf die Knochen. Welch Unfug

Arbeitslosen-Einrichtungen[66] zu schaffen, wo es so viel Arbeit gibt, dass die nötigen Hände fehlen; welch Unfug, die private Kraft zu schwächen, wo die staatliche nicht ausreicht; welch Unfug, zu streiken, wo die Wohnungsnot uns[67] das Elend zum Himmel schreit; welch Unfug, deutsches Land unfruchtbar zu lassen, weil die Rentabilitätsberechnung das Anlagekapital nicht glaubt herauswirtschaften zu können; welch Unfug in der Rückständigkeit, nur immer in Geld und nicht in Werten zu denken, zu wirtschaften; welch Unfug, dass die Kohlenhalden überfüllt sind, und die Baumaterialien mangeln und überteuert sind, dass schlecht gebaut wird, wo man es gut könnte; welch Unfug, in der politischen Fehde sich gegenseitig zu schwächen, da das Ganze schon zu schwach ist. Die Liste des Unfugs unserer Zeit des Materialismus ist endlos. Bei aller Feind- [10] schaft gegen fruchtlose und krankhafte Träumerei, die eine verständliche Reaktion gegen die Niedrigkeit der herrschenden Gegenwartsplattheit sind, es muss überall endlich begriffen werden: Nur vom Geiste aus kann Erneuerung kommen, der Geist ist der Schöpfer der Materie und alles Sonstige[68] ist Illusion, wenn nicht der Geist herrscht. Die heldische Gesinnung adelt, Heldentum ist die Forderung der Erneuerung, Heldentum überwindet alles und auf der untersten Sprosse der sozialen Stufenleiter noch, kann sich der heldische Adelsmensch betätigen und er tut es auch. Aus Nichts Alles machen ist das Wesen der Gottheit und in diesem Gedanken liegt der Massstab der künftigen Wertung. Der Erneuerungsorden schafft Elitegruppen, für alle Dinge menschlicher Fähigkeit wird Höchst-, wird Adelsleistung erstrebt; aber nicht in seelenlosem Virtuosentum hat man sich auszugeben, Vielseitigkeit, Harmonie wird die Leitung und Leistung[69] der Kulturerneuerungszellen auszuzeichnen haben. Der Gedanke des Kommunismus wird vom Erneuerungsorden aufgenommen: Geben ist [seliger] als [N]ehmen[70], und so schwach ist keiner, dass er entbehrt werden könnte in der Erneuerungsgemeinde, dass er nichts zu geben hätte. Welch Unfug, das materielle Elend der Ärzteschaft und doch g[ä]be[71] es immer hundert Möglichkeiten, Krankheit zu verhüten, wenn der Arzt wäre, wo er hingehörte, nämlich nicht in die Flicksäle der Krankenhäuser, sondern in die Werkstätten, Gärten, Schulen und Felder; aber nicht als Schnüffelkommissär, sondern als Mitarbeiter, der am eigenen Leibe erprobt, wie gesund der Schweiss ist und der die Schwachen und Einsichtslosen dank seiner Ausbildung belehren[..], anleiten[72] kann. Welch Unfug, dass Priester vor leeren Bänken predigen, wo doch an den Stätten der Arbeit das rechte Wort zur rechten Zeit am rechten Ort wäre. Aber nicht neuen Wein in alte Schläuche füllen soll er, mit- [11] schwitzen soll er, zeigen, was der wahre Geist vermag. Welch Unfug, dass Künstler als Proletarier von sich müssen reden machen, wo doch das tägliche öffentliche Leben so schönheitsarm ist. Aber freilich meine Herren, Sie müssen hinzulernen, nicht in Paris, auch nicht auf Südseeinseln oder in Russland sondern in der Erneuerungsgemeinde, an der Arbeit, in der Kulturkeimzelle, an der Stätte der Andacht und Belehrung; und nicht den ganzen Tag sollt ihr malen und meisseln, weben oder hämmern; mit dem Spaten in der Hand sollt Ihr[73] arbeiten, denn so hoch geboren ist keiner bei uns, der sich dessen schämte. Und ihr Herren Geschichtsforscher und Philosophen könnt bei uns die Wohltat des Schwitzens[,][74] seine Erleuchtungskraft kennen lernen; besser ist's[75] Kartoffel zu graben, als auf dem Sandhaufen der Vergangenheit immer wieder einen andern Strich zu ziehen und zu wähnen, es wäre damit der Erkenntnis eine neue Gasse gebahnt. Ihr vielen[76], die ihr keine eigene Scholle besitzt, auch ihr kommt an Feiertagen und Stunden in die Erneuerungsgemeinde, ihr arbeitet hier und nehmt teil an den Stunden der Erbauung. Hier sollen die freien, die starken Geister sich auch mitteilen in Wort, Form und Klang, nicht als Stars, ertragsfähig gemacht durch tüchtige[77] Agenturen, deren Bildungs- und Langeweilepöbel[78] noch immer die nie versagende Kuh sind. Nein, hier geniessen sie Ferien mit dem Spaten in der Hand, mit Feile[,][79] Hobel oder Säge. Und hier sind auch die Ferienstätten der Grossstadtkinder wie der Kinder vom Lande. Hier wird die Schwindsucht verhütet, ehe sie da ist und hier werden die Keime des Verständnisses für Kultur gesät. Denn kennen lernen soll sich der deutsche Mensch im deutschen Menschen.[80] [12] Denn es ist ein Unfug, dass Vaterlandsliebe verlangt wird, wenn es Kreise gibt[81], die nicht bis zu den Quellen des Volkes [hinuntersteigen][82] wollen, aus denen sie doch der Kraft bedürftig sind. Es ist ein Unfug, dass es reiche Töchter gibt, die nicht ihre Zeit der Erziehung und Pflege den armgeborenen Kindern[83] widmen. Ich weiss, es wird viel getan, aber genug ist nicht genug, es liegt da noch alles vor uns. Hier werdet ihr auch benötigt, ihr Freiluftmenschen, hier sollt ihr zeigen, wie gütig unsere nordische Heimat ist, wenn sie erkannt wird. Ihr werdet zeigen, dass in dem spartanischen Willen ein Glücksgefühl und ein unversiegbares Kapital liegt. Hier werdet ihr gebraucht, ihr Schüler der Künste und Gewerbe, nicht zum Bau und zur Ausstattung von Sybaritenheimen[84], ihr werdet hier endlich lernen, das[s][85] feine Vornehmheit und Luxus nicht dasselbe sind. Hier kann der Gedanke des Volkshauses, der nach der Revolution seine Stimme erhob, sich zur Tat verdichten. Wir[86] haben es nicht nötig, zu warten, bis die Herren Volksvertreter so grosse Diäten haben, um davon in den Volkshauspfennig zu spenden, oder so viel Zeit, um begreifen zu lernen, was hier nottäte[87], welch Kraftstrom aus einer solchen Kulturkeimzelle ausströmen könnte. Aber freilich wir planen mit dem Volkshause nicht Schwatzbuden, weder Tabaksräucher- noch Alkoholdunstanstalten. Dem Aufbaugedanken, dem Wert- und dem Kraftgedanken der Persönlichkeit, wie der Volkheit sollen hier Stätten bereitet werden. Hier wollen wir euch sehen und hören, euch Lehrer und Verkünder vom Werte religiöser Innenschau, euch Apostel vom Heilatem, hier sollt ihr den Menschen gestalten helfen, der kraftvoll der Erde zu dienen vermag, seinem Vorbilde gleich dem Strahl der Sonne. Hier auch wollen wir ha- [13] ben den Eigenmann des Gewerbes, den Tüchtigen, im Kampf der Wirtschaftsmächte erprobten. Hier lehre er zu schaffen, grossen Nutzen auf kleinen Raum, viel aus wenig zu h[e]ben.[88] Und hier soll er empfangen und herunterholen in seine Tiefländer des Alltags Geist und Form des Kulturhochgedankens. Denn in der Kulturkeimzelle hat aus der Opfertat aller Dienenden, – und hier dienen [a]lle[89] –, der deutsche Gedanke seine letzte Form erhalten. Von hier aus trage er ihn in den Früchten des Gewerbefleisses in alle Welt. Denn wir sind nicht reich genug, um uns den Luxus gestatten zu können, für die Güter fremder Kulturen zu werben, indem wir deren Erzeugnisse imitieren, wie das leider zu häufig ein Makel unserer Vergangenheit war. Unsere Kraft reicht gerade dazu hin, dem deutschen Werk zu dienen, seinen Wert zu bessern. In dem Kreis der Völker füllen wir damit unseren Platz aus, dienen wir uns und ihnen am besten.

Viele dieser Werbe- und Lehrpunkte sind schon seit Jahren im offenen Gedankenaustausch bekannt. Sie hatten meist den Fehler aller Spezialistenabsichten[90]: nicht am Hauptgedanken, der unserem höhern Ursprung innewohnt, anzuknüpfen, oder nicht unmittelbar genug zum Hauptziele unser Aller besseren[91] Mühe hinzuweisen. Jeder lebt aus ihm und [w]enige[92] wissen, dass der hohe, lichte unverwundbare Gott sie auch noch in ihrer Niedrigkeit trägt und vor dem letzten Fall schützt. Man nennt seinem Namen Heiland[93], Grosser, Brahma[94], Sonnenkönig, Christus und seine Lehren sind in [a]ller[95] Munde. Und seine Lehren waren zu allen Zeiten und bei allen höheren Völkern, die gleichen im Sinn, wenn auch verschieden im Wortlaut. In der Allgewalt seiner Weltensymphonie ist dem verdüsternden Irrtum der Tiefe immer noch die hohe, klare, lichte Erneuerung [14] gefolgt und so treten wir, aus tausend Wunden blutend, wieder den Weg an, zu dem einzigen würdigen Ziel, unverdrossen ob der erlittenen unzählbaren Abstürze. Der Geist gebiert die Erneuerung. Und wieder erkennen wir, dass kein stärkerer Gott ist, als der der Liebe, der ewig Unwandelbare[96]. Durch unwandelbare Güte sollen die Leiter des Erneuerungsordens ihrem Amte Würde geben und der Absicht des Ordens Kraft. In dem Kunstwerke, um das die Gruppen der Gemeinde sich sammeln[,] soll [..][97] die Erkenntnis dieses Gottes reden, gleich seinem eigenen Werke soll auch noch aus der untersten Form der Dienst an der Güte reden. »Helkarthismus«[98] will ich das Lehrwort der Erneuerungskunst nennen. Immer wieder geht der Weg, wie der des Sonnenstrahles, so jener der kindlichen Seele in das Dunkel der Hel. Vergessen hat sie die lichte Höhe und vergessen scheint sie von ihrer Heimat. Im Dunkeln[99] fängt[100] der taumelnde Kampf an, und an hundert Fehltritten erst erkennt sie Pfade, und nach hundert Irrgängen erst ahnt sie Ziele. Das Kunstwerk zeigt aus chaotischen Linien, in selbstverzehrendem Kampfe seiner widerspruchsvollen Elemente, die dunkle, taumelnde Sucht eines blinden[101] Willens. Immer wieder steigt der Künstler in die Nacht des Unbewussten, in das Reich der Hel und immer wieder schlägt er, ein anderer Prometheus, aus den Felsen, die das göttliche Licht seiner Seele begraben, den leuchtenden Funken des Geistes der Höhe. Dieser Funke hüllt sich in Formen, einer Seele wachsen Glieder. Und das Reich des Karma wird erstritten, beschritten; eine lebendige Welt der Verwicklungen, ein krauses Labyrinth ersteht, Gänge, Widergänge, du weisst nicht, ob entstanden oder von dir geschaffen. Stoss erzeugt Gegenstoss und eine Erde die deine Formen annimmt, ist als eine mütterliche Meisterin dir enthüllt. In dem Reich der Zwecke bist du erstarkt und Geschichte ist dir [15] geworden nach dem Masse deiner Einsicht. Du erkennst dich soweit du bist und an deinen Formen; bestrahlt wieder von himmlischem Lichte, hast du die Kraft, Gottheit gestaltende[102] Einsicht zu erweisen, vorzuleben als ein neuer Ton in der göttlichen Weltensymphonie, zu sein eine göttliche Harmonie. Das möchte ich »Theismus« nennen.

Es leuchtet ein, dass der Sinn der Einmaligkeit des Kunstwerkes bedingt ist durch seinen Werdegang. Stiln[or]men[103] werden zu Verkalkungen, wenn sie dem lebendigen Geist des Künstlers, der diesen Namen verdient, aufgedrungen werden sollen. Stil[n]ormen[104] mögen der Erkenntnis abstrahierender Geister dienen, Geschichtsforschungszwecken; in schöpferischen Neuländern können sie kaum noch Schulzwecken nützen: Du erkennst dich soweit du bist.

Das lebendige Kunstwerk ist kultischen Ranges höherer und oder niederer Art, je nach den Sphären seiner Gestalter. Ein hohes Gemeinschaftsleben wird befeuernd wirken, gegenseitig Führer und Geführte anspornen.[105] Dass so viele ethische wie ästhetische Unternehmen dieser Zeit Schiffbruch litten, beruht meist auf einem Doppelfehler, entweder der einseitigen Verankerung an allzu zivilisatorisch bedingten Tageszwecken, ohne das [h]ohe[106] geistige Ziel, das jeder Mensch aus innewohnendem Zwang, [k]raft[107] seiner höheren Abstammung zu verfolgen die Notwendigkeit fühlt, oder aus Vernachlässigung erdenzweckhafter Erziehung als Fundament hochstrebiger Ziele. Dem kultischen Kunstwerk also einerseits den höchsten

Im Kunsttempel mit dem Ersten Tempelzyklus
von links: Helmuth Wohlthat, Gerlinde Wohlthat, Helmgund Wohlthat, Johann Bossard, o. J. (1927)

Bossard: Werbeschrift an meine Freunde

geistigen Rang zu sichern und andererseits den Dienst an ihm in die erdhaftesten Tiefen zu tragen, den Kreis um Ackerbau, Kindererziehung, Krankenpflege, sportlich-turnerische Ertüchtigung, Erfindermühen, künstlerische Tätigkeit,[108] philosophisch-religiöse Lehre in einem[109] zu ziehen, scheint mir aus allen Gründen, von oben und [16] unten her, eine Lebensnotwendigkeit für die Erneuerungsgemeinde zu sein, und gleicherweise damit für das deutsche Volk.[110] Spe[z]ialstrebungen[111] gibt es in unserem Volke für alle Gebiete zivilisatori[sch]er[112] und kultureller Artung, aber den Erneuerungsbund, der von unten bis oben reicht, der die doch so tragisch notwendige, gegenseitige[113] Durchdringung beider Pole unseres Volkes ermöglicht, gibt es noch nicht. Aber er muss kommen, weil die Erziehung, wie sie gerade und jetzt unserem Volke nottut, nur vom Kultischen aus den höhern Sinn erhalten kann, und umgekehrt die Geistesstrebung nicht mehr ohne Halt und Widerhall im ganzen Volke ihre wahre Vollendung und letzte Weihe zu erlangen vermag. Welche tiefbetrüblichen, ja widerwärtigen Schauspiele einer absoluten Verkennung dessen, was nottut, hat da noch die jüngste Vergangenheit in den Kämpfen hochstehender Geistesbünde gegeneinander gezeitigt, um nichts weniger widerwärtig, als die Verleumdungsfeldzüge in der untersten politischen Arena. Ich sehe die Hauptursache in dem Fluche des Spe[z]ialistenwesens[114]. Es kann nicht länger verkannt werden, dass dem Ganzen nur geholfen werden kann, wenn der Gesichtskreis das Ganze umfasst, weil er auch die Beziehungen zur Gegenseite gefunden hat. Die Vorteile der militärischen allgemeinen Dienstpflicht waren leider aus vielen Gründen allzu bedingt, es haftete darin ebenfalls etwas vom Fluche des Spe[z]ialistenwesens[115], und aus dem gleichen Grunde haftete auch allem, was der verflossene wie der gegenwärtige Staat unternahm, das fatale Odium innerer Leere an, doppelt[116] fatal im Kontrast zu seiner äusseren schwer massiven[117] Aufgeblasenheit. Staatsdienst und Staatshilfe wirkt allzu leicht wie [Ü]berdüngung[118]! Wenn[119] das Höhere sieghaft Geltung[120] behalten soll, muss die Hilfe vom Erneuerungsbund in den Staat einströmen und nicht umgekehrt. Unser höchster Wahlgrundsatz bleibe immerdar: [17] Geben ist seliger als [N]ehmen[121]. Den innersten Kern des Bundes, seinen festen Bestandteil bilden feste Organisationen der dauernd für ihn Tätigen, gegenüber dem Strom der Zu- und Abflutenden der Lehrlinge und Gesellen: Die Meister.[122] Sie bestehen aus denen, die als pensionierte Beamte oder Rentenempfänger ihren Unterhalt selbst bestreiten können, und deren erprobte Kraft doch dem Bunde zum Wohle des Staates sich widmet. Da sind die in die Lehrwerkstätten des Bundes abkommandierten Lehrer staatlicher Anstalten, die hier eine erweiterte Erziehungstätigkeit ausüben, wie sie den spe[z]ialisierten[123] Staatsbetrieben meist noch nicht möglich ist. Von diesen Kernorganisationen gehen die werbenden und nährenden Nervenstränge in die Betriebe und Werkstätten der Unternehmer und in die Arbeiterverbände. Von hier werden die Hilfskräfte die für die Arbeiten des Bundes benötigt werden abkommandiert und es ist Ehrensache des Unternehmers, seinen besten Mann zu geben.[124] Und Ehrensache der Arbeitnehmerschaft, in Betriebe den Ausfall durch erhöhte Mehrleistung und wenn es sein muss durch [Ü]berstunden[125] zu tilgen. Denn ich nehme an, dass vom deutschen[126] Reich in Bälde der Makel der Arbeitslosigkeit abfällt, dass in ihm nicht mehr, wie in einem Idiotenhirn Kräfte brach liegen, die der Organismus doch benötigt[127]. Denn welch Unfug, ja welch Verbrechen liegt darin, dass tüchtige Menschen hungern müssen. Bei uns soll nicht mehr gehungert werden, hier leisten sich nur die Tüchtigsten oft die heilsame Kur, freiwilligen Fastens. Denn selbst in Notzeiten bleibt der Spruch wahr, dass mehr Menschen am Bratspiess sterben, als durch das Schwert. Die moralische Erziehung seiner Mitglieder soll dem Bunde das höchste Ruhmesblatt werden. [Ü]berpolitisch[128] und überkonfessionell[129] ist sein Ziel: der freie, hohe, starke Mensch. Wenn er sich der körperlichen Ertüchtigung annimmt, so besitzt er [18] doch das Wissen, um die höhere seelische Kraftleistung, die dazu gehört, einem beschädigten Körper Arbeit abzuringen. Erprobte Organisatoren, frühere Offiziere in Gemeinschaft mit Leitern von Arbeiterverbänden bilden für alle Unternehmungen des Bundes einen festen Rahmen, denn vor allem muss die Fahrigkeit, das Zerfliessende, das so oft den Vereinen geistiger Ziele anhaftet, vermieden werden. Dieser Menschenschlag von geistig regen Utopisten[130] nebst Künstlern und Allerweltgenies gibt[131] die wertvollsten Anreger für einen Bund, der straffe Organisation besitzt. Von manchem modernen Warenhausbetrieb wäre da Vorbildliches zu lernen, wenn es nicht meist, an den Fluch der Rentabilität geknüpft, eher volksschädliche Nebenwirkungen zeitigte, wegen der Notwendigkeit, den Absatz künstlich zu steigern mit dem billigen blendenden Ramsch eines hohlen Luxus.[132]

An den Beratungen, nützlich durch die Belehrung der Erfahrenen und nicht erstickend durch Massengerede, nehmen auch die Jugendvertreter teil. Der Jugend ja dienen wir, wir müssen sie hören in ihrer unverbildeten Naivität und manch kindliches Wort wird noch im Kopf des Greises Nutzen tragen.[133]

Ein ganz besonderes Augenmerk[134] wird der Pflege der Gärtnereien gewidmet. Welch betrüblicher Rückstand auf diesem Gebiet in Deutschland! Wie selten sieht man Glashäuser für Winterkulturen und am Rhein liegt die Kohle[135] wie ein Verkehrshindernis, die doch beides gäbe: Glas und Heizung. Dabei gibt es darbende Männer und frierende Kinder in überfüllten Räumen[136], während hier es nur der einsichtigen Organisation bedürfte, um Arbeit, Wärme, Gesundheit und Nahrungsüberfluss einfach aus dem Boden zu stampfen. O dieses überkluge, übertüchtige, materialistische [19] Zeitalter!

Es ist längst erkannt, dass eine nachhaltige Gesundung nur von geistigen Polen ausstrahlen kann. Viel zu wenig wird berücksichtigt, welch nachhaltiger Einfluss den Eindrücken der nächsten Umgebung der erwachenden Kindheit innewohnt, und auch da krankt unsere Zeit an Gegensätzen, die doch das gleiche Übel zeitigen. Psychologisch befähigte Lehrer werden die abstumpfende Wirkung der überladen[..]en[137], geistlos, protzenhaften Wohnkultur auf die Seele des Kindes längst wahrgenommen haben, und ich sehe hier die Wurzel der geistlosen Physiognomien unserer Strassenzüge, ebenso wie die durch ein ganzes Leben anhaftende Unempfänglichkeit für die heiligende Ausstrahlung wirklicher Kunst. Auf der anderen Seite ist auch die verbrecherische Wirkung der Höhlen des Elends längst notorisch. Wir sind nicht reich genug, und es hat noch nie Völker gegeben, die es waren, um jeder Familie ausreichend gute[138] Kunst im Eigenheim zu geben, aber sicherlich gab es Völker und Zeiten, die nicht nur so kulturedel, sondern auch so ökonomisch dachten, ihren Menschen Gotteshäuser von Form und Gehalt zu geben, die auch noch den Ärmsten nicht Bettler sein liessen, wenn er sich der Gottesnähe teilhaftig wusste und die auch den Reichen in der Gemeinschaft der Gläubigen zum Armen machte, irdisch gesehen, und reich wie jeden, wenn er an den Ausstrahlungen des Höchsten teilnahm. Schon unser ökonomisches Denken müsste uns zur Einsicht bringen, das[s][139] wir Gotteshäuser, Kulturkeimzellen bauen müssen, in denen der Mensch im Arbeitsdienst die höchsten seiner Fähigkeiten entfaltet, für die die kostbarsten Güter recht sind, um daran emporwachsend, das ganze Volk einend emporzuziehen. Es muss wieder Ehrensache werden, wie an deutscher Scholle zu arbeiten, so auch spartanisch zu wohnen, um des Dienstes [w]illen[140] an den Kulturkeimzellen unseres Bundes.[141] [20]

Ihr sprecht meinem Helkarthismus die Neuheit ab: In der Tat, alle grossen Künstler waren Helkarthisten: Michelangelo, Dürer, Rembrandt; gleicherweise von den künstlerischen Kulturen des Altertums nicht zu reden; denn da war das System, wenn vielfach dem Stand der Kultur entsprechend primitiv, so doch offenkundig bewusst. Und dass das Kunstschaffen vieler sogenannter wilder Völker immer noch Gottesdienst ist, weiss man wieder aus den Forschungen psychologisch befähigter Betrachter unserer ethnographischen Museen. Kurz, Kunst muss untrennbar mit dem Leben der Volkheit verbunden sein, Kunst darf aber auch nicht Steine als Brot geben wollen; und das tut sie, wenn sie das Geschrei des Marktes als Gottesdienst ausgibt[142]. Und erleben wir etwa anderes seit Generationen? Um was tobt der Streit der Schaffer sowohl als der Deuter? Cornelius machte man lächerlich, um bei Picasso zu [landen][143]. Das brave deutsche Sitzleder Leibls wird in Parallele gesetzt zu Grünewald und das Dreigestirn vervollständigt mit Schmidt-Rottluff. Und[144] weiter kann es der Tiefsinn der Deuter nicht bringen, und ich bin da entschieden rückständig, wenn ich Dante und Michelangelo wahre Diener am Heile des Volkes nenne, nicht zwar aus kunsthistorischen Gründen, sondern weil sie tapfere Vorschreiter waren auf dem Wege jeder Seele dieses Erdenplanes durch Hölle, Fegefeuer und Himmel. Dass Michelangelo, wie jeder Künstler, im Kampf mit der Form einen Läuterungsprozess durchmacht, ist sein Besonderes[145], aber dass er seinem grossen Führer Dante folgt und in der Sixtin[a],[146] der Tragödie Gottes im Menschen, das ist sein Dienst am Volke, ohne den er nicht Michelangelo wäre. Und was sollen unserem Volke langatmige Deutungen unserer gegenwärtigen Deuter, die dafür [21] mit Ruhm überdeckt werden, über seine Formprobleme, über seine historische Bedeutung im Kampf zwischen Mittelalter und Renaissance und sie[147] kennen von beiden meist das Wesentliche nicht, vermögen nicht zu geben dem Volke, was des Volkes ist, um das es sich zum Träger macht des hohen Spieles, auf das[s][148] ihm hinunterleuchte[149] in seine Tiefe der Mühsal, der mitreissende, emportragende Kampf des Genius als im ersten Blatt der Apokalypse, der heimlichen Offenbarung Johann[i]s[150], da der Seher sein Martyrium auf sich nimmt, um dann in den folgenden Blättern die Erkenntnis aller Dinge von Hölle, Welt und Himmel dafür einzutauschen; da tritt symbolisch der Helkarthist Dürer seine Mission am deutschen[151] Volke an, der er treu blieb, tragend das Gewand seiner Zeit, das man jetzt durchschnüffelt, unfähig, dem [sic]Geist seines einstigen Trägers dem Menschen von heute fruchtbar zu machen.[152]

Den Helkarthisten Rembrandt, den grossen Niederländer, misshandelt zum Schaden des Volkes gleicherweise »Tatsachenforschung« und Kunstschacher. Das Geheimnis der Nachtwache ist natürlich viel zu einfach, als dass es unseren Deutlingen so schmackhaft genug sein könnte; was aber nützen unserem Volke alle [ph]antastischen[153] Auslegungen, wenn es nicht schon gelehrt wird den uralten germanischen Kampf zwischen Licht und Finsternis, der bei Rembrandt herabgestiegen ist in die Stickluft samtbedeckten Spiessertums, wo hinter dem Rücken der Führer[,][154] blinder Blindenleiter[,] das ewige Himmelslicht zum hilflosen Zierpüppchen geworden ist, dem die Taube geistiger Erleuchtung gefesselt am Gürtel hängt. Unserer Zeit wird diese symbolische Pille natürlich zu bitter schmecken, um geschluckt zu werden, so heilsam sie dann sein könnte.

So ist die Kunst des Helkarthismus ewig alt im jüngsten Gewand, ewig jung in der ältesten Form und so den Völkern ein [22] Brot des Lebens und nicht umsonst fliesst da des Pflügers Schweiss; der Segen himmlischen Lichtes lohnt die Mühsal der Last.

[Emporzuwachsen][155] am Werk ist der erste Sinn der Tat. Schaffend erleben wir die Gottheit, aus der Liebe[-]Tat[156] wächst Weisheit. Emporgeläutert am Bau der Kulturkeimzellen, wie ich sie zwölf an der Zahl um den Lüneburger Naturpark erstanden sehe, dienend dem Urgestein der Tiefe, dienend dem gebrannten und gegossenen Stein, dienend Glas und Eisen, dienend den Hölzern der Kraft und Zier[157], dienend den Urgeistern der Kristalle, dienend der rythmischen Welle, in Form, Farbe, Ausdruck, dienend Pflanze und Tier, dienend im Dienste der Menschen und Götter, erwürdigen wir uns endlich zum Dienst am Einen, zum Dienst am Tempel letzter Einkehr, dem Dreizehnten, in der Runde[158] der Zwölf in der Mitte stehend; Inhalt ihrer Aller, im geeinten [E]rneuerten[.] […] [E]rweckt[159] durch das bewusste Erleben und Schaffen des helkarthistischen Kunstwerks treten wir ein in die erneuerte Einheit von Philosophie und religiöser Offenbarung. Die in hartem Ringen erstrittene Freiheit des Christenmenschen erblickt sich geläutert im Spiegel der erhabenen Offenbarung des feierlichen Hochamtes. Wie in einer zehnten Symphonie Beethovens erstehen geläutert veredelt in veredeltem Auge, der innerste Sinn uralter und neuester Religionen und Weisheitslehren. Wir treten ein in den Tempel der letzten Einkehr.

Verstehend geworden am Kampfe mit ihren Gegenpolen einigen sich die Gegner auf ihrer höheren Ebene, die Weisheiten[160] des Ostens und Westens, des Nordens und Südens einigen sich. Es ward ihnen ihr Sonntag nach den Kämpfen des Alltags.

Berufen als ein Reich der Mitte ist das deutsche[161] Reich bereit, eine erhabene Tradition aufzunehmen. Schwer geprüft[162] von einem eisernen Schicksal trete der Deutsche ein Erbe an, zu dem ihm eine [23] hohe Notwendigkeit in den Tagen, da er aus nordischem Dunkel in die Abendröte des untergehenden römischen Reiches trat, bestimmt hatte. Kindliche Schwächen seiner Art, fragwürdig gemischt mit dem Berserkertum seiner kriegerischen Mission in den wüsten Greueln einer untergehenden Welt, heben sich doch früh gestärkt und veredelt an einem Begriff und lebendigem Gefühl höherer Pflicht. Und nicht umsonst sei sie[163] gewesen die harte Lehre unserer Ahnen, ein reinigendes Feuer auch sei unser eigenes Erleben der letzten Kriegs- und Notjahre uns geworden, auf das[s][164] wir unverzagt zu neuem Werk erneut herantreten. Notwendigkeit gebietet es und höheres Pflichtgefühl, lebendig bis in die Tiefen armen Werkeltages lässt uns trotz alledem dem Ruf gehorchen. Denn ein Ahnen ist in unserem ewig jungen Volk, dass nun der Tag angebrochen ist, an dem endlich die verborgene Rune unseres helkarthistischen, nordischen Linienornamentes unserer Geschichte in die lichte Klarheit gedeutet, auf die theistische Ebene sinnvoller Tat gehoben werde. Der Tag ist angebrochen, da es sichtbar ward, dass dem Gewölbe, das von allen Polen des Volkes aus, scheinbar widerstreitend und doch zwangsläufig logisch, zu der Höhe geführt wurde, wo uns die Neigung nach seinen Zenith nottut, auf das[s][165] der Schlussstein eingesetzt werde, der da heisst »Opfer«, nach dem Worte: das bist Du. Von diesem Schlussstein aus strömt das gelöste Geheimnis der göttlichen Vielheit in Einem.[166] Und der göttlichen Einheit im Vielen in das Herz jedes dem Werke tätig Ergebenen. Und so wird dann der lichte Tag anbrechen, da das helkarthistische deutsche[167] Volk zur Völkerbrücke ward, schaffend nach ewigem[168] Dreiklang »Mensch, Volk, Welt«[169], dem hohen Plan der hohen Einkehr, gehorchend seiner vorbestimmten Rune.

Einführungen und Quellentexte

1 Der im Folgenden abgedruckte Text wurde nach dem Typoskript AJB 1-3 erstellt. Die ersten drei Zeilen (Überschrift, Datierung und Autorenangabe) wurden durch Johann Bossard handschriftlich in der Art einer Überschrift über den Text gesetzt.

Im Archiv der Kunststätte Bossard haben sich noch zwei zu AJB 1-3 gehörige Durchschläge erhalten (AJB 3-1, AJB 3-2), allerdings ohne die von Johann Bossard hinzugefügte Überschrift, Datierung und Autorenangabe.

Die Typoskripte weisen minimale handschriftliche Korrekturen auf, die von der Schreibkraft oder einer anderen Person stammen. Diese wurden nur dann stillschweigend übernommen, wenn sie dem Manuskript entsprechen oder wenn es sich um Korrekturen von Rechtschreibung und Zeichensetzung handelt. Tippfehler im Typoskript, die im Manuskript nicht auftauchen, werden an die Manuskriptform angeglichen; dies wird in den Anmerkungen separat ausgewiesen. Inhaltliche oder stilistische Korrekturen in Typoskript und Durchschlägen haben nicht stattgefunden. Auch weitere Abweichungen zu Johann Bossards handschriftlichem, auf zwei Hefte verteilten Manuskript (AJB 1-1 und AJB 1-2) sind in den Fußnoten erfasst; hier werden auch Bossards handschriftliche Korrekturen innerhalb der Manuskripte aufgeführt. In der Zeichensetzung folgt der Text, wenn nicht anders angemerkt, dem Typoskript. Handschriftliche Unterstreichungen im Typoskript wurden nicht übernommen, da sie sich nicht datieren lassen. Im Übrigen gelten die im Vorwort genannten Hinweise zur Transkription.

Bossards handschriftliches Manuskript AJB 1-1 beginnt ohne Überschrift und wurde später durch Harald Wohlthat (1927–2012) mit dem Zusatz in Kugelschreiber »1. Entwurf für die ›Werbeschrift an meine Freunde‹ von 1925« versehen.

2 Im handschriftlichen Manuskript AJB 1-1 beginnt der Text mit dem folgenden Absatz, der nicht in die Typoskripte aufgenommen worden ist: »[3] 14. November 1925. Kleine Anlässe sind der Anfang grosser Dinge. Kleine Bedenklichkeiten gegenüber der Eingabe um Unterstützung eines idealen Projektes zwingen mich aus meiner bisherigen Zurückhaltung heraus zu treten. Zurückhaltung ist mir ein persönliches Bedürfnis nicht das grosse Wort, die weite Geste sind mir wert und eigen; Ich bekenne mich zum Worte »am Anfang war die Tat. –

Aus einer Eingab [?] um Erweiterung meiner Räumlichkeiten in der Schule um [4] die Möglichkeit zu gewinnen die nötigen Vorarbeiten zur Ausführung eines Kunsttempels zu erhalten zwingt mich die Bedenklichkeit rein äusserlicher bürokratischer Art meine Projekte dem ganzen Kreis der Lehrerschaft, ja der Schulgemeinschaft zu unterbreiten.« Der weitere Text schließt sich nahtlos an und ist nur durch eine nachträglich eingefügte Markierung, wohl ein Hinweis an die Schreibkraft, davon abgegrenzt.

3 Im Typoskript AJB 1-3 »Niederdeutschen«, ebenso im Typoskript AJB 3-1, dort handschriftlich zu »niederdeutschen« korrigiert. Hier nach dem Manuskript AJB 1-1 »niederdeutschen«.

4 Im Typoskript AJB 1-3 fehlt hier das Leerzeichen.

5 Im Typoskript AJB 1-3 »Quadratischer«, ebenso im Typoskript AJB 3-1, dort handschriftlich zu »quadratischer« korrigiert. Hier nach dem Manuskript AJB 1-1 »quadratischer«.

6 Im Typoskript 1-3 »des«, hier nach dem Manuskript AJB 1-1 »dess«.

7 Im Manuskript AJB 1-1 wurde die folgende Passage nachträglich ergänzt: »dess über sprudelnde Gestalten die verwirrende Fülle des auf und ab steigenden Lebens, schwarzerzen und Blitzlicht überfunkelt, dem Eintretenden zeigen.«

8 Das Manuskript AJB 1-1 enthält an dieser Stelle noch die folgende, schwer leserliche Passage: »wo dem Eintretenden ein starrer Wächter ersteht [?]«. Nachträglich durchgestrichen und nicht ins Typoskript AJB 1-3 übernommen.

9 Im Typoskript 1-3 ist »oblongen« durchgestrichen und handschriftlich zu »obigen« korrigiert, hier nach dem Manuskript AJB 1-1 »oblongen«.

10 Im Typoskript AJB 1-3 »erstemal«, hier nach dem Manuskript AJB 1-1 »erste Mal«.

11 Im Typoskript AJB 1-3 »Lilichtquellen«, hier nach dem Manuskript AJB 1-1 »Lichtquellen«.

12 Im Typoskript AJB 1-3 »konstructiver«, hier nach dem Manuskript AJB 1-1 »konstruktiver«.

13 Im Manuskript AJB 1-1 abweichend »[…]. Diese […]«.

14 Im Typoskript AJB 1-3 »Ueber«, hier nach dem Manuskript AJB 1-1 »Über«.

15 Im Manuskript AJB 1-1 abweichend »blikt«.

16 Im Manuskript AJB 1-1 »über weite Wasserspiegel und duftatmende Ebenen, durch knospende Birkenzweige und Wolkenflöre« nachträglich eingefügt.

17 Im Typoskript AJB 1-3 »kristal knospende«, hier nach dem Manuskript AJB 1-1 »kristallknospende«.

18 Im Typoskript AJB 1-3 »wiederstrahlende«, hier nach dem Manuskript AJB 1-1 »widerstrahlende«.

19 Im Manuskript AJB 1-1 abweichend »Das […] du«. Anschließend mit der Anweisung an die

Schreibkraft: »Neues Kapitel!«.

20 Im Typoskript AJB 1-3 »verbrähmen«, hier nach dem Manuskript AJB 1-1 »verbrämen«.

21 Im Typoskript AJB 1-3: »beseeligend«, hier nach dem Manuskript AJB 1-1 »beseligend«.

22 Im Typoskript AJB 1-3 »Ueberdruss«, hier nach dem Manuskript AJB 1-1 »Überdruss«.

23 Im Manuskript AJB 1-1 abweichend »Deutschen«.

24 Im Typoskript AJB 1-3 »trunkenseelige«, hier nach dem Manuskript AJB 1-1 »trunkenselige«.

25 Die Interpunktion folgt dem Typoskript AJB 1-3 »[…] Ueberwindung aus tiefster Schmach […]«, die Rechtschreibung dem Manuskript AJB 1-1 »[…]Überwindung. Aus […]«.

26 Im Typoskript AJB 1-3 »Flüchtigkeit« hier nach dem Manuskript AJB 1-1 »Tüchtigkeit«.

27 Im Typoskript AJB 1-3 »erregn«, hier nach dem Manuskript AJB 1-1 »erregen«.

28 Böotier waren die Einwohner von Mittelgriechenland, die von den Griechen und Römern als unkultivierte, denkfaule Bauern angesehen wurden.

29 Im Typoskript AJB 1-3 »Ueberbietungsfreude«, hier nach dem Manuskript AJB 1-1 »Überbietungsfreude«.

30 Im Manuskript AJB 1-1 abweichend »[...] möchten. Mag […]«.

31 Im Manuskript AJB 1-1 abweichend »Deutsche«.

32 Im Typoskript AJB 1-3 »billig Ramsch und eitel Feil«, hier nach dem Manuskript AJB 1-1 »Billigramsch und Eitelfeil«.

33 Im Typoskript AJB 1-3 »Aecker«, hier nach dem Manuskript AJB 1-1 »Äcker«.

34 Das Komma fehlt im Typoskript AJB 1-3 und wurde nach dem Manuskript AJB 1-1 ergänzt.

35 Im Typoskript AJB 1-3 »tapferen«, hier nach dem Manuskript AJB 1-1 »Tapferen«.

36 Im Typoskript AJB 1-3 abweichend »geisteskühlen«, hier nach dem Manuskript AJB 1-1 »Geisteskühnen«.

37 Im Typoskript AJB 1-3 »Froheit«, hier nach dem Manuskript AJB 1-1 »Frohheit«.

38 Im Typoskript AJB 1-3 »ganzen«, hier nach dem Manuskript AJB 1-1 »Ganzen«.

39 Das Manuskript AJB 1-1 an dieser Stelle mit der Anweisung an die Schreibkraft »Neues Kapitel!«

40 Im Typoskript AJB 1-3 »specialisiert«, hier nach dem Manuskript AJB 1-1 »spezialisiert«.

41 Im Manuskript AJB 1-1 abweichend »aesthetische«.

42 Im Manuskript AJB 1-1 abweichend »Ideen«.

43 Im Manuskript AJB 1-1 »Pflicht-« nachträglich ergänzt.

44 Im Manuskript AJB 1-1 abweichend »Mangels«.

45 Das Komma fehlt im Typoskript AJB 1-3 und wurde nach dem Manuskript AJB 1-1 ergänzt.

46 Im Manuskript AJB 1-1 »u Privatbauten« nachträglich ergänzt.

47 Im Manuskript AJB 1-1 abweichend »Überkonfessioneller«.

48 Im Manuskript AJB 1-1 abweichend »Deutsche«.

49 Im Typoskript AJB 1-3 abweichend hier »[…] Religion. Und […]«. Die Interpunktion folgt hier dem Manuskript AJB 1-1.

50 Im Manuskript AJB 1-1 abweichend »ihr«.

51 Bronnen: dichterisch, veralteter Ausdruck für Brunnen.

52 Im Manuskript AJB 1-1 abweichend »Erziehet«.

53 Im Manuskript AJB 1-1 »oder unverständlich« nachträglich ergänzt.

54 Im Manuskript AJB 1-1 abweichend »Wahrheit«.

55 Im Manuskript AJB 1-1 abweichend ohne »die«.

56 Im Typoskript AJB 1-3 »zu denken und zu klären«, hier nach dem Manuskript AJB 1-1 »zu deuten und klären«.

57 Im Manuskript AJB 1-1 abweichend »Ewiggestrige«.

58 Im Typoskript AJB 1-3 »Sonne«, hier nach dem Manuskript AJB 1-1 sowie nach dem Typoskript AJB 3-1 »Sonde«.

59 Im Manuskript AJB 1-1 abweichend »euch«.

60 Anspielung auf die liebevolle Zugewandtheit Gottes zu den Menschen nach Lk 11, 11: »Wo bittet unter euch ein Sohn den Vater ums Brot, der ihm einen Stein dafür biete?«

61 Im Manuskript AJB 1-1 abweichend »Abwendet«.

62 Im Manuskript AJB 1-1 »aufgemalten« nachträglich eingefügt.

63 Im Manuskript AJB 1-1 »des Historismus« nachträglich ergänzt.

64 Im Manuskript AJB 1-1 abweichend »Wertarbeit aber […].«

65 Im Manuskript AJB 1-1 »der Gottheit« nachträglich ergänzt.

66 Im Manuskript AJB 1-1 abweichend »Arbeitsloseneinrichtungen«.

67 Im Manuskript AJB 1-1 abweichend »[…] wo die Wohnungsnot, das Elend zum Himmel schreit […]«.

68 Im Manuskript AJB 1-1 abweichend »sonst«.

69 Im Manuskript AJB 1-1 »und Leistung« nachträglich eingefügt.

70 Im Typoskript AJB 1-3 »Geben ist seeliger als nehmen«, hier nach dem Manuskript AJB 1-1 »Geben ist seliger als Nehmen.«

71 Im Typoskript AJB 1-3 »gebe«, hier nach dem Manuskript AJB 1-1 »gäbe«.

72 Hier nach dem Manuskript AJB 1-1 transkribiert. Im Typoskript AJB 1-3 abweichend »belehrend, anleiden kann«

73 Im Manuskript AJB 1-1 abweichend »ihr«.

74 Das Komma fehlt im Typoskript AJB 1-3 und wurde nach dem Manuskript AJB 1-1 ergänzt.

75 Im Manuskript AJB 1-1 abweichend »ists«.

76 Im Manuskript AJB 1-1 abweichend »Vielen«.

77 Im Manuskript

AJB 1-1 abweichend »durch reklametüchtige«.
78 Im Manuskript AJB 1-1 »& Langeweilepöbel« nachträglich eingefügt.
79 Das Komma fehlt im Typoskript AJB 1-3 und wurde nach dem Manuskript AJB 1-1 ergänzt.
80 Im Manuskript AJB 1-1 abweichend »Deutsche Mensch im Deutschen Menschen«.
81 Im Manuskript AJB 1-1 abweichend »giebt«.
82 Im Typoskript AJB 1-3 »hinunter steigen«, hier nach dem Manuskript AJB 1-1 »hinuntersteigen«.
83 Im Manuskript AJB 1-1 abweichend »Kinder«.
84 Sybarit meint in Anspielung auf die Bewohner der antiken griechischen Stadt Sybaris einen genuss-süchtigen Weichling.
85 Im Typoskript AJB 1-3 »das«, hier nach dem Manuskript AJB 1-1 »dass«.
86 Im Manuskript AJB 1-1 abweichend hier ein Komma gesetzt und dann »wir«.
87 Im Typoskript AJB 1-3 »not täte«, hier nach dem Manuskript AJB 1-1 zu »nottäte« korrigiert.
88 Im Typoskript AJB 1-3 »haben«, hier nach dem Manuskript AJB 1-1 sowie nach dem Typoskript AJB 3-1 »heben«.
89 Im Typoskript AJB 1-3 abweichend »Alle«, hier nach dem Manuskript AJB 1-1 »alle«. Die Gedankenstriche fehlen in AJB 1-1.
90 Im Typoskript AJB 1-3 »Specialistenabsichten«, hier nach dem Manuskript AJB 1-1 »Spezialistenabsichten«.
91 Im Manuskript AJB 1-1 abweichend »aller bessern«.
92 Im Typoskript AJB 1-3 »Wenige«, hier nach dem Manuskript AJB 1-1 »wenige«.
93 Im Manuskript AJB 1-1 »Heiland« nachträglich eingefügt.
94 Im Manuskript AJB 1-1 abweichend »Grosser Brahma«.
95 Im Typoskript AJB 1-3 »Aller«, hier nach dem Manuskript AJB 1-1 »aller«.
96 Im Manuskript AJB 1-1 abweichend »unverwundbare«.
97 Das Komma steht im Typoskript AJB 1-3 nach »soll« und wurde hier, entsprechend dem Manuskript AJB 1-1, nach »sammeln« gesetzt.
98 Im Manuskript AJB 1-1 abweichend »Helkarthismus« nicht in Anführungszeichen gesetzt.
99 Im Manuskript AJB 1-1 abweichend »Dunkel«.
100 Im Manuskript AJB 1-1 abweichend »hebt«.
101 Im Manuskript AJB 1-1 »blinden« nachträglich eingefügt.
102 Im Manuskript AJB 1-1 abweichend »gottheitgestaltender«.
103 Im Typoskript AJB 1-3 »Stilnamen«, hier nach dem Manuskript AJB 1-1 und nach dem Typoskript AJB 3-1 »Stilnormen«.
104 Im Typoskript AJB 1-3 »Stilformen«, hier nach dem Manuskript AJB 1-1 »Stilnormen«.
105 Im Manuskript AJB 1-1 abweichend »ansporen gegenseitig, Führer und Geführte«.
106 Im Typoskript AJB 1-3 »Hohe«, hier nach dem Manuskript AJB 1-1 »hohe«.
107 Im Typoskript AJB 1-3 »Kraft«, hier nach dem Manuskript AJB 1-1 »kraft«.
108 Im Manuskript AJB 1-1 abweichend ohne Komma, mit »und«.
109 Im Manuskript AJB 1-1 abweichend »Einem«.
110 Im Manuskript AJB 1-1 abweichend »und gleicherweise damit für das Deutsche Volk«, nachträglich eingefügt.
111 Im Typoskript AJB 1-3: »Specialstrebungen«, hier nach dem Manuskript AJB 1-1 »Spezialbestrebungen«.
112 Im Typoskript AJB 1-3 abweichend »zivilisatorischscher«, im Manuskript AJB 1-1 abweichend »zivildstorischer«.
113 Im Manuskript AJB 1-1 »gegenseitige« nachträglich eingefügt.
114 Im Typoskript AJB 1-3 abweichend »Specialistenwesens«, hier nach dem Manuskript AJB 1-1 abweichend »Spezialistenwesens«.
115 Wie Anm. 108.
116 Im Manuskript AJB 1-1 abweichend »meist doppelt«.
117 Im Manuskript AJB 1-1 abweichend »schwermassiven«.
118 Im Typoskript AJB 1-3 abweichend »Ueberdüngung«, hier nach dem Manuskript AJB 1-1 zu »Überdüngung« korrigiert.
119 Im Manuskript AJB 1-1 abweichend: »[…] Überdüngung; wenn […]«.
120 Im Manuskript AJB 1-1 abweichend »Geltung sieghaft«.
121 Im Typoskript AJB 1-3 »nehmen«, hier nach dem Manuskript AJB 1-1 »Nehmen«.
122 Im Manuskript AJB 1-1 abweichend »Das sind die Meister«. Der Satz wurde im Typoskript AJB 1-3 zunächst übernommen und dann handschriftlich zu »Die Meister.« korrigiert.
123 Im Typoskript AJB 1-3 abweichend »specialisierten«, hier nach dem Manuskript AJB 1-1 »spezialisierten«.
124 Im Manuskript AJB 1-1 ist der folgende Satz abweichend mit einem Semikolon angefügt.
125 Im Typoskript AJB 1-3 »Ueberstunden«, hier nach dem Manuskript AJB 1-1 »Überstunden«.
126 Im Manuskript AJB 1-1 abweichend »Deutschen«.
127 Im Manuskript AJB 1-1 abweichend »benötigte«.
128 Im Typoskript AJB 1-3 »Ueberpolitisch«, hier nach dem Manuskript AJB 1-1 »Überpolitisch«.
129 Im Manuskript AJB 1-1 abweichend »Überkonfessionell«.
130 Im Manuskript AJB 1-1 »von geistig regen Utopisten« nachträglich eingefügt.
131 Im Manuskript AJB 1-1 abweichend »giebt«.
132 Das Manuskript AJB 1-1 enthält hier einen Gedankenstrich an

Stelle eines Absatzes.
133 Das Manuskript AJB 1-1 enthält hier einen Gedankenstrich an Stelle eines Absatzes.
134 Im Manuskript AJB 1-1 abweichend »Augenmerck«.
135 Das Manuskript AJB 1-1 enthält hier noch das Wort »bald«.
136 Im Manuskript AJB 1-1 abweichend »Wohnungen«.
137 Im Typoskript AJB 1-3 »überladenden«, nach dem Manuskript AJB 1-1 zu »überladenen« korrigiert.
138 Im Manuskript AJB 1-1 abweichend »Gute«.
139 Im Typoskript AJB 1-3 »das«, hier nach dem Manuskript AJB 1-1 »dass«.
140 Im Typoskript AJB 1-3 »Willen«, hier nach dem Manuskript AJB 1-1 »willen«.
141 Hier endet das handschriftliche Manuskript AJB 1-1.
142 Im Manuskript AJB 1-2 abweichend »ausgiebt«.
143 Im Typoskript AJB 1-3 »hassen«, hier nach dem Manuskript AJB 1-2 korrigiert zu »landen«.
144 Im Manuskript AJB 1-2 abweichend »; nun«.
145 Im Manuskript AJB 1-2 abweichend »besonderes«.
146 Im Typoskript AJB 1-3 »Sixtiner«, hier nach dem Manuskript AJB 1-2 korrigiert zu »Sixtina«. Gemeint sind die Deckenfresken (1508–12) sowie das Wandfresko *Das jüngste Gericht* (1536–41) von Michelangelo Buonarroti in der *Sixtinischen Kapelle*.
147 Im Manuskript AJB 1-2 abweichend ohne »sie«.
148 Im Typoskript AJB 1-3 »das«, hier nach dem Manuskript AJB 1-2 »dass«.
149 Im Manuskript AJB 1-2 abweichend »hinunter leuchte«.
150 Im Manuskript AJB 1-2 »der heimlichen Offenbarung Johannis« nachträglich eingefügt. Im Typoskript AJB 1-3 abweichend »Johannes«.
151 Im Manuskript AJB 1-2 abweichend »Deutschen«.
152 Im Manuskript AJB 1-2 als Bemerkung für die Schreibkraft »Absatz!« über die Zeile notiert.
153 Im Typoskript AJB 1-3 »fantastischen«, hier nach dem Manuskript AJB 1-2 »phantastischen«.
154 Dieses und das folgende Komma sind nach dem Manuskript AJB 1-2 ergänzt.
155 Im Typoskript AJB 1-3 »Empor zu wachsen«, hier nach dem Manuskript AJB 1-2 »Emporzuwachsen«.
156 Im Typoskript AJB 1-3 »Liebe Tat«, hier nach dem Manuskript AJB 1-2 und dem handschriftlich korrigierten Typoskript AJB 3-1 korrigiert zu »Liebe-Tat«.
157 Im Manuskript AJB 1-2 abweichend »der Zier«.
158 Im Manuskript AJB 1-2 abweichend »im Runde«.
159 Der Text folgt hier dem Manuskript AJB 1-2. Das Typoskript AJB 1-3 lautet fehlerhaft: »[…] erneuerten Punkt, erweckt […]«; offenbar ein Tippfehler, der sich im Diktat (»Punkt« als Wort und nicht als Satzzeichen verstanden) einstellte.
160 Im Manuskript AJB 1-2 abweichend »Weistümer«.
161 Im Manuskript AJB 1-2 abweichend »Deutsche«.
162 Im Manuskript AJB 1-2 abweichend »Schwergeprüft«.
163 Im Manuskript AJB 1-2 abweichend ohne »sie«.
164 Im Typoskript AJB 1-3 »das«, hier nach dem Manuskript AJB 1-2 »dass«.
165 Wie Anm. 157.
166 Im Manuskript AJB 1-2 abweichend »[…] Einem und […]«.
167 Im Manuskript AJB 1-2 abweichend »Deutsche«.
168 Im Manuskript AJB 1-2 abweichend »dem ewigen«.
169 Die Anführungszeichen fehlen im Manuskript AJB 1-2.

Gudula Mayr

Ein »absoluter Misserfolg« – Johann Bossards *Brief an Herrn C. H.*

Im Jahr 1933 verfasste Johann Bossard einen Brief, der eigentlich eine Programmschrift ist. Adressiert ist das 13seitige maschinenschriftliche Schreiben vom 16., 18. und 23. März an »Herrn C. H.«.[1] Eine Persönlichkeit, auf die diese Initialen passen, hat sich bislang nicht identifizieren lassen – im handschriftlichen Entwurf ist der Brief allerdings an »Herr[n] Wohlthat« adressiert, also an Bossards langjährigen Förderer Helmuth Christian Heinrich Wohlthat (1893–1982).[2] Hauptsächlich legt Bossard in dem Text dar, wie die Sozialutopie, die er 1925 in der *Werbeschrift an meine Freunde* entworfen hatte, durch zwei zentrale Instrumente, einen verpflichtenden Arbeitsdienst und eine Ertragssteigerung in der Landwirtschaft, ermöglicht werden sollte.

Da sich Bossards Schrift nur im Zusammenhang mit den (wirtschafts-)politischen Aktivitäten seines Adressaten in den Jahren 1930–1933 verstehen lässt, sollen diese im Folgenden zunächst vorgestellt werden. Grundlage dafür sind zahlreiche Briefe Helmuth Wohlthats sowie seiner Ehefrauen Claere Wohlthat, geb. Hesemann (1893–1978) und Marga Wohlthat, geb. Kraus (1902–1968), die sich in Bossards Nachlass erhalten haben und die der Forschung bislang nicht zugänglich waren. Die Antwortbriefe Johann Bossards sind nicht bekannt, da er nur in den seltensten Fällen Briefentwürfe an Familie Wohlthat vorformulierte beziehungsweise aufbewahrte.[3]

Verständlich werden sowohl Wohlthats Aktivitäten als auch Bossards Programmschrift erst vor dem Hintergrund der Weltwirtschaftskrise und der existenziellen Krise der Weimarer Demokratie ab 1930: Nach einer zeitweiligen wirtschaftlichen und politischen Stabilisierung von etwa 1924 bis 1929 wurden nach dem Zusammenbruch der New Yorker Börse Auslandskredite aus Deutschland abgezogen. Dies, in Kombination mit einem verschärften nationalen Protektionismus in den USA und in Europa, setzte eine drastische ökonomische Abwärtsspirale in Gang, die Firmenzusammenbrüche, Bankenschließungen und steigende Arbeitslosigkeit zur Folge hatte. Es kam zu Massenverelendung und zunehmender Kriminalität, aber auch zu einer allgemeinen Missstimmung gegen die kaum noch zu leistenden Reparationszahlungen an die Alliierten sowie insgesamt gegen die Weimarer Republik und ihre Wirtschaftsordnung. Das Wählerverhalten radikalisierte sich; die republikfeindlichen Parteien NSDAP und KPD erzielten zunehmende Wahlerfolge, so dass eine politische Mehrheitsbildung im Reichstag unmöglich wurde. Ab 1930 umgingen die Kabinette Brüning, von Papen und von Schleicher den Reichstag mit Hilfe von Notverordnungen, gestützt durch den Reichspräsidenten Paul von Hindenburg (1847–1934) und seine Berater, auf die sich die politische Macht zunehmend verlagerte.

Helmuth Wohlthat, Offizier im Ersten Weltkrieg und danach Händler von Ölen und Fetten, hielt sich von April 1929 bis Anfang 1933 in den USA auf und schrieb dort unter anderem Aufsätze für die rechtskonservative Wochenschrift *Der Ring*. In dieser Zeit war er mit Vertretern der *Konservativen Revolution* in Deutschland vernetzt: Unter anderem stand er im Austausch mit Heinrich Claß (1868–1953), einem der führenden rechtsnationalen Politiker und Publizisten Deutschlands, über den er zeitweise »eine lebhafte Korrespondenz mit den alten konservativen Führern in Berlin«[4] unterhielt. »Mit der jüngeren Generation bleibe ich durch den Ring in Verbindung.«[5]

Am 29.11.1930 berichtet Helmuth Wohlthat Johann Bossard, dass er in New York Besuch durch seinen »Regimentskamerad Oberst Kühlenthal und [...] General v. Blomberg und Dr. Schacht«[6] gehabt habe – wohl Erich Kühlenthal (1880–1958), Werner von Blomberg (1878–1946) und Dr. Hjalmar Schacht (1877–1970), der im März 1930 aus Protest gegen den Young-Plan als Präsident der Reichsbank zurückgetreten war und der im Zeitraum zwischen dem 15. September und dem 3. Dezember 1930 in den USA in zahlreichen Vorträgen für ein Ende der deutschen Reparationszahlungen an die Alliierten warb.[7] Im gleichen Brief erwähnt Wohlthat einen »Freund«, der ihm »nahe gelegt [...] [habe], nach Deutschland zurück zu kehren, um in der [Hitler-]Bewegung mitzuarbeiten. Wie ich dies mit den wirtschaftlichen Verpflichtungen, die ich gegenüber meiner Familie habe, verbinden soll ist mir allerdings noch unklar. [...] Ich habe die Frage aber mit den Offizieren besprochen, die ich oben genannt habe, und habe mich nicht sofort auf die Reise gemacht. Die ganze politische Lage in der wir uns befinden, ist meiner Ansicht nach äusserst schwierig und gespannt.«[8]

Wohlthats Korrespondenz mit Johann Bossard ist in der Folge von dem Bemühen gekennzeichnet, »[...] die vielen Fragen, die ich in Hinsicht auf die nationalsozialistische Bewegung habe, an Hand der eigenen Aeusserungen der Partei zu studieren.«[9] Unbehagen bereiteten ihm vor allem der Antisemitismus[10] sowie die »ganz unklare[n] wirtschaftliche[n] Vorstellungen«[11] der Nationalsozialisten. Er ließ sich von Bossard mit deutschen Zeitungen und Zeitschriften versorgen und Alfred Rosenbergs (1893–1946) *Der Mythus des 20. Jahrhunderts* schicken, von seinem Regimentskameraden Theo Offergeld (1896–1972) erbat er Adolf Hitlers *Mein Kampf*.[12] Die Zeit der Präsidialkabinette nahm er als krisenhaft wahr; im Februar 1931 vermutet er, dass »[d]ie Parteien [...] wohl erledigt« seien und fragt sich, ob sich ein »blutiger Kampf um die Macht verhindern« lasse.[13]

Zu den Programmschriften Rosenbergs und Hitlers bemerkt Wohlthat: »Der Hintergrund der nationalsozialistischen Bewegung ist mir nie so zum Bewusstsein gekommen, wie bei dem Lesen des Buches von Rosenberg. [...] Ich wünsche wirklich dass dieser Bewegung sich grosse Führer zuwenden oder allmählich aus ihr entstehen, wenn das letztere auch eine lange und schwierige Entwicklung sein wird.«[14] Mein Kampf empfindet er als »zu weitschweifig« und »[...] charakteristisch in den Superlativen für die innere Verfassung Hitlers [...]. Grosse Abschnitte habe ich mit tiefer Anteilnahme gelesen. Seit dem Erscheinen des Buches ist schon eine Zeit vergangen, und ich glaube, dass sich eine Persönlichkeit wie Hitler stark wandelt. Weniger in grundsätzlichen Ueberzeugungen als vielmehr in der Haltung, in der noch das Buch geschrieben ist. Bei dem Lesen aller dieser Schriften kommen mir oft Gedanken an die Gespräche in der Heide oder besser an alles, was Sie mir über die grossen Zusammenhänge gesagt haben, die auch der Hintergrund von Ihrem Schaffen sind. [...] Als rein praktische Frage drängt sich mir auf, was Hindenburg-Brüning tun werden, um diese wertvollen Kräfte des neuen Deutschland zur Aktion zu bringen.«[15]

Ab Weihnachten 1931 hielt sich Wohlthat in Deutschland auf, unter anderem, um »[...] die Herrn [sic] aus der nationalen Opposition naeher kennen zu lernen. Ich traf auch General v. Blomberg, der unser Delegierter in Genf auf der bewussten Abruestungskonferenz ist.«[16] In Anspielung auf die Reichspräsidentenwahl am 13. März und am 10. April 1932, bei der auch Adolf Hitler kandidierte, schreibt er: »Nun warte ich auch noch auf die Entwicklung der Dinge in Berlin. Davon wird vielleicht auch meine zukünftige Tätigkeit in gewisser Beziehung abhaengen.«[17] Am 3. März 1932 berichtet Wohlthat, dass er über »General Haushofer die Bekanntschaft mit Herrn Rudolf Hess, dem Privatsekretaer Hitlers«, gemacht habe.[18] »Wir hatten eine Unterredung im Kaiserhof in Berlin, als die Aufstellung der Kandidaturen Duesterbergs und Hitlers entschieden wurde. Wir sprachen hauptsaechlich über die Aussenpolitik. Ich hatte einen sehr sympathischen Eindruck von Herrn Hess der allerdings in seinen Augen den Fanatiker verraet. Aber es scheint nach seinen Worten, dass die Nazis, wenn sie an die Regierung kommen, dafuer sorgen wollen, dass Fachleute an die Leitung der Geschaefte treten. Hitler als Reichspraesident wuerde sich dann darauf beschraenken, die Kontinuitaet der Regierung sicher zu stellen.«[19] Am 25. März 1932 berichtet Wohlthat knapp: »Letzten Sonnabend hatte ich in Berlin eine zweistündige Unterredung mit Geheimrat Hugenberg, die sehr befriedigend verlief.«[20] Offenkundig vertraute Wohlthat der Kompetenz wirtschaftsaffiner Akteure, etwa dem damaligen Vorsitzenden der Deutschnationalen Volkspartei (DNVP), dem Unternehmer Alfred Hugenberg (1865–1951).

Die Wahlerfolge der NSDAP waren ihm dabei deutlich bewusst und spielten in seiner Einschätzung der Situation eine entscheidende Rolle für einen politischen Neubeginn: »Mit grosser Spannung erwarte ich die Ereignisse der Reichstagswahlen vom Ende Juli. Ich neige dazu, den Nationalsozialisten grosse Chancen zu geben, wenn ich auch persoenlich vergebens darauf warte, von dieser Seite, erstklassige Darstellungen der Dinge, wie sie sind, in Rede oder Schrift zu erfahren. Wenn aber der Nationalsozialismus seine Macht dazu verwenden wird, die Regierungsgewalt durch anerkannte Fachleute ausueben zu lassen, so sind Aussichten fuer eine Besserung vorhanden. Diese Regierung durch Sachverstaendige war die Idee der Herren in der Umgebung Hitlers, als ich im Februar im Kaiserhof meinen Besuch machte.«[21] Neben der Aussicht auf berufliches Fortkommen war es sicher auch patriotisches Pflichtgefühl, das Wohlthat motivierte, sich für den Fall einer NSDAP-geführten Reichsregierung als einer der genannten »Fachleute« bereitzuhalten – gepaart mit der durch »Herren in der Umgebung Hitlers« genährten Fehleinschätzung, dieser werde sich nach einer Übernahme politischer Verantwortung durch die NSDAP auf eine eher repräsentative, kontinuitätsstiftende Rolle beschränken und den politischen Rahmen für eine »Regierung durch Sachverstaendige« vorgeben.

Bei den Reichstagswahlen vom 31.7.1932 wurde die NSDAP mit 37,3 % stärkste Kraft; die Reichsregierung lag vorerst in den Händen der präsidialen Minderheitenkabinette Franz von Papens (1879–1969; Reichskanzler vom 1.6.1932 bis 12.9.1932) und Kurt von Schleichers (1882–1934; Reichskanzler vom 3.12.1932 bis 28.1.1933). Helmuth Wohlthat reiste zwischenzeitig wieder in die USA[22] – und meldete Bossard am 7.2.1933, acht Tage nach der Ernennung Adolf Hitlers zum Reichskanzler, wohl frisch aus New York zurückgekehrt, seine Ankunft in Bremen.[23]

Wohlthats Rückkehr erfolgte offenbar mit dem Ziel, sich für eine Indienstnahme durch die neue Regierung bereitzuhalten. Am 17. April 1933 berichtet er, dass er »inzwischen von Hugenberg mit der Leitung des Oel und Fett Monopols beauftragt worden« sei:[24] Gemeint ist die neu aufzubauende Reichsstelle für Öle und Fette im Reichsministerium für Ernährung und Landwirtschaft unter Alfred Hugenberg. Ziel der Reichsstelle war die Verringerung devisenträchtiger Importe durch eine Reduktion des Fettkonsums und eine Stärkung der einheimischen Fettproduktion.[25] Die Tätigkeit erwies sich für Wohlthat als »recht anstrengend und infolge bestimmter Einflüsse von Aussen als teilweise recht unerfreulich«.[26]

Zwischen seiner Rückkehr nach Deutschland und seinem Dienstantritt im Landwirtschaftsministerium, wohl am 12. März 1933, besuchte Helmuth Wohlthat Johann Bossard in Jesteburg, am Rand der Lüneburger Heide.[27] Aus dem *Brief an Herrn C. H.* lässt sich entnehmen, dass die beiden einen »mündlichen Gedankenaustausch in der Heide«[28] führten über Bossards sozialutopische Ziele, wie er sie in seiner *Werbeschrift an meine Freunde* von 1925 dargelegt hatte, besonders über die praktischwirtschaftliche Realisierbarkeit seiner utopischen Vorstellungen. Wohlthat stellte konkrete Fragen, fraglos vor dem Hintergrund der wirtschaftlichen und politischen Geschehnisse der vergangenen Jahre sowie seiner bevorstehenden Tätigkeit für die deutsche Volkswirtschaft, und inspirierte Bossard so bei der Ausformulierung seiner Gedanken. Dass Bossard die Inhalte des gemeinsamen Gesprächs im Anschluss schriftlich festhielt, zeigt, dass er selbst die Notwendigkeit empfand, die »grossen, auf das Ganze zielenden Ideen« der *Werbeschrift* durch »unmittelbar praktische[..] Vorschläge« zu erläutern.[29]

Bossard formulierte seine Ausführungen zunächst handschriftlich mit Bleistift in einem schwarzen Notizheft.[30] Diese erste Niederschrift ließ er, mit einigen nachträglichen Einfügungen und einer längeren Streichung, abtippen. Drei Typoskripte des Textes haben sich im Nachlass des Künstlers erhalten.[31] Nachweisbar sind als Empfänger des Textes Helmuth Wohlthat sowie Bossards Förderer Theo Offergeld und Emil Hegg (1864–1954).[32] Es ist davon auszugehen, dass Bossard den Text zunächst als privaten Brief an Helmuth Wohlthat formulierte und dann überarbeitete, um ihn für eine (halb-)öffentliche Rezeption zugänglich zu machen. Sein Ziel war es wohl einerseits, direkt oder indirekt weitere Gelder und Multiplikatoren für seine künstlerisch-utopischen Ziele zu gewinnen, andererseits war er davon überzeugt, dass sein Text den politischen Akteuren entscheidende Anregungen hätte geben können. Vermutlich hoffte Bossard bei der Verteilung vor allem auf die Unterstützung Wohlthats, der ihm am 21. März für die »ausführlichen Darlegungen vom letzten Sonntag«[33] dankt, die er »[…] mit grossem Interesse gelesen habe[..]. Sobald ich eine Gelegenheit in Berlin finde, werde ich davon zu sprechen anfangen.« Daraus lässt sich ableiten, dass Bossard den ersten Teil seines Textes bereits an Wohlthat geschickt hatte, den er danach, am 23. März, noch fortsetzte und abschloss.

Einen knappen Monat später schreibt Wohlthat an Bossard: »Wegen des Arbeitsdienstes und der Kulturbestrebungen habe ich verschiedentlich mit Herren gesprochen und habe feststellen muessen, dass man vorlaeufig voellig im primitiven Organisatorischen stecken bleibt. Niemand unter den Nazis denkt an hoehere kulturelle Gesichtspunkte. Aber wenn ich etwas mehr Zeit finde, werde ich Ihre Gedanken staendig verwerten. Einmal, werde ich dann den Richtigen treffen.«[34]

Aus den Adressaten des Briefs, Bossards Förderern, aber auch möglichen Multiplikatoren aus dem Verwaltungsapparat des Hitler-Kabinetts, erklären sich manche Eigenschaften des Textes. Der im handschriftlichen Entwurf an

Einführungen und Quellentexte

»Herr[n] Wohlthat« adressierte Brief wird von Bossard zunächst zu »Herrn H. C. H.« (wohl in Anspielung auf die Vornamen Wohlthats) abgeändert. Im Typoskript wird daraus »Herr [..] C. H.«, so dass Wohlthat nicht mehr mit dem Text in Verbindung gebracht werden kann. Der im Manuskript namentlich genannte »Hugenberg«, in dessen Umfeld »allzu kapitalistisch eingestellte[..] Ideen« verbreitet seien, wird im Typoskript zum anonymen »N. N.«.[35]

Auffällig sind die vorsichtigen, sorgfältig abgewogenen Äußerungen zu Adolf Hitler, die im Grundsatz positiv sind, aber keinesfalls ein rückhaltloses Bekenntnis darstellen: »Ich glaube, man muss ihm doch Glauben und Vertrauen entgegenbringen, den offenen Blick für Notwendigkeiten zutrauen, mehr als den retardierend wirkenden Deutschnationalen, deren in hohen Positionen erworbenen Sachverstand ich nicht bezweifle, und von dem ich auch [B]estes erwarte, wenn Hitlers freier Blick sich zugleich auf genügende autoritäre Machtfülle stützen kann. [...] Ich halte es für sehr wünschenswert, dass sich zwischen den aus alter Tradition kapitalistisch eingestellten Gruppen und Hitler ein Verbindungsmann findet, der die Möglichkeiten zum Guten auf beiden Seiten zu erkennen vermag, und dessen Wirksamkeit dadurch von grösstem Vorteil werden könnte, wenn es ihm gelänge, die erweiterten Gesichtspunkte zur Geltung zu bringen.«[36] Im ursprünglichen ersten Entwurf äußerte Bossard sogar die Hoffnung, Helmuth Wohlthat könne die genannte Vermittlerrolle einnehmen: »Ich halte es für möglich, dass Sie zwischen Hugenberg [getilgt und ersetzt durch N. N.] und Hitler Verbindungsmann von nützlichster Wirksamkeit werden könnten, wenn es Ihnen gelingen würde, etwas erweiterte Gesichtspunkte zur Geltung zu bringen.«[37] Vor der Erstellung des Typoskripts ersetzte Bossard die Passage durch den eher allgemein formulierten Wunsch nach einem »Verbindungsmann«.

Zu seiner politischen Orientierung erklärt Bossard, dass er, »wenn auch gänzlich ohne Neigung zu parteipolitischer Bindung, doch für den nationalsozialen Gedanken eintrete[..]«.[38] Er betont jedoch auch, dass »nicht immer der schlechteste Teil deutscher Menschen dem Kommunismus [...] zugeströmt«[39] sei.

Hauptsächlich legt der Künstler in dem Text dar, wie seine Sozialutopie unter Zuhilfenahme der Instrumente »Arbeitsdienst« und »Allmende« praktisch realisiert werden könne, »[...] unter gänzlicher Ausschaltung kapitalistischer Schuldenmacherei. Diese würde ja in der einen oder anderen Art immer wieder nachteilig auf unsere, für den Aussenhandel so nötige, Währung zurückwirken.«[40] Damit würden auch die gravierenden wirtschaftlichen Probleme Arbeitslosigkeit, Massenverelendung, Abhängigkeit von Importen und Devisenknappheit behoben. Die wirtschaftliche Konsolidierung solle eine »Verfestigung der inneren Einheit des deutschen Volkes«[41] bewirken. »Daraus wird die Erstarkung und Vergeistigung des Volkskörpers und ebenso der Wiederaufstieg Deutschlands emporspriessen müssen.«[42]

Die Idee eines verpflichtenden oder freiwilligen Arbeitsdienstes war seit 1919/20 in Deutschland von verschiedensten Seiten propagiert worden.[43] Ein »Freiwilliger Arbeitsdienst« wurde schließlich im Sommer 1931 durch die Regierung Brüning eingeführt, unter anderem zum Abbau der Arbeitslosigkeit. Adolf Hitler verkündete in seiner ersten Rundfunkansprache, am 1. Februar 1933, die Arbeitsdienstpflicht sei ein »Grundpfeiler« seines Regierungsprogramms. Johann Bossard sah hier fraglos einen Anknüpfungspunkt zu seinen eigenen Vorstellungen.

Mit einem verpflichtenden Arbeitsdienst sollten konkret die in der *Werbeschrift* genannten »Zellen der Erneuerung«[44] ausgebaut und

Gudruntor im Eddasaal
Zustand um/nach 1935

erweitert werden, als »fliegende Truppe im Hilfsdienst«[45] zur Unterstützung des »sesshaft zu bleibenden Siedlerstammes«,[46] aber auch zum Erwerb benötigter Rohstoffe durch Arbeitsleistung. Das zweite zentrale Instrument in Bossards Modell ist die Allmende, wohl weniger als gemeinschaftliches Landeigentum verstanden denn als »innere[..] Kolonisation«,[47] als kollektive Anstrengung, »aus schwach ausgenütztem Boden höchst ertragreiche Fruchtzellen zu gestalten«.[48] Hier fordert Bossard ein »erhöht erfinderisches und reformerisches Bemühen«,[49] beispielsweise mit Höhensonnen ausgestattete Treibhäuser oder die Stromerzeugung durch Wind- und Wasserkraft.

Das vorgestellte Wirtschaftsmodell von »Arbeitsdienst« und »Allmende« hatte Johann Bossard bereits an seiner *Kunststätte* zu verwirklichen gesucht. Auch hier gab es in seiner Person, zusammen mit seiner Frau Jutta Bossard, geb. Krull (1903–1996) und seiner Schwägerin Wilma Krull (1896–1979) bereits einen »sesshaft zu bleibenden Siedlerstamm[..]«.[50] Ein erstes Wohn- und Wirtschaftsgebäude war mit dem *Wohn- und Atelierhaus* errichtet; es hätte auch Unterkunftsräume für einige befristet vor Ort wohnende und arbeitende Freiwillige geboten. Die landwirtschaftliche Ausnutzung ertragsarmer Böden praktizierten die Bossards mit der Bewirtschaftung einer ehemaligen Heidefläche – wobei ihnen fraglos bewusst war, dass es hier noch Spielraum zur Ertragssteigerung gab. Weitere Freiwillige vor Ort versuchte Bossard unter anderem dadurch zu gewinnen, dass er etwa einmal pro Semester seine Studierenden zu einem Besuch an die *Kunststätte* einlud. Der Erfolg blieb jedoch weitgehend aus, was auch erklärt, warum der Künstler 1933 auf der Suche nach Multiplikatoren und Synergien war.

Erklärungsbedürftig ist ein etwa zweiseitiger Exkurs Johann Bossards zum Thema der ›Rasse‹.[51] Der Künstler geht von einem Antagonismus zwischen der »nordische[n] Rasse« und dem »Süden« aus; dieser führe in Folge von »Überbevölkerung und Eroberungsdrang des in kosmischer Begeisterung wallenden Blutes« des »Nordens« zu stetiger Kolonialisierung.[52] Bossard begreift die ›Rasse‹ damit als zentrale Erklärung für historische Entwicklungen. In dieser Hinsicht stehen seine Ausführungen in Tradition eines Arthur de Gobineau (1816–1882), der 1835/55 in seinem *Essai sur l'inégalité des races humaines* erstmals versuchte, die Geschichte der Menschheit als Geschichte der Rassen zu schreiben. Die Publikation *Gobineau und die deutsche Kultur* des Gobineau-Übersetzers Ludwig Schemann hat sich in Bossards Bibliothek erhalten.[53] Gobineaus Vorstellung von ›Rasse‹ beeinflusste unter anderem Houston Stewart Chamberlain (1855–1927) und Alfred Rosenberg, deren Schriften *Die Grundlagen des neunzehnten Jahrhundert*s und *Der Mythus des zwanzigsten Jahrhunderts* sich zeitweise in Bossards Bibliothek befanden.[54] Anders als die genannten Autoren erklärt sich Bossard die geschilderten Phänomene als Ergebnis kosmischer Einwirkungen.

Die »nordische Rasse« manifestiert sich für Bossard unter anderem als »die Franken«, als »Germanien«, als »Deutschland« und als »nordische[..] Stämme und Staaten«, mit denen er wohl diejenigen europäischen Staaten meint, die außereuropäische Kolonien besitzen oder besaßen.[55] Diametral entgegengesetzt sieht er den »Süden«, teils konkreter gefasst als »Gallien«, »Rom«, »Cäsar[e]n«, »Päpste[..]« und »Afrika«, teils aber auch als »Sammelbegriff gegen den nordischen Erreger« verwendet. Bossard bescheinigt der »nordische[n] Rasse« eine aus »Zwang und Erneuerungsberuf übernommene [...] Mission der Kolonisation«, außerdem einen quasi religiös anmutenden »Zwang zur Abwehr des dunklen Poles«, ein weiterer Grund für die »Weltüberflutung aus [dem] Norden«. Als Gegenreaktion erwachse »dem Süden Kraft und Wille zum sich politisch auswirkenden Gegenstrom.« Bis zu diesem

Vor dem Kunsttempel
von links: Helmuth Wohlthat, Johann Bossard, Gabriel Pfeill, Gerlinde Wohlthat, Helmgund Wohlthat, Jutta Bossard, 1928

Punkt ist Bossards Weltsicht wenig bemerkenswert und fügt sich – vergleichsweise wenig aggressiv formuliert – in zeitgenössische Vorstellungen von der Überlegenheit der ›weissen‹ Europäer gegenüber den außereuropäischen Indigenen, mit der nicht zuletzt die Kolonialisierung gerechtfertigt wurde. Das polare Erklärungsmodell entspricht Bossards Vorstellung, nach der die Welt durch Gegensätze bestimmt ist, die sich wechselseitig bedingen - und die er auch in der bildenden Kunst und in der Musik wahrnahm als Prinzip von »Licht und Dunkel« bzw. »Schall und Stille« im Sinne entgegengesetzter Pole einer Farb- bzw. Schallkugel.[56]

Den Ausgang des Ersten Weltkriegs und die daraus resultierenden Gebietsverluste führt Bossard auf eine »übersteigerte[..] Expansion der Mittel« zurück. Damit positioniert er sich sowohl gegen die Dolchstoßlegende als auch gegen das nationalsozialistische Postulat einer jüdischen Weltverschwörung zur Vernichtung der ›arischen Rasse‹, die zur deutschen Niederlage im Ersten Weltkrieg geführt habe – also gegen zentrale Inhalte der NS-Ideologie. Tatsächlich verzichtet der Künstler in seiner Darlegung gänzlich auf die Begriffe ›Arier‹ und ›Juden‹, die in der Literatur zur ›Rasse‹ weit verbreitet waren und die auch bei Chamberlain und Rosenberg eine zentrale Rolle spielten.

Eine antisemitische Anspielung verbirgt sich allerdings hinter dem Hinweis auf »[…] wurzellos gewordene, systematisch bastardisierte Völker, deren Wirtschaftspraktiken enorm gärend, befeuernd wirken können, bis die Scheinblüte knickt. (Mephistopheles Mission in Goethes Faust.)«.[57] Sie dürfte der zeitgenössischen

Einführungen und Quellentexte

Eddasaal
Zustand um / nach 1935

Leserschaft, mindestens aus dem rechtskonservativen Lager, verständlich gewesen sein.[58] Die genannte Personengruppe war für Bossard jedoch lediglich eine Teilmenge der »Freibeuter der weissen Rasse«, Vertreter des »kapitalistischen Sansara« mit dem Motto »Nach uns die Sündflut«.[59] Entscheidenden Einfluss auf den Ausgang der Ereignisse könnten selbst diese, so Bossard, nicht nehmen, allenfalls eine beschleunigende Wirkung entfalten: »Ob das früher oder später eintritt, hat für diese, unter weitem Gesichtswinkel gesehenen Dinge, un-

tergeordnete Bedeutung.«[60] Auch die von Bossard rudimentär formulierte Vorstellung von einer Zugehörigkeit der »wurzellos gewordene[n], systematisch bastardisierte[n] Völker«, also unter anderem der ›Juden‹, zur »weißen Rasse« steht in eklatantem Gegensatz zu den pseudowissenschaftlichen Rassetheorien Chamberlains und Rosenbergs.

Bossards Intention ist es offenbar, den Kapitalismus insgesamt zu kritisieren, ohne dabei allzu deutlich den Vorsitzenden der DNVP, den Montan-, Rüstungs- und Medienunternehmer

Alfred Hugenberg, und sein Umfeld anzugreifen. So äußert er »gewisse Befürchtungen wegen der allzu kapitalistisch eingestellten Ideen gerade derer um N. N. [im Manuskript zunächst: Hugenberg]«, ist um die »Ausschaltung kapitalistischer Schuldenmacherei« bemüht und greift mit der Allmende »[…] bewusst auf vorkapitalistische Ordnungen zurück, wie sie im germanischen Volks- und Wirtschaftsleben schon bestanden haben.«[61] Mit der »Erdrosselung durch Zinsendienst« und der »eddische[n] Warnung vor dem Golde« verwendet Bossard Formulierungen, die eine zeitgenössische Leserschaft gleichermaßen kapitalismuskritisch (im kommunistischen Sinn) wie auch antisemitisch hätte interpretieren können.[62] »Gold [ist] heute für uns Gift […]; eben weil es unseren [außenpolitischen] Gegnern eine Waffe in die Hand gibt, mit der sie uns jederzeit ausser Gefecht setzen können, unser Wirtschaftsleben zur Erstarrung zu bringen vermögen.«[63] Schließlich ist auch Bossards Traum von einem geldfreien Wirtschaftssystem, in dem Arbeitsleistungen gegeneinander sowie gegen Rohstoffe getauscht werden, im Kern antikapitalistisch.

Fraglos war Bossard bewusst, dass Helmuth Wohlthat eine Abschaffung des bestehenden Wirtschaftssystems als realitätsfern abgelehnt hätte und dass er zudem der Protégé Alfred Hugenbergs war. Jegliche Werbung Wohlthats für Bossards utopisch-künstlerische Ziele wäre damit automatisch in einem kapitalismusfreundlichen Umfeld erfolgt; der Künstler musste seine Formulierungen in diesem Punkt also sorgfältig abwägen. Der Nationalsozialismus umfasste in seiner frühen Phase dagegen auch sozialistische Elemente; für Bossard war dies fraglos ein weiterer möglicher Anknüpfungspunkt zum Hitler-Regime, auch im Gegensatz zur DNVP als Koalitionspartner der NSDAP.

Bossards utopische Vision war aus dem Wunsch entstanden, unter Umgehung der Politik gesellschaftlichen Wandel im Sinne einer Graswurzelbewegung zu bewirken.[64] So fordert er 1925 in der Werbeschrift einen »Bund« mit »[ü]berpolitisch[em] und »überkonfessionell[em]« »Ziel«.[65] Im Brief an Herrn C. H. verzichtet Bossard auf entsprechende Formulierungen und betont dagegen, dass der »Gedanke[..] des Erneuerungsordens« »[n]ach dem Sieg der N.S.D.A.P., nach der Einigung der nationalen Front […] tatsächlich ›Personalität‹ annehmen […]« könnte.[66] Auch diese Formulierung könnte auf ein vorsichtiges, stark auf mögliche Adressaten ausgerichtetes Abwägen zurückgehen.

Im Endeffekt stellten sich Bossards Bemühungen als vergeblich heraus. Die brieflichen Reaktionen Helmuth Wohlthats auf seine Ausarbeitung (s. o.) waren höflich, aber unverbindlich. Schon Bossard selbst entwarf, in der Fortführung seines Textes vom 21. März 1933, als Reaktion auf Wohlthats Karte vom 21. März den folgenden Absatz: »Ich finde es sehr bedauerlich, dass die Aussichten für eine Einbeziehung des erprobten Sachverstandes in den Regierungsapparat so schwer hält. Ich möchte aber die Hoffnung doch noch nicht aufgeben, dass Ihnen der Anschluss gelingen werde. […] Aber ich bin da doch sehr skeptisch und ich weiss nicht, ob Ihnen nicht mit etwas besserer Konjunktur in Ihrer überseeischen Position besser gedient wäre. Ich sage das in Anbetracht der Erfahrungen, die wohl schon immer ähnliche Naturen im Zusammentreffen mit deutschen Amtsschimmeln gemacht haben, so sehr ich damit auch eigene Hoffnungen und Wünsche zunichte gehen sehen muss.«[67] Den handschriftlich formulierten Passus versah Bossard mit dem Zusatz »nicht schreiben«, er wurde von der Schreibkraft im Typoskript weggelassen.

Ob diese Passage an Wohlthat ging oder ob Bossard es bei dem Entwurf beließ, lässt sich kaum entscheiden. Offenbar gab es nach dem 23.3.1933 noch einen mündlichen oder brieflichen Austausch zwischen Bossard und Wohlthat, der im Nachlass des Künstlers nicht direkt belegt ist.

Seinem Schweizer Freund Emil Hegg berichtet Bossard jedenfalls zutiefst desillusioniert: »Die Meinung Ihres lieben Briefes, ich müsste häufiger schriftstellern, macht mich, angesichts des absoluten Misserfolges auf diesem Terrain, beinah lachen. […] [D]ie […] Schrift betr. ›Allmend‹ fand weder durch Wohlthat noch Offergeld Liebhaber. ›Man nimmt uns diese Ideen nicht ab‹ sagte W. & bei O. merkte ich, dass er die Darlegungen gar nicht ganz gelesen hatte. Nicht ›Schwierigkeiten‹ die in der Sache selber liegen verhindern ihre Ausführung sondern die Mächte entgegengesetzter Interessen & dagegen kann ich nicht einmal etwas einwenden. Denn darüber, dass mit meinen Vorschlägen für die Verbesserung der ›Krippe‹ etwa die kulturellen Begleiterscheinungen eintreten würden, vermag ich mich keinen Illusionen hinzugeben. Und wenn es denn einzig um die ›Krippe‹ gehen soll, so darf sie eben denen nicht vorenthalten werden, die sich ranzudrängeln verstehen.«[68]

Bemerkenswerterweise führt Bossard seinen Brief zwei Tag später, am 21. Juni 1933, fort: »Also ich bin nach wie vor ein unverbesserlicher Pessimist & es brauchen nun nur noch offiziell die ›Schwarzseher‹ verboten zu werden, damit ich mich endgültig kann begraben lassen.« Damit spielt Bossard auf die zahlreichen Verbote und unter Druck erzielten Selbstauflösungen von Parteien, Gewerkschaften und Vereinen an, die seit seinem *Brief an Herrn C. H.* vom März 1933 eingetreten waren oder sich in Vorbereitung befanden. Die Entwicklung kulminierte am 14. 7. 1933 im *Gesetz gegen die Neubildung von Parteien,* die den Einparteienstaat begründete. Ein wichtiger Teilschritt auf dem Weg zur ›Gleichschaltung‹, der Beseitigung der Weimarer Republik und der Errichtung einer Diktatur, war damit vollzogen.

1 Bossard, Johann, *Brief an Herrn C. H.* vom 16., 18. und 23. 3. 1933 Typoskript, o. O. [Jesteburg] 1933 (AJB 5).
2 Siehe zu Helmuth Wohlthat, auch unter Angabe der weiteren Literatur, den Aufsatz von Janina Willems in der in Vorbereitung befindlichen Publikation *»Über dem Abgrund des Nichts«. Die Bossards in der Zeit des Nationalsozialismus,* hrsg. v. Gudula Mayr, Ausst. Kat. Kunststätte Bossard, Jesteburg, Jesteburg 2018 (Schriften der Kunststätte Bossard, 17).
3 Eine Ausnahme ist zum Beispiel der Briefentwurf vom 26. 5. 1939, in dem Johann Bossard Marga Wohlthat bittet, seinen Christuszyklus für 15.000 Reichsmark der Frankfurter Kunstsammlerin Lilly von Schnitzler, geb. von Mallinckrodt (1889-1981), zum Kauf anzubieten; das Geld sollte der Sanierung des *Kunsttempels* und der Fortführung von Bossards Gesamtkunstwerk dienen (AJB 203).
4 Brief von Helmuth Wohlthat an Johann Bossard vom 5. 10. 1931 (AJB 203).
5 Ebd.
6 Brief von Helmuth Wohlthat an Johann Bossard vom 29. 11. 1930 (AJB 203).
7 Clavert, Frédéric, *Hjalmar Schacht, financier et diplomate (1930-1950),* Phil. Diss., Typoskript, Université Strassburg 2006, S. 153 (url: https://halshs.archives-ouvertes.fr/tel-01100444, abger. am 30. 6. 2018).
8 Brief von Helmuth Wohlthat an Johann Bossard vom 29. 11. 1930 (AJB 203).
9 Ebd.
10 Ebd.
11 Brief von Helmuth Wohlthat an Johann Bossard vom 18. 8. 1930 (AJB 203).
12 Brief von Helmuth Wohlthat an Johann Bossard vom 4. 2. 1931 (AJB 203). Zur Person Offergelds siehe Willems 2018 (wie Anm. 2).
13 Brief von Helmuth Wohlthat an Johann Bossard vom 4. 2. 1931 (AJB 203).
14 Brief von Helmuth Wohlthat an Johann Bossard vom 29. 3. 1931 (AJB 203).
15 Ebd.
16 Brief von Helmuth Wohlthat an Johann Bossard vom 21. 1. 1932 (AJB 203).
17 Ebd.
18 Brief von Helmuth Wohlthat an Johann Bossard vom 3. 3. 1932 (AJB 203).
19 Ebd.
20 Brief von Helmuth Wohlthat an Johann Bossard vom 25. 3. 1932 (AJB 203).
21 Brief von Helmuth Wohlthat an Johann Bossard vom 12. 7. 1932 (AJB 203).
22 Am 12. 7. 1932 schreibt Wohlthat aus New York an Bossard, am 25. 4. 1932 noch aus Rostock.
23 Postkarte von Helmuth Wohlthat an Johann Bossard vom 7. 2. 1933 (AJB 203). Wohlthat verwendet eine Postkarte mit dem Motiv »Vierschrauben-

Turbinen-Schnelldampfer ›Europa‹, die er vermutlich während der Überfahrt an Bord eben dieses Schiffes – damals mit ca. 5 Tagen Reisedauer das schnellste auf der Transatlantik-Route Europa-New York - erstanden hatte.
24 Brief von Helmuth Wohlthat an Johann Bossard vom 17.4.1933 (AJB 203).
25 Dazu: Spiekermann, Uwe, *Künstliche Kost: Ernährung in Deutschland, 1840 bis heute,* Göttingen 2018, S. 369.
26 Brief von Helmuth Wohlthat an Johann Bossard vom 11.3.1934 (AJB 203). Zum weiteren Verlauf von Wohlthats Laufbahn siehe Willems 2018 (wie Anm. 2).
27 Auf einer Postkarte vom 5.3.1933 kündigt Wohlthat Johann Bossard unter Vorbehalt seinen Besuch für den 12. März an, auf einer Karte vom 21.3.1933 dankt er Bossard für seine Gastfreundschaft (AJB 203).
28 Bossard 1933, S. 1.
29 Ebd.
30 AJB 5-1.
31 AJB 5-2 bis AJB 5-4. Die drei Typoskripte unterscheiden sich voneinander, von minimalen, handschriftlich korrigierten Tippfehlern abgesehen, nur durch die Paginierung und den Erhaltungszustand voneinander. AJB 5-3 ist nur von Seite 1 bis 11 erhalten, die letzten zwei Seiten fehlen.
32 Brief von Johann Bossard an Emil Hegg, 19. und 21.6.1933 (AJB 180). Zu Hegg und Offergeld siehe ausführlich Willems 2018 (wie Anm. 2).
33 Auch für das folgende Zitat: Postkarte von Helmuth Wohlthat an Johann Bossard vom 21.3.1933 (AJB 203).
34 Brief von Helmuth Wohlthat an Johann Bossard vom 17.4.1933 (AJB 203).
35 Bossard 1933, S. 1.
36 Ebd., S. 9.
37 Manuskript AJB 5-1, n. p.
38 Ebd., S. 5.
39 Ebd., S. 1.
40 Ebd., S. 3. Ökonomisch geprägte Vorstellungen dieser Art könnte Bossard seinen Diskussionen mit Helmuth Wohlthat verdanken.
41 Ebd., S. 13.
42 Ebd.
43 Siehe zum Arbeitsdienst: Benz, Wolfgang, *Vom freiwilligen Arbeitsdienst zur Arbeitsdienstpflicht,* in: Vierteljahreshefte für Zeitgeschichte, Jg. 16, H. 4, Oktober 1968, S. 517–546 (url:http://www.ifz-muenchen.de/heftarchiv/1968_4_1_benz.pdf, abger. am 15.4.2018).
44 Bossard 1925, S. 5.
45 Bossard 1933, S. 2.
46 Ebd.
47 Ebd., S. 4.
48 Ebd., S. 8.
49 Ebd., S. 4.
50 Ebd., S. 2.
51 Bei meinen folgenden Ausführungen stütze ich mich unter anderem auf Bermbach, Udo, *Houston Stewart Chamberlain. Wagners Schwiegersohn – Hitlers Vordenker,* Stuttgart u. a. 2015, S. 172–193.
52 Alle Zitate: Bossard 1933, S. 6.
53 Schemann, Ludwig, *Gobineau und die deutsche Kultur,* Leipzig 1910 (BJB 312).
54 Zu Rosenberg siehe den oben zitierten Brief Helmuth Wohlthats vom 4.2.1931, der sich das Buch bei Bossard ausleihen möchte (AJB 203). Die Information zu Chamberlain lieferte Harald Wohlthat (1927–2012), der Sohn Helmuth Wohlthats, am 20.10.2011.
55 Alle Zitate, auch in den beiden folgenden Sätzen: Bossard 1933, S. 6 f.
56 Dazu: Mayr, Gudula, *»Licht und Dunkel« – »Schall und Stille«. Johann Bossard und Richard Wagner,* S. 139 f., in: Schwerpunkt: Wagner und die bildende Kunst, Würzburg 2014 (wagner-spectrum, H. 2, 2014, 10. Jg.), S. 133–152.
57 Ebd.
58 Die Gleichsetzung von Mephistopheles mit dem angeblichen Gewinnstreben der ›Juden‹ findet sich beispielsweise in Rosenbergs *Mythus des 20. Jahrhunderts;* hier wird auch ein Zusammenhang mit den »heutigen Herren der Getreide- und Brillantenbörsen« hergestellt (Rosenberg, Alfred, *Der Mythus des 20. Jahrhunderts. Eine Wertung der seelisch-geistigen Gestaltenkämpfe unserer Zeit,* 143.–146. Aufl., München 1939, S. 460).
59 Alle Zitate in diesem Satz: Bossard 1933, S. 7.
60 Ebd.
61 Ebd., S. 1, 3 und 5.
62 Ebd., S. 4 und 9.
63 Ebd., S. 9.
64 Dazu: Mayr 2014 b, S. 140 f.
65 Bossard 1925, S. 17.
66 Bossard 1933, S. 1.
67 AJB 5-1, n. p.
68 Brief von Johann Bossard an Emil Hegg vom 19. und 21.6.1933 (AJB 180).

16.3.33.

Lieber Herr ~~Wildhütt~~ E.C.H.

Anknüpfend an unsere Gespräche über den Arbeitsdienst, möchte ich Sie bitten, meine Schrift von Wilks 25-26 in den betreffenden Punkten durchzulesen. Natürlich sind diese Formulierungen lange nicht konkret genug, aber für die Verhandlungen mit der Bürokratie (+ in dieser etwas ermüdeten Sphäre sind alle Politiker einbezogen, ja sie auch häufig nur unter dem Druck, eben den ministeriellen Apparat überhaupt — Bewegung zu setzen) so scheinen mir auch die unmittelbaren praktischen Vorschläge nicht wirksam sein zu können, wenn diese Köpfe nicht vermögen, sich an diese grosse, auf das Ganze zielende Ideen zu befeuern. Was ich nun noch weiter ausführen will fällt mir jetzt vielleicht etwas schwerer

Johann Bossard
Brief an Herrn C.H.
Manuskript, 1933,
AJB 5-1

Johann Bossard

Brief an Herrn C. H. (1933)

[1]
Hamburg, den 16. März 1933.[1]

Lieber Herr C. H.!
Anknüpfend an unsere Gespräche über den Arbeitsdienst, möchte ich Sie bitten, meine Schrift vom Winter 25/26[2] in den betreffenden Punkten durchzulesen. Natürlich sind diese Formulierungen lange nicht konkret genug, aber für die Verhandlungen mit der Bürokratie (und in diese etwas ernüchternde Sphäre sind alle Politiker einzubeziehen[3], wenn auch häufig nur unter dem Druck, eben den ministerialen Apparat überhaupt in Bewegung zu setzen) so scheinen mir auch die unmittelbar praktischen Vorschläge nicht wirksam sein zu können, wenn diese Köpfe nicht vermögen, sich an diesen grossen, auf das Ganze zielenden Ideen zu befeuern. Was ich nun noch weiter ausführen will, fällt mir jetzt vielleicht etwas schwerer als bei dem mündlichen Gedankenaustausch in der Heide, wo vielleicht gerade die jeweils bestimmte Frage die bestimmte Auskunft ermöglichte. Ich knüpfe also an an den[4] Gedanken des Erneuerungsordens in meiner Werbeschrift vom Jahresende 1925.[5] Nach dem Sieg der N.S.D.A.P., nach der Einigung der nationalen Front dürfte der Gedanke tatsächlich »Personalität« annehmen können. Ein solches Übergebilde dürfte eine Notwendigkeit sein, um die Aufbaugedanken auch in[6] die Aufbaumöglichkeiten zu tragen. Nehmen Sie also meine Schrift in die Diskussion. Die 7 Jahre, die seither ins Land gegangen sind, dürften übrigens auch manchen »Realpolitiker« am Beispiel Russlands davon überzeugt haben, dass das rationale[7] Denken hier vielleicht zum Schaden des Ganzen allzu ausschliesslich gepflegt wurde. Dass im Gegenteil der gewaltige Utopismus im Dienste der Sowjetpropaganda eine Waffe war, deren Schärfe viel zu spät und vielleicht sogar heute noch nicht genügend erkannt wurde. Denn tatsächlich ist durchaus nicht immer der schlechteste Teil deutscher Menschen dem Kommunismus, eben infolge der idealen Seite der östlichen Aufbaupläne, zugeströmt. Und ich glaube auch nicht, dass sich die nationale Front auf die Dauer zu halten vermag, trotz der Untermauerung mit Reichswehr und S. A., wenn der soziale und kulturelle[8] Teil deutscher[9] Erneuerung hinter den hochgespannten Erwartungen zuweit zurückbleibt. Ich habe da gewisse Befürchtungen wegen der allzu kapitalistisch eingestellten Ideen gerade derer[10] um N. N.,[11] deren Einwände gegen gewisse Nebenerscheinungen des Sozialismus[12] ich keines-

wegs leicht nehme. Es wird eine Hauptaufgabe des Reformwerkes sein, keine verweichlichende Fürsorgeanstalt zu werden, sondern die Möglichkeiten offenzuhalten,[13] [2] dass Streben und Tüchtigkeit auch Aufstiegsmöglichkeiten erhalten und ein tapferer Idealismus, kriegerische Tugend hoch in Kurs kommen. In diesen Dingen ist ja das Werk der alten Armee noch nicht dem Gedächtnis[14] entschwunden. Und die Lehranstalten des Staates für Landwirtschaft und Handwerk, Technik, Wissenschaft und Kunst können jetzt noch der Ausgangspunkt für die höheren Aufgaben der Arbeitsdienstpflicht werden. Auch die sportliche Ausbildung ist ja schon ein Zweig neben dem Berufsstudium der höheren Lehranstalten geworden, der vielerorts als Leistung neben den Berufsfächern positiv eingerechnet wird, jedenfalls werden sollte.

Wenn ich nun von den mir aus Erfahrung näher bekannten Schulen für Handwerk, Kunst und Technik ausgehe, so kann ich feststellen, dass es hier ohne weiteres möglich wäre, die Ausbildung in den Studienklassen davon abhängig zu machen, dass hier der Schüler die Verpflichtung übernimmt, jeweils in vorgeschriebenen Abschnitten ein Praktikum im Arbeitsdienst zu übernehmen. Dem Architekten, Bautechniker, Ingenieur z. B. ist heute schon vor Erlangung entsprechender Abschlussprüfung die Pflicht auferlegt, eine gewisse Zeit als Maurer, Zimmermann, Schlosser etc. durchzumachen, und dieser Dienst neben der Ausbildung im engeren Fach liesse sich leicht so ordnen, dass dem Winterstudium immer ein Sommerpraktikum zu folgen hätte. Im Anschluss an Siedlungstätigkeit, also in der Verbindung von Land-, Garten- und Bautätigkeit lässt sich ganz zwanglos die rein berufliche Weiterbildung erreichen. Während ältere, mannigfach ausgebildete Kräfte den ersten Stamm der Siedlung bilden und für ihre auf Bodenständigkeit hinzielenden Bedürfnisse die ersten Wohn- und Wirtschaftsgebäude errichtet werden, wird auch schon der landwirtschaftliche Teil:[15] Acker, Garten, Treibhaus in Arbeit genommen. Diese sesshaft gemachten Siedler haben in ihren Baulichkeiten schon die Unterkunftsräume für Lehrlinge und Gesellen, welche im Weiterbau der Siedlung ihr erstes Praktikum durchmachen und sozusagen als fliegende Truppe im Hilfsdienst in Kürze zu vollenden vermögen, was weit über die Kräfte des sesshaft zu bleibenden Siedlerstammes hinausginge[16]. Hat die Siedlung sozusagen für die lebenswichtigen Bedürfnisse das Notwendigste erhalten, so erfolgt der Ausbau aller Teile, welche zum Bedürfnis der kulturellen Seite des deutschen[17] Menschen gehören: Kirche, Rathaus, Schule geben die Aufgaben, zu deren Bewältigung die entsprechend gebildete zweite[18] Hilfsdiensttruppe herangezogen wird. Während der eingesiedelte Stamm schon Hilfsmaterial, [3] Ziegelsteine, Halb- und Ganzfabrikate, also Dinge der sozusagen ersten Kategorie anfertigen und abgeben kann, empfängt er in Form von technischen und künstlerischen Dingen der zweiten Kategorie gewissermaßen[19] schon Lohn. Naturgemä[ß]:[20] eine besonders wichtige Frage ist die der Materialbeschaffung, ehe die neuen Lieferungsquellen[21] hierfür funktionieren. Aber die Schwierigkeit scheint mir nicht gross, im Falle gesetzlich ermöglicht wird, Arbeitslose in den Betrieben zur Arbeit zuzulassen, die die nötigen Roh-, Halb- und Fertigfabrikate herstellen. Z. B.: Eine Ziegelfabrik hat eine Million Steine zu liefern. Sie erhält den Gegenwert durch Leistung des Arbeitsdienstes in der Fabrik und durch Lieferung von Kohle, die dem Grubenbesitzer ebenfalls durch entsprechende[22] Leistung des Arbeitsdienstes abgegolten wird. Nach diesem System kann all und jedes Material durch die Leistung mit Arbeitsdienst gekauft werden, ohne dass der Staat sich mit Schulden zu belasten braucht. Der Arbeitsdienst aber muss, wenigstens am Anfang, auch auf ältere, qualifizierte arbeitslose Arbeiter ausgedehnt werden. Dem im Arbeitsdienst Tätigen aber kann seine Leistung in den ver-

Hamburg, den 16. März 1933.

Lieber Herr C. H.!

Anknüpfend an unsere Gespräche über den Arbeitsdienst, möchte ich Sie bitten, meine Schrift vom Winter 25/26 in den betreffenden Punkten durchzulesen. Natürlich sind diese Formulierungen lange nicht konkret genug, aber für die Verhandlungen mit der Bürokratie (und in diese etwas ernüchternde Sphäre sind alle Politiker einzubeziehen, wenn auch häufig nur unter dem Druck, eben den ministerialen Apparat überhaupt in Bewegung zu setzen) so scheinen mir auch die unmittelbar praktischen Vorschläge nicht wirksam sein zu können, wenn diese Köpfe nicht vermögen, sich an diesen grossen, auf das Ganze zielenden Ideen zu befeuern. Was ich nun noch weiter ausführen will, fällt mir jetzt vielleicht etwas schwerer als bei dem mündlichen Gedankenaustausch in der Heide, wo vielleicht gerade die jeweils bestimmte Frage die bestimmte Auskunft ermöglichte.

Ich knüpfe also an an den Gedanken des Erneuerungsordens in meiner Werbeschrift vom Jahresende 1925. Nach dem Sieg der N.S.D.A.P., nach der Einigung der nationalen Front dürfte der Gedanke tatsächlich "Personalität" annehmen können. Ein solches Übergebilde dürfte eine Notwendigkeit sein, um die Aufbaugedanken auch in die Aufbaumöglichkeiten zu tragen. Nehmen Sie also meine Schrift in die Diskussion. Die 7 Jahre, die seither ins Land gegangen sind, dürften übrigens auch manchen " Realpolitiker " am Beispiel Russlands davon überzeugt haben, dass das rationale Denken hier vielleicht zum Schaden des Ganzen allzu ausschliessliche gepflegt wurde. Dass im Gegenteil der gewaltige Utopismus im Dienste der Sowjetpropaganda eine Waffe war, deren Schärfe viel zu spät und vielleicht sogar heute noch nicht genügend erkannt wurde. Denn tatsächlich ist durchaus nicht immer der schlechteste Teil deutscher Menschen dem Kommunismus, eben infolge der idealen Seite der östlichen Aufbaupläne, zugeströmt. Und ich glaube auch nicht, dass sich die nationale Front auf die Dauer zu halten vermag, trotz der Untermauerung mit Reichswehr und S.A., wenn der soziale und kulturelle Teil deutscher Erneuerung hinter den hochgespannten Erwartungen zuweit zurückbleibt. Ich habe da gewisse Befürchtungen wegen der allzu kapitalistisch eingestellten Ideen gerade derer um N.N., deren Einwände gegen gewisse Nebenerscheinungen des Sozialismus ich keineswegs leicht nehme. Es wird eine Hauptaufgabe des Reformwerkes sein, keine verweichlichende Fürsorgeanstalt zu werden, sondern die Möglichkeiten offenzuhalten,

Johann Bossard
Brief an Herrn C. H.,
Typoskript, 1933,
AJB 5-2

schiedensten Formen angerechnet werden. Einmal[23] in seinem Anspruch auf Siedlungsmöglichkeit, später je nach der Art seiner Betätigung im Erhalt der entsprechenden Leistung durch jüngere Dienstpflichtige, sodann durch Arbeitslosenunterstützung, die entweder schon empfangen oder in Form von Altersversorgung noch zu gewärtigen ist. Natürlich muss der in die Dienstpflicht Eintretende durch entsprechende Ernährung auch dazu in den Stand gesetzt werden. Hier hat die Landwirtschaft mit Lieferung einzurücken, und auch sie wird mit Leistung abgegolten, die aus der Dienstpflichtarbeit resultiert in Form von landwirtschaftlicher Arbeitshilfe, Häuser- und Scheunenbau, Reparatur, wo diese für einen Besitzer nicht tragbar ist, denn der intakte Handwerksbetrieb soll nicht ausgeschaltet werden,[24] und Lieferung verbesserter Hilfsmaschinen. Das Arbeitslosenproblem scheint mir nur auf diesem Wege zu lösen, unter gänzlicher Ausschaltung kapitalistischer Schuldenmacherei. Diese würde ja in der einen oder anderen Art immer wieder nachteilig auf unsere, für den Aussenhandel so nötige, Währung zurückwirken.[25] Der Gedanke der Autarkie ist für dieses ganze Tätigkeitsgebiet eine, wenn nicht ausschliessliche, so doch hauptsächliche Voraussetzung. Der ganze bisher intakt gebliebene Wirtschaftsapparat und freie Markt muss weiter ohne Beeinträchtigung und Belastung von diesem Teil des staatlichen Arbeitsdienstes bleiben.

[4] In Anbetracht der besonderen deutschen Verhältnisse pun[k]to[26] verfügbaren, noch nicht vollausgenützten Bodens und klimatischer Bedingungen hat hier ein erhöht erfinderisches und reformerisches Bemühen einzusetzen. Was vor wenig Jahren noch müssige Utopie schien, ist ja inzwischen zur unabwendbaren, harten Notwendigkeit geworden. Mögen die freihändlerisch und privatwirtschaftlich[27] orientierten Kreise durch weltwirtschaftlich günstige Umstände und koloniale Bemühungen in die Lage kommen, das Los[28] des deutschen Menschen günstiger, freundlicher zu gestalten, den Zwang zu der geschilderten inneren Kolonisation werden sie nicht aus der Welt schaffen können. Der Wielandgeist des Deutschen wird sich jetzt noch mehr als mit Flugproblemen mit der Erhöhung der Fruchtbarkeit der heimischen Scholle abzugeben haben.[29] Ich bin sicher, dass hier unsere Möglichkeiten nicht entfernt erreicht sind, dass aber hier gerade die lebensnotwendig so dringend erforderliche Erstarkung des Volkskörpers einsetzen kann. Fraglos gibt es in Deutschland auch noch Neuland urbar zu machen, aber das Hauptaugenmerk möchte ich doch auf erhöhten Ertrag durch verbesserte Methoden der Bewirtschaftung stellen. Wenn z. B. durch Treibhäuser der gewöhnliche Bauern- und Gärtnerbetrieb enorm erweitert werden könnte, so eben nur durch dieses System des Arbeitsdienstes, weil eben nur dadurch die Erdrosselung durch Zinsendienst wegfällt und zugleich das Arbeitslosenheer ohne [W]eiteres[30] in unmittelbar Ertrag abwerfende Arbeit eingestellt werden kann. Die Kleinviehhaltung kann ebenfalls gewaltige Möglichkeiten bekommen durch zweckdienlich verbesserte und erweiterte Räumlichkeiten, die der Brut, Zucht und Mast[31] dienen. Man hätte und hat auch auf diesen Gebieten längst Möglichkeiten, die stark erhöhten Ertrag gewährleisten würden, deren Errichtung aber immer durch die Rentabilitätsfrage illusorisch gemacht, die jetzt erst durch das neue System sinnvolle Möglichkeit wird, während naturgemäss bisher sogar schon die Projekte durch die günstiger gestellte Auslandproduktion und Einfuhr ad absurdum gestellt wurden. Ich propagiere keinerlei Frontstellung gegen den intakt gebliebenen Freihandel, aber ich möchte dem Gedanken Einsicht verschaffen, dass nur dem möglichst weitgehend auf eigener Produktionskraft stehenden Deutschland vorteilhafte Handelsverträge möglich sein werden. Man bemerkt viel zu wenig die Tatsache, dass wir ja noch immer die belagerte Festung sind und dass der Volkskörper ja

nicht eine Erstarkung durch Begünstigung von [5] aussen erwarten darf, sondern sein Aufbau nur mit Mitteln erfunden und gefördert werden kann, die es ja erst der vorliegenden Kriegsform entsprechend zu schaffen gilt. Es ist ja geradezu beschämend, in welcher Gedankenlosigkeit Volk und Führung bisher dahinlebten, z. B. in der chemischen Industrie die Erzeugung kosmetischer Dinge höher gesetzt wurde als die Verwandlung der Roh- und Abfallstoffe in hochwertige Futtermittel. Immer die fluchwürdige Rentabilitätsfrage im Vordergrund, immer dieses esauische[32] Linsengericht, dem Volksstarkung und Freiheitswille untergeordnet wurden. Die Möglichkeiten, die sich durch die Auswirkungen dieses skizzierten Arbeitsdienstsystems ergeben, können gar [..] nicht[33] hoch genug eingeschätzt werden. Der Mann, der diese Möglichkeiten in die Tat umzusetzen vermag, wird sich um den Aufbau und die Gesundung des deutschen[34] Volkes ein höchstes Verdienst erwerben. Man muss sich nämlich immer vor Augen halten, dass neben das existenzfähig gebliebene deutsche[35] Volk geradezu ein erstarktes zweites deutsches[36] Volk gestellt werden kann, dass zur Ausführung des Werkes in erster Linie als Hauptfaktor eine Willenserneuerung Not tut, und dass hierzu Philosophie, Kunst und Religion[37] die berufenen und beglückenden Werkzeuge sein können und müssen. Allerdings, und da[38] kann ich wieder auf meine Werbeschrift von 1925[39] hinweisen, in einer erneuerten Form, die sich losgelöst hat von Zänkerei, Schacher und Aberglauben[40]. Ich glaube, dass die Berufspolitiker viel zu wenig einsehen, wie nur durch einen noch nicht in Misskredit geratenen, geistig befeuernd eingestellten Werbefeldzug die feindlich abseits stehenden Volksteile gewonnen werden können und müssen.

Hamburg, den 18. März 1933.[41]
Ich möchte nun aber doch gegenüber der erkannten Notwendigkeit, ausgeprägt die rein soziale Seite in den Vordergrund zu stellen, betonen, dass ich gefühlsmässig und aus Charakteranlage durchaus individualistisch eingestellt bin, nach dem Wort[42]: Hilf dir selbst. Diese Charaktereigenart bewahrt mich durchaus vor einem uferlosen, letzten Endes aus kosmischmundanen Gründen nie zu verwirklichenden, internationalen Sozialismus. Lässt mich aber, wenn auch gänzlich ohne Neigung zu parteipolitischer Bindung, doch für den nationalsozialen Gedanken eintreten. Ich greife damit bewusst auf vorkapitalistische Ordnungen zurück, wie sie im germanischen Volks- und Wirtschaftsleben schon bestanden haben. Ich meine die Einrichtung der »Allmende«[43]. In dieser Einrichtung sehe ich ein Ventil, welches die volkliche Urväterweisheit eingerichtet hat gegen eine Übersteigerung des Individual- [6] strebens. Damit wurde ein lebendiger Quellgrund erhalten, der dem Volksganzen immer wieder eine Lebensmöglichkeit bot, eine Basis, die dem geschichtlich nachweisbar immer wieder eintretenden Absturz Einzelner, ganzer Sippen und Gaue eine Ruhstatt zu kommender Erneuerung sein konnte. Diese Einrichtung wurde wohl vorübergehend aufgehoben. Sie war auch nicht nötig, wenn der Volksbestand zahlenmässig soweit zurückgegangen war, dass innerhalb des Reiches genügend Neusiedlungsgrund frei wurde. Mit dem gewaltigen Anwachsen der Zahl infolge Industrie und Zurückdrängens der früher regulierend wirkenden Seuchen aber, musste zu neuen Hilfsmitteln gegriffen werden. Das bekannteste der neueren Zeit war die an den Namen des ersten Kaisers geknüpfte Invaliden- und Altersversorgung. Hätte der Krieg nicht das bekannte unglückliche Ende genommen, so wäre wohl der Überbevölkerung das in solchem Falle immer geöffnete Tor, die Abflussmöglichkeit in eroberte Gebiete, erschlossen worden; zumindest wäre aber nicht die ganze Welt, wie es nun geschah, für uns zugeriegelt worden. Wenn Einzelne durch die ganz engen Maschen dringen konnten, so war das

für die allzu drückend gewordene Pressung im Reiche allzu belanglos. Hier möchte ich nun einfügen, dass die für die nordische Rasse aus Zwang und Erneuerungsberuf übernommene, seit Erdbeginn möchte ich sagen, jedenfalls bis in die älteste Prähistorie zu verfolgende Mission der Kolonisation, in verschiedener Hinsicht ein doppeltes Gesicht hat. Dass die Weltüberflutung aus Norden immer wieder erfolgen muss, bedingten schon immer nicht nur Überbevölkerung und Eroberungsdrang des in kosmischer Begeisterung wallenden Blutes, sondern gleicherweise der Zwang zur Abwehr des dunklen Poles. Dieser[44] nämlich, aus sich dem auch geistig wirkenden Gesetz der Schwere folgend, wird, entgegen seiner Neigung, immer wieder durch das energetisch wirkende Blut des Nordens gegen diesen[45] angetrieben. Nur aus dem kolonisierendem [sic] Blut des Nordens erwächst dem Süden Kraft und Wille zum sich politisch auswirkenden Gegenstrom. Erst die Franken, die abwandernden Deutschen, haben Gallien gegen Germanien aktiv gemacht, erst das nordische Blut hat Rom, zuerst in den Cäsar[e]n[46] und dann in den Päpsten, den kriegerischen Stachel gegen Deutschland geschaffen, und auch nur der nordische Einschlag Frankreichs wird Afrika gegen die weisse Rasse aktivieren können. Aber auch ohne die rassische Vermischung des Nordens mit dem Süden wird sich jede nordische Kolonisation des Südens früher oder später gegen das Mutterland wenden. Das bedingt einfach das Gesetz von der »Erdbedingtheit der Psyche«[47] und [7] die daraus hervorgehende geopolitische Auswirkung. Ob das früher oder später eintritt, hat für diese, unter weitem Gesichtswinkel gesehenen Dinge, untergeordnete Bedeutung. »Nach uns die Sündflut« ist ein Wort des kapitalistischen Sansara,[48] wie es in der Weltpolitik die Freibeuter der weissen Rasse sinngemäss verkörpern, und innerhalb dieser wurzellos gewordene, systematisch bastardisierte Völker, deren Wirtschaftspraktiken enorm gärend, befeuernd wir-

Johann Bossard vor seinem Hamburger Quartier Blumenau 117, o. J.

ken können, bis die Scheinblüte knickt. (Mephistopheles Mission in Goethes Faust.)[49]
In der Reaktion der nordischen Ausflutung des Blutes[50] wie nach[51] der weltwirtschaftlich übersteigerten Expansion der Mittel,[52] welche die Herrschaft der weissen Rasse bedingen, tritt nach eingetroffener Katastrophe zwangsläufig, wie eine Zurückdrängung z. B. Deutschlands in seine zu knappen Grenzen, eine unmöglich gewordene Ausfuhr in Erscheinung: Der Süden, hier Sammelbegriff gegen den nordischen Erreger, erzeugt nun selber, wie mit den gelieferten Maschinen, so mit der Energie der dort sesshaft gewordenen Kolonisatoren nordischen Blutes, was ihn unabhängig, später gegnerisch, gegen die[53] und von den Ausgangsländern der neuen Zivilisation macht.

Dass hier Gegenmittel, etwa Verbot der Ausfuhr von Maschinen oder Gesetze gegen Blutsabwanderung, wirkungslos bleiben und sogar bleiben müssen, liegt, höher gesehen, in kosmischem Zwang, und in der politischen Ebene betrachtet in der Uneinigkeit der nordischen Stämme und Staaten. In diesem Zeitpunkte der Geschichte befindet sich jetzt Deutschland seit vorgestern und seine weissen Nachbarn auch schon seit gestern. Dass nach der besonderen Eigenart der Rasse von uns wie unseren Nachbarn etwa für uns ein Hilfsmittel für unser »Malheur« aus Institutionen wie Völkerbund und Paneuropa herauswachsen könnte, dürfte bei dieser Betrachtung aus kosmischer Weite als Irrtum erkannt werden. Denn es gibt Mächte, welche den Völkern verbieten, sich nach nur äusseren Nützlichkeitsgründen auszurichten, wenn sie sich im Tiefern ihres Wesens nicht vernichten wollen. Hier ist der Grund, weshalb der Preussenkönig Fritz der Grosse als Verkörperung germanischen Heldentums zu gelten hat, aus seinem überpolitisch hohen Einsatz der Existenz, aus seinem Antritt des Kampfes gegen alle kluge Wahrscheinlichkeit, die sogar Bismar[c]k[54], nach seinen abfälligen Äusserungen in »Gedanken und Erinnerungen«[55] nicht begriffen zu haben schien, der[56] eben auch, trotz alledem, ein Kind der liberalen Ära war.

In unserem Zeitpunkt, in dieser deutschen Zeitwende nun müssen wir [8] erkennen, dass wir, militärisch gesprochen, in unsere Festung zurückgeworfen sind. Kosmisch gesehen also müssen wir unsere Kräftezellen im eingezwängtesten Raum mit einer noch unerhörten, neuen Energie laden, sind also wirtschaftlich gesehen, vor die Aufgabe gestellt, das ungünstige Gelände zur für[57] unmöglich gehaltenen allerbesten Position auszubauen und aus dem vertrotteltsten Arbeitslosen nicht nur einen Wirtschaftsschöpfer, sondern einen Stammvater hochgezüchteter deutscher Geschlechter heranzubilden[58]. Der Allmendegedanke hat eben heute keine Möglichkeit, sich mit überschüssiger Bodenfläche eindecken zu können, sondern nur dadurch wird sein neues Gesicht bestimmt, dass er aus schwach ausgenütztem Boden höchst ertragreiche Fruchtzellen zu gestalten vermag.[59] Allmende[60], Allmande, Allmande, Almig und Alm sind das der Allgemeinheit gehörige, gemeindlich aber abgegrenzte Land. Auf die Alm, die Bergweiden, werden im Sommer die Herden getrieben und in der gemeinsamen Sennerei bewirtschaftet. Da und dort hat sich der Gemeindewald erhalten, dessen Ertrag den Gemeindegliedern zufliesst, wie Gottfried Keller das in »Pankraz der Schmoller« so anschaulich und ironischgutmütig[61] schildert. Allmenden sind aber auch in gemeinsamer Arbeit urbar gemachte Sümpfe, Ödländer und ausgetrocknete Seen, deren Ertrag nun, ungeschmälert durch Zinsendienst, den Nachkommen zufliesst. Der Allmendegedanke in neuerer Form, vielleicht schon ein Vorläufer unseres Vorschlages, wird dann noch ebenfalls von Gottfried Keller in einem schönen Gedicht geschildert, da die fröhliche, keine Müdigkeit kennende Jungmannschaft des Dorfes zur Nachtzeit die Erntearbeit der armen Witwe besorgt. Unsere Umwelt, deren Gesicht sich längst von solchen Idyllen abgewandt hat, ist aber im Grunde doch vor die Tatsache gestellt, der Not zu begegnen, sie zu wenden, da sie auch trotz der gewaltigen wirtschaftstechnischen Waffen immer wieder ihr hartes Gesicht der Menschheit, und im besonderen den Deutschen, zuwendet. Sie ist auch längst als Erzieherin zu höheren Ebenen bekannt.[62]

Der nordische sonnenarme Städter hat sich ja auch seine elektrischen Lichtbäder erfunden; warum sollen unsere Treibhäuser ohne Sonne bleiben, wenn schon längst Wissenschaft und Technik dazu die Mittel haben, warum sollen in unserer nordischen Tiefebene mit ihren träge dahinfliessenden Strömen, nicht die unermüdlich einhersausenden Winde den elektrischen Strom erzeugen? Einzig die vom Teufel, oder weniger mittelalterlich gesprochen, von unserm geistig und körperlich negativen, unproduktiven Gegenpol,[63] erfundene Geldfrage verhindert dieses, lässt ungezählte Arme schlaff hängen [9] und intelligente Köpfe durch Leerlauf⁶⁴ müssig gehen, lässt die Volkskraft, unser höchstes, unser göttliches Kapital eintrocknen. Die einen⁶⁵ der vom Teufel benebelten Geister stieren nach Russland und können sich meist nur einen Ausweg in den halbasiatisch-wüsten Greueln des Klassenkampfes⁶⁶ denken, während die [A]nderen⁶⁷ sich nur Heil von den im Gold erstickenden Ländern erbetteln möchten. Dass man doch nicht diese Sumpfträume aus den Gehirnen hämmern kann! Es muss hier doch wohl auch so sein, dass das Heil nur von den Aussenseitern kommen kann, wie es ja auch nicht den nationalen überbildeten Berufspolitikern gelang, eine wesentliche und doch so lebensnötige starke Volkseinheit zu schaffen, ehe Hitler aus der Tiefe des notleidenden Volkes aufstieg. Ich glaube, man muss ihm doch Glauben und Vertrauen entgegenbringen⁶⁸, den offenen Blick für Notwendigkeiten zutrauen, mehr als den retardierend wirkenden Deutschnationalen,⁶⁹ deren in hohen Positionen erworbenen Sachverstand ich nicht bezweifle, und von dem ich auch [B]estes⁷⁰ erwarte, wenn Hitlers freier Blick sich zugleich auf genügende autoritäre Machtfülle stützen kann. Für Erneuerung, wie sie dem Ganzen dient, haben wohl immer die aus dem kargsten Boden stammenden Leute die freiesten Köpfe und die kräftigsten Hände gestellt, und im Gegenteil dazu hinderten öfters⁷¹ die im allgemeinen Untergang noch in leidlicher Position Lebenden die Rettungsmassnahmen.

Ich halte es für sehr wünschenswert, dass sich zwischen den aus alter Tradition kapitalistisch eingestellten Gruppen und Hitler ein Verbindungsmann findet, der die Möglichkeiten zum Guten auf beiden Seiten zu erkennen vermag, und dessen Wirksamkeit dadurch von grösstem Vorteil werden könnte, wenn es ihm gelänge, die erweiterten Gesichtspunkte zur Geltung zu bringen.⁷² Die Neigung nämlich, häufig vielleicht unbewusst, ins Nebensächliche abzuirren, die Lokomotive sozusagen aufs falsche G[..]leis⁷³ zu schieben, ist gerade heute enorm. Es ist ja merkwürdig, wie z. B. die Altertumsforschung, Eddakunde usw., immer oder doch allzu häufig in den unfruchtbarsten Äusserlichkeiten hängen bleibt⁷⁴, wie der Streit um Dinge geht, die in Notzeiten gar⁷⁵ kein Lebensrecht haben dürften. So wird die eddische Warnung vor dem Golde nie konkret genug begriffen, nicht begriffen, dass Gold heute für uns Gift ist;⁷⁶ eben weil es unseren Gegnern eine Waffe in die Hand gibt, mit der sie uns jederzeit ausser Gefecht setzen können, unser Wirtschaftsleben zur Erstarrung zu bringen vermögen. Kaum auch, dass der nationale Gedanke Geltung findet, so holt man schon einen verstaubten Ladenhüter hervor, der einstmals in Zeiten der Grösse notwendiges Attribut dieser Grösse schien. Das mögen Begleiterscheinungen allen irdischen Geschehens sein, aber ich möchte doch warnen, z. B. [10] in der Form Christentum zu propagieren wie zur Zeit Metternichs. Wir müssen unser Volk in eine hohe und klare Luft hineinwachsen lassen, in der eben unsere vorgeschrittenen Geister ihren Lebensraum finden. Gerade aus dieser Geisteshaltung, die den Resultaten der höheren⁷⁷ Geistesarbeit gerecht wird, und nicht mit Ammenmärchen, die heute wie Sumpfgift wirken müssen, muss die Erneuerungsarbeit fliessen, und ich hoffe, dass gerade so unheilvolle konfessionelle Gegensätze überbrückt werden können. Indem ich den Atheismus der Linksparteien in konfessionelle Schranken zu pressen suche, schaffe ich einen Explosivkörper, der früher oder später sich zum Schaden der nötigen Volkseinheit auswirken muss. Es dürfte im Gegensatz aber eine hochgesinnte Kulturarbeit, wie sie ja übrigens auch, mindestens nominell, geplant ist, die Verfestigung der Volkswohlfahrt ausserordentlich nützlich beeinflussen. Nur aus heldischer Gesinnung heraus, wie sie am unverfälschtesten immer noch unser alt nordisches Schrifttum vermittelt,⁷⁸ kann die Kraft zu der Riesenarbeit gewonnen werden, wie sie das Schicksal dem deutschen Volke bestimmt hat. Sie allein vermag auch die Überwucherung des rein materiellen Denkens einzudämmen, wie es hüben und drüben seinen Schaden verursacht.[79] Nur der Gedanke, dass wir über dem Abgrund des Nichts eine Traumbrücke göttlicher Kühnheit beschreiten müssen, stolz, wie die Sonne des Nordens in schattenlose Tage steigt, auch wenn die Winternacht sie wieder einschlingen wird, hindert den Absturz in Weichlichkeit, in kleinbürgerlich tierhaftes Behagen, in die Stumpfheit des Versorgungsphilisters. – –

Wer dem deutschen Bauern das Glashaus und die nötigen sachgemäss geschulten Arbeiter dazu beschafft, vollbringt die zeitgemäss abgewandelte Tat Heinrichs des Städtebauers. Wenn man bedenkt, dass aus unserem Osten die deutschen Siedler abfluten, wie in französischen Zeitschriften hohnvoll geschrieben wird, so muss in der Leitung des Volkes ein Regiefehler vorliegen. Wenn man dann aber noch in deutschen Zeitungen dem Hohn gegen Polen wegen seines überhohen Militäretats begegnet, so kann man sich kaum noch der stärksten Worte gegen soviel Blindheit enthalten. Ich hätte gewünscht, die Polen hätten sich nicht von Frankreich kaufen lassen, denn wir hätten gemeinsam wahrscheinlich unserem gemeinsamen Vorteil besser nachgehen können, aber über den glühenden polnischen Patriotismus soll man nicht spotten, denn es steckt doch wohl neben aller unklugen Übersteigerung eine vorbildliche Opferbereitschaft darin. Völker lernen wohl immer nur aus bittern [11] Erfahrungen, und ich möchte hoffen und glauben, dass die unsrigen zur Umkehr uns nun reif gemacht haben.

Hamburg, den 23. März 1933.[80]

Das Märzheft der »Tat«, das ich vorgestern in die Hände bekam, hat mir im Artikel von Fried gewissermassen eine Genugtuung bereitet, als er unter anderen Voraussetzungen doch das gleiche Ziel als unerlässlich für den Gesundungsprozess des deutschen[81] Volkes ansieht und dann gegen N. N.,[82] unter zitierten jüngsten Aussprüchen, von der gleichen Skepsis erfüllt ist. Allerdings muss ich auch feststellen, dass von der reinen Wirtschaftsseite, wie sie sich auch an anderen Stellen in Referaten und Zeitschriftenartikeln zu erkennen gibt, wenig für die rein kulturelle und damit auch wirtschaftliche und politische Erhebung Deutschlands zu erwarten steht.[83]

Bei aller Hochschätzung der persönlichen, privaten Initiative darf doch nicht übersehen werden, dass sie nicht mehr ausreicht, und dann sollten gewisse Pfiffigkeiten doch als solche erkannt werden und nicht als Erfolg gebucht, was wohl Gruppen zum Vorteil, dem Ganzen aber zum Schaden[84] gereich[..]en[85] muss.[86] Der unersetzbaren persönlichen Tüchtigkeit wird keine Art Sozialismus je entraten können, und die bisherigen Systeme kranken fast alle irgendwie daran, dass sie diese Leistung allzu gering einschätzen. Sie verfallen nun in umgekehrter Richtung in den Fehler, den sie dem Kapitalismus vorwerfen, dass nämlich weder dem Erfinder noch dem schaffenden Arbeiter der verdiente Lohn werde, sondern dass dieser ungerechtfertigt der schmarotzenden Schlauheit zufliesse. Dass nun aber eine mehr oder weniger schwach intelligente Masse sich aneignen möchte, was nur der Leistung genialer Einzelner zu verdanken ist, das wird von den Schürern der Begehrlichkeit gern verschwiegen, sollte aber erkannt werden, wenn es sich um die Erschaffung[87] des Hochzieles des »Deutschen Nationalen Sozialismus« handelt.

Wenn Hitler seine Position nach dieser Richtung auszubauen, keine Möglichkeit findet, dann versackt unweigerlich die ganze nationale Offensive, denn ohne die wirtschaftliche Korrektur der Verhältnisse, zugunsten des kulturellen Aufstiegs, hält ihm die Begeisterung der Wählermassen nicht lange. Und ob auf eine Begünstigung seiner Lage durch aussenpolitische Erfolge abgestellt werden darf, erscheint mir in Anbetracht der Mentalität unserer Gegner doch sehr fraglich. Aber zu Deutschlands Heil ist der Sinn einer solchen »Kulturrevolution« in den besten Köpfen der [12] Jugend lebendig.[88]

Ich komme also wieder auf das Hilfsmittel der »Allmende«[89], wie ich es skizziert habe, zurück. Umsomehr als ich immer wieder sehen muss, wie die Vorschläge aller Finanzleute eben am »Geldmangel« scheitern und[90] sich gegenseitig aufheben, und wie auch die Vorschläge für Wiederbelebung des freien Wettbewerbes alle Zeichen der Zeit fast übersehen. Z.B. scheinen die Untersuchungen der amerikanischen Technokratengruppe viel zu leicht genommen zu werden.[91] Denn wenn auch verschiedene Einwände gegen sie sehr leicht erhoben werden könnten, so darf man die ganz gewaltig veränderten Produktionsbedingungen doch nicht einfach übersehen und keineswegs einfach zurückschrauben wollen auf Verhältnisse, wie sie noch vor dem Kriege möglich gewesen wären. Das ist so, als ob einem ausgewachsenen Menschen, der sich die Füsse wundgelaufen hat, Kinderschuhe angezogen werden sollten. Kommen diese Vorschläge von kapitalistischer Seite, so richten sie sich in den Augen der Arbeitnehmer einfach von selbst, das wäre ja auch, als ob ich meinem Gegner zumuten wollte, mit der Keule zu kämpfen, wenn ich ein Maschinengewehr besitze. Kommen sie aber von der Seite der Ideologen, so schliessen sie[92] auf[93] einen Urzustand, wie es ihn wahrscheinlich nie gegeben, wie er auf alle Fälle nicht mehr[94] möglich ist, wenn er konsequent begriffen wird; anderenfalls setzt nur eine Umbenennung der Übelstände ein, ohne diese zu beseitigen. Alledem gegenüber hat das System der »Allmende«[95] den Vorzug, das unter den gegebenen Verhältnissen existenzfähige Wirtschaftsleben nicht in seinem Bestande zu gefährden und gleichzeitig die Arbeitslosigkeit zu beheben. Durch Ausbau der Ernährungsmöglichkeit wird dem Konsumbedürfnis begegnet, wenn der Unterernährung abgeholfen wird, erhält die Siedlertätigkeit erst freie Bahn, und im gesundeten Volke wird erst der Grund möglich für Propaganda der höheren Werte, deren Deutschland verlustig zu gehen droht. Das aber ist die höchste der Notwendigkeiten, wenn Deutschland überhaupt am Leben bleiben soll unter seinen materiell so sehr viel besser gestellten Gegnern. Es ist auch, und hauptsächlich rein realpolitisch, von grösster Bedeutung, dass wir den rohstofflich und technisch begünstigten Gegnern mit unseren besonderen Werten zu begegnen suchen. Die Hebung des Wertes des deutschen[96] Lebensraumes kann so erreicht werden, und das müsste der höchste Leitgedanke jeder Massnahme werden. Wie kann ein »Staatsmann« so selbstherrlich[97] sein zu sagen: Es wird nicht [13] experimentiert! Als ob für aussergewöhnliche Umstände jemals gewöhnliche Hilfsmittel ausgereicht hätten. Selbstverständlich kann das deutsche[98] Volk nicht einer russischen Pferdekur unterzogen werden, aber sich vor Ansprüchen grosser Volksteile, geführt von ehrlichen und sachkundigen Männern, einfach zu verschliessen, geht auch nicht, wäre jedenfalls nicht staatsmännisch.[99] Das höchste Ziel eines deutschen[100] Staatsmannes scheint mir auf alle Fälle zu sein,[101] der Erstarkung der inneren Einheit des deutschen[102] Volkes jeden möglichen Vorschub zu leisten.

Möge also mit der Neueinführung des zeitgemä[ß][103] abgewandelten Urvätererbes der »Allmende«[104] der so nötigen sozialen Behebung[105] der Arbeitslosigkeit als selbstverständliche Frucht recht bald die Verfestigung der inneren Einheit des deutschen[106] Volkes folgen. Daraus wird die Erstarkung und Vergeistigung des Volkskörpers und ebenso der Wiederaufstieg Deutschlands emporspriessen müssen.

1 Der im Folgenden abgedruckte Text wurde nach dem am besten erhaltenen Typoskript AJB 5-2 erstellt. Das Typoskript weist minimale handschriftliche Korrekturen von Tippfehlern auf, die entweder von der Schreibkraft oder von Johann Bossard stammen. Diese Korrekturen wurden stillschweigend übernommen. Inhaltliche oder stilistische Korrekturen im Typoskript AJB 5-2 haben nicht stattgefunden. Abweichungen zu Johann Bossards handschriftlichem Entwurf AJB 5-1 sind in den Fußnoten erfasst; hier werden auch handschriftliche Korrekturen innerhalb des Entwurfs AJB 5-1 aufgeführt. Nicht gekennzeichnet werden die durch die Schreibkraft vorgenommene Auflösung von »&« zu »und« sowie die Auflösung des Verdoppelungsstrichs über Konsonanten. Auch die Korrektur von »ÿ« zu »y«, von »z. Bspl.« zu »z. B.« sowie von »ß« zu »ss« bei der Anfertigung des Typoskripts AJB 5-2 werden im Folgenden nicht gesondert ausgewiesen. In der Zeichensetzung folgt der Text, wenn nicht anders angemerkt, dem Typoskript. Unterstreichungen im Typoskript sind, wenn nicht anders gekennzeichnet, im Manuskript ebenso vorhanden. Bossards handschriftliches Manuskript AJB 5-1 beginnt abweichend: »16. 3. 33. Lieber Herr Wohlthat!«. Der Name »Wohlthat« wurde gestrichen und ersetzt durch »H. C. H.«. Die Änderung zu »C. H.« wurde in keinem der erhaltenen Typoskripte korrigiert, war also beabsichtigt.

2 Im Manuskript AJB 5-1 abweichend: »25–26«.

3 Im Manuskript AJB 5-1 abweichend »zu beziehen«, nachträglich korrigiert zu »einzubeziehen«.

4 Im Manuskript AJB 5-1 abweichend »am«.

5 Im Manuskript AJB 5-1 »vom Jahresende 1925« nachträglich ergänzt.

6 Im Manuskript AJB 5-1: »in« nachträglich ergänzt.

7 Im Manuskript AJB 5-1 abweichend »das Rationale«, nachträglich korrigiert zu »das rationale«.

8 Im Manuskript AJB 5-1 »kulturelle« nachträglich ergänzt.

9 Im Manuskript AJB 5-1 abweichend »Deutscher«.

10 Im Manuskript AJB 5-1 abweichend »Derer«.

11 Im Manuskript AJB 5-1 abweichend »Hugenberg«, durchgestrichen und ersetzt durch »N. N.«.

12 Im Manuskript AJB 5-1 abweichend »Sozialismusmus«, nachträglich korrigiert zu »Sozialismus«.

13 Im Manuskript AJB 5-1 abweichend »offen zu halten«.

14 Im Manuskript AJB 5-1 abweichend »Gedächtniss«.

15 Im Manuskript AJB 5-1 abweichend »Teil, Acker«.

16 Im Manuskript AJB 5-1 abweichend »hinausgienge«.

17 Im Manuskript AJB 5-1: »deutschen« nachträglich ergänzt.

18 Im Manuskript AJB 5-1 abweichend »gebildete fliegende zweite«. Im Typoskript AJB 5-2 wurde »fliegende« nicht berücksichtigt.

19 Im Manuskript AJB 5-1 abweichend »sozusagen«, nachträglich korrigiert zu »gewissermaßen«.

20 Im Typoskript AJB 5-2 »naturgemäss«, hier nach dem Manuskript AJB 5-1 »Naturgemäß«, abweichend ohne Doppelpunkt.

21 Im Manuskript AJB 5-1 abweichend »Lieferquellen«.

22 Im Manuskript AJB 5-1 abweichend: »durch die entsprechend zu verrechnende«.

23 Im Manuskript AJB 5-1 abweichend »einmal«, nachträglich korrigiert zu »Einmal«.

24 Im Manuskript AJB 5-1 wurde die folgende Passage als nachträglicher Einschub ergänzt: »wo diese für einen Besitzer nicht tragbar ist, denn der intakte Handwerksbetrieb soll nicht ausgeschaltet werden«.

25 Im Manuskript AJB 5-1 wurde der ganze Satz als nachträglicher Einschub ergänzt.

26 Im Typoskript AJB 5-2 »puncto«, hier nach dem Manuskript AJB 5-1 »punkto«.

27 Im Manuskript AJB 5-1 »und privatwirtschaftlich« nachträglich ergänzt.

28 Im Manuskript AJB 5-1 abweichend »Loos«.

29 Im Manuskript AJB 5-1 abweichend »Der Wielandgeist des Deutschen wird jetzt noch mehr als mit Flugproblemen sich […]«.

30 Im Typoskript AJB 5-2 »weiteres«, hier nach dem Manuskript AJB 5-1 »Weiteres«.

31 Im Manuskript AJB 5-1 abweichend »Brut- Zucht- und Mast«.

32 Im Manuskript AJB 5-1 abweichend »Esauische«.

33 Im Typoskript AJB 5-2 »garnicht«, hier nach dem Manuskript AJB 5-1 »gar nicht«.

34 Im Manuskript AJB 5-1 abweichend »Deutschen«.

35 Im Manuskript AJB 5-1 abweichend »Deutsche«.

36 Im Manuskript AJB 5-1 abweichend »Deutsches«.

37 Im Manuskript AJB 5-1 abweichend »Philosophie, Kunst- und Religion«.

38 Im Manuskript AJB 5-1 abweichend »das«, nachträglich korrigiert zu »da«.

39 Im Manuskript AJB 5-1 abweichend »25-26«, nachträglich korrigiert zu »1925«.

40 Im Manuskript AJB 5-1 abweichend »Aberglaube«.

41 Im Manuskript AJB 5-1 abweichend »18. 3.«, ohne Unterstreichung.

42 Im Manuskript AJB 5-1 abweichend »Worte«.

43 Im Manuskript AJB 5-1 abweichend »Allmend«.

44 Im Manuskript AJB 5-1 abweichend »Dieses«, nachträglich korrigiert zu »Dieser«.
45 Im Manuskript AJB 5-1 abweichend »dieses«, nachträglich korrigiert zu »diesen«.
46 Im Typoskript AJB 5-2 »Cäsaran«, hier nach dem Manuskript AJB 5-1 »Cäsaren«.
47 Bossard spielt offenbar auf die gleichnamige Publikation Carl Gustav Jungs von 1927 an. In seinem Nachlass ist sie nicht nachweisbar.
48 Sansara bezeichnet den endlosen Kreislauf von Geburt, Tod und Wiedergeburt, aus dem die Heilslehren indischer Religionen den Menschen zu befreien suchen.
49 Im Manuskript AJB 5-1 enthält der Satz »Mephistopheles Mission in Goethes Faust.« zunächst ohne Klammern, diese wurden nachträglich hinzugefügt.
50 Im Manuskript AJB 5-1 »des Blutes« nachträglich ergänzt.
51 Im Manuskript AJB 5-1 »nach« nachträglich ergänzt.
52 Im Manuskript AJB 5-1 ursprünglich »In der Reaktion der nordischen Ausflutung, wie der weltwirtschaftlich übersteigerten Expansion der Mittel,«, korrigiert zu »In der Reaktion der nordischen Ausflutung, des Blutes wie nach der weltwirtschaftlich übersteigerten Expansion der Mittel, […]«.
53 Im Manuskript AJB 5-1 ohne »die«.
54 Im Typoskript AJB 5-2 »Bismark«, hier nach dem Manuskript AJB 5-1 »Bismarck«.
55 Im Manuskript AJB 5-1 abweichend »Ged. & Erinngen.«
56 Im Manuskript AJB 5-1 »der« nachträglich eingefügt.
57 Im Manuskript AJB 5-1 »für« nachträglich eingefügt.
58 Im Manuskript AJB 5-1 »heran zu bilden« nachträglich eingefügt.
59 Im Manuskript AJB 5-1 im ersten Entwurf ohne den folgenden Absatz (von »Allmend« bis zu »bekannt«) formuliert, der nachträglich handschriftlich ergänzt wurde.
60 Im Manuskript AJB 5-1 abweichend »Allmend«.
61 Im Manuskript AJB 5-1 abweichend »ironisch gutmütig«.
62 Hier endet der von Bossard im Manuskript AJB 5-1 nachträglich eingefügte Absatz.
63 Die Erläuterung hat Bossard im Manuskript AJB 5-1 nachträglich eingefügt, ursprünglich begann der Satz »Einzig die vom Teufel erfundene Geldfrage […]«.
64 Im Manuskript AJB 5-1 »durch Leerlauf« nachträglich eingefügt.
65 Im Manuskript AJB 5-1 abweichend »Einen«.
66 Im Manuskript AJB 5-1 abweichend »einen Ausweg«, nachträglich gestrichen.
67 Im Typoskript AJB 5-2 »anderen«, hier nach dem Manuskript AJB 5-1 »Anderen«.
68 Im Manuskript AJB 5-1 »entgegenbringen« nachträglich eingefügt.
69 Im Manuskript AJB 5-1 endete der Satz abweichend, die folgende Anfügung wurde von Bossard nachträglich handschriftlich eingefügt.
70 Im Typoskript AJB 5-2 »bestes«, hier nach dem Manuskript AJB 5-1 »Bestes«.
71 Im Manuskript AJB 5-1 abweichend »öfter«.
72 Dieser und der folgende Satz sind im Manuskript AJB 5-1 nachträglich eingefügt. Ursprünglich schrieb Bossard: »Ich halte es für möglich, dass Sie zwischen Hugenberg [getilgt und ersetzt durch N. N.] und Hitler Verbindungsmann von nützlichster Wirksamkeit werden könnten, wenn es Ihnen gelingen würde, etwas erweiterte Gesichtspunkte zur Geltung zu bringen.« Im ersten Entwurf für die Änderung, durch kleine Korrekturen zur oben stehenden Endversion geändert, schrieb Bossard: »Ich halte es für sehr wünschenswert, dass sich zwischen den aus alter Tradition kapitalistisch eingestellten Gruppen und Hitler ein Verbindungsmann findet, der die Möglichkeiten zum Guten auf beiden Seiten zu erkennen vermag und dessen Wirksamkeit dadurch von grösstem Vorteil werden könnte, wenn er die erweiterten Gesichtspunkte zur Geltung zu bringen vermag.«
73 Im Typoskript AJB 5-2 »Geleis«, hier nach dem Manuskript AJB 5-12 »Gleis«.
74 Im Manuskript AJB 5-1 abweichend »bleiben«.
75 Im Typoskript AJB 5-2 fehlt hier das Leerzeichen.
76 Im Manuskript AJB 5-1 endet der Satz abweichend hier, die folgende Erläuterung, als Teil des gleichen Satzes, wurde (ohne Semikolon) nachträglich durch Bossard eingefügt.
77 Im Manuskript AJB 5-1 abweichend »höhern«.
78 Im Manuskript AJB 5-1 »wie sie am unverfälschtesten immer noch unser alt nordisches Schriftgut vermittelt« nachträglich eingefügt. Das Wort »alt« vor »nordisch« wurde dabei nochmals nachträglich eingefügt.
79 Im Manuskript AJB 5-1 fehlt zunächst dieser Satz, er wurde im Manuskript nachträglich durch Bossard eingefügt.
80 Im Manuskript AJB 5-1 abweichend ohne Unterstreichung, lediglich: »23. März 33.« Es folgt ein ausführlicher Passus, der möglicherweise in einer nicht erhaltenen Reinschrift brieflich an Wohlthat ging, mit Bossards handschriftlicher Anweisung an die Schreibkraft »nicht schreiben«: »Es freut mich sehr, zu hören, dass Sie meine Briefe erhalten und Interesse daran gefunden haben. Ihre zwei Aufsätze im ›Ring‹ habe ich auch bekommen und danke Ihnen sehr dafür [die folgenden 8 Worte wieder gestrichen]. Ich finde es sehr bedauerlich, dass die Aussichten

für eine Einbeziehung des erprobten Sachverstandes in den Regierungsapparat so schwer hält. Ich möchte aber die Hoffnung doch noch nicht aufgeben, dass Ihnen der Anschluss gelingen werde. Die sehr sachlichen und umso eindringlicheren Darlegungen Ihrer Aufsätze halte ich für sehr gut und möchte nur wünschen, in Deutschlands Interesse, dass die gegebene Information auch ein verständnisvolles Ohr an der berufenen Stelle fände. Aber ich bin da doch sehr skeptisch und ich weiss nicht, ob Ihnen nicht mit etwas besserer Konjunktur in Ihrer überseeischen Position besser gedient wäre. Ich sage das in Anbetracht der Erfahrungen, die wohl schon immer ähnliche Naturen im Zusammentreffen mit deutschen Amtsschimmeln gemacht haben, so sehr ich damit auch eigene Hoffnungen und Wünsche zunichte gehen sehen muss.«

81 Im Manuskript AJB 5-1 abweichend »Deutschen«.

82 Im Manuskript AJB 5-1 abweichend »Hugenberg«, gestrichen und korrigiert zu »N. N.«.

83 Im Manuskript AJB 5-1 abweichend: »Allerdings muss ich auch feststellen, dass von der reinen Wirtschaftsseite, wie sie sich auch an anderer Stelle des ›Ring‹ in verschiedenen Referaten zu erkennen gibt, wenig für die rein kulturelle Erhebung Deutschlands zu erwarten steht.«

84 Im Manuskript AJB 5-1 abweichend »Nachteil«, nachträglich handschriftlich korrigiert zu »Schaden«.

85 Im Typoskript AJB 5-2 »gereichten«, hier nach dem Manuskript AJB 5-1 »gereichen«.

86 Dieser Satz und die drei folgenden (bis einschließlich »handelt«) wurden von Bossard nachträglich in das Manuskript AJB 5-1 eingefügt.

87 Im Manuskript AJB 5-1 abweichend »Schaffung«.

88 Dieser Satz wurde von Bossard nachträglich in das Manuskript AJB 5-1 eingefügt.

89 Im Manuskript AJB 5-1abweichend »Allmend«.

90 Im Manuskript AJB 5-1 »scheitern und« nachträglich eingefügt.

91 Dieser und der folgende Satz wurden von Bossard nachträglich in das Manuskript AJB 5-1 eingefügt.

92 Im Manuskript AJB 5-1 abweichend zunächst »diese«, korrigiert zu »sie«.

93 Im Manuskript AJB 5-1 »auf« nachträglich ergänzt.

94 Im Manuskript AJB 5-1 »mehr« nachträglich ergänzt.

95 Im Manuskript AJB 5-1 abweichend »Allmend«.

96 Im Manuskript AJB 5-1 abweichend »Deutschen«.

97 Im Manuskript AJB 5-1 hier zunächst ein unleserlich getilgter Begriff, nachträglich durch »selbstherrlich« ersetzt.

98 Im Manuskript AJB 5-1 abweichend »Deutsche«.

99 Dieser und der folgende Satz wurden von Bossard in das Manuskript AJB 5-1 eingefügt.

100 Im Manuskript AJB 5-1 abweichend »Deutschen«.

101 Im Manuskript AJB 5-1 »zu sein,« nachträglich eingefügt.

102 Im Manuskript AJB 5-1 abweichend »Deutschen«.

103 Im Typoskript AJB 5-1 »zeitgemäss«, hier nach dem Manuskript AJB 5-1 »zeitgemäß«.

104 Im Manuskript AJB 5-1 abweichend »Allmend«.

105 Im Manuskript AJB 5-1 abweichend zunächst »Hebung«, korrigiert zu »Behebung«.

106 Im Manuskript AJB 5-1 abweichend »Deutschen«.

**Bildhauerklasse
von Johann Bossard
in der Pause**
ganz hinten
Franz Hötterges, o. J.
(um 1936–1938)

> »Der Kampf gegen E. ist mir geradezu als Notwehr gegen die direktorale Misswirtschaft aufgedrungen worden«
> Johann Bossard

Natalie Bachmann

Johann Bossards *Entgegnungen zum Aufsatz des Kollegen Ehrhardt* und ihr historischer Kontext

In diesem Brief an seinen Kollegen Alfred Ehrhardt (1901–1984) gewährt uns der Künstler und Hochschulprofessor Johann Bossard (1874–1950) einen Einblick in seine ansonsten rar formulierte Kunst- und Lehrauffassung. Seine Entrüstung über den von Ehrhardt veröffentlichten Artikel *Materialstudium* in der Zeitschrift des Werkbundes *Die Form* von 1932 ist groß.[1] Sowohl Bossard als auch Ehrhardt waren an der Landeskunstschule in Hamburg als Lehrkräfte tätig, an welcher zwischen 1930 und 1933 ein moderner kunstpädagogischer Diskurs geführt wurde. Das Entgegnungsschreiben von Bossard ist vor diesem Hintergrund zu lesen, weswegen im Folgenden der Kontext umrissen wird.

Am 1. Februar 1930 wurde Max Sauerlandt (1880–1934), der bereits seit 1919 die Direktorenstelle des *Museums für Kunst und Gewerbe Hamburg* inne hatte, zum Direktor der Landeskunstschule in Hamburg ernannt.[2] Sauerlandt (Abb. 1) folgte dem von 1905 bis 1929 tätigen Direktor Richard Meyer (1863–1953), welcher Bossard 1907 aus Berlin an die damals noch als *Staatliche Kunstgewerbeschule* bezeichnete Kunstschule nach Hamburg berufen hatte. Der Kunsthistoriker Sauerlandt war für seine couragierte Förderung zeitgenössischer Kunst und Künstler bekannt. Er setzte sich für deutsche expressionistische Künstler, unter anderem Karl-Schmidt-Rottluff (1884–1976), Erich Heckel (1883–1970), Ernst Ludwig Kirchner (1880–1938), Emil Nolde (1867–1956) und Otto Dix (1891–1969) ein und förderte diese durch Ausstellungen und Ankäufe ihrer Werke auch für das Museum für Kunst und Gewerbe.[3] Die expressionistische Kunst in Deutschland war für Sauerlandt »selbstverständlich deutsch und national«.[4] Er kämpfte gegen die Einflussnahme der französischen Kunst auf die »Kunst der ›nordischen Länder‹ und die Durchsetzung des eigenen, letztendlich vom ›Germanischen‹ bedingten ›Kunstwollens‹, wie er es in den Arbeiten der ›Brücke‹-Künstler und später beim ›Bauhaus‹ verwirklicht sah.«[5] (Abb. 2)

Im selben Jahr seiner Ernennung zum Direktor der *Landeskunstschule* engagierte Sauerlandt den Architekten Fritz Schleifer (1903–1977) sowie den Pädagogen und Künstler Alfred Ehrhardt als Dozenten, die er vor allem wegen ihrer Bauhausnähe schätzte. Sauerlandt strebte eine »Belebung« und einen »Prozeß der Umwandlung« der Landeskunstschule hin zu einer Vorklassenausbildung und einem Unterricht im Sinne des Bauhauskonzeptes an.[6] Mit großem Enthusiasmus initiierte er ab 1930 Ausstel-

Einführungen und Quellentexte

Abb. 1
Max Sauerlandt
Fotografie
von Hugo Erfurth,
1930

Abb. 2
Rolf Nesch
**Porträt von
Max Sauerlandt**
im Hintergrund
»Die Badende«
von Ernst Ludwig
Kirchner, 1929,
Radierung

Abb. 3
**Alfred Ehrhardt
an der Staffelei**
1930–1933

lungen, Vorträge und Artikel für die Schule, um für sein neues Konzept zu werben.[7]

Alfred Ehrhardt (Abb. 3) hatte vor seiner Anstellung an der *Landeskunstschule* zunächst ein Studium als Organist am Seminar in Weißenfels und danach ein Studium der Bildenden Künste in Gera und Hamburg absolviert.[8] Im Anschluss erhielt er 1924 in der Schulgemeinde Bad Gandersheim am Landerziehungsheim des Reformpädagogen Dr. Max Bondy (1892–1951) und später in Marienau eine Lehrstelle. Zu Fortbildungszwecken wurde Ehrhardt 1928 von seinem Unterricht am Landerziehungsheim freigestellt und durfte im Wintersemester das Staatliche Bauhaus Dessau sowohl als Hilfslehrer als auch als Student besuchen. Er hospitierte im Vorkurs von Josef Albers (1888–1976) und in der Theaterwerkstatt von Oskar Schlemmer (1888–1943). In dieser Zeit schloss er Freundschaft mit dem ebenso dort tätigen Lehrer Wassily Kandinsky (1888–1944). Diese, wenn auch so kurze, Zeitspanne am Bauhaus prägte Ehrhardt in seiner Lehrtätigkeit elementar. Sein kunstpädagogischer Ansatz basierte in der Folge auf dem ganzheitlichen Konzept der Bauhausvorkurse von Johannes Itten (1888–1967) und vor allem auf dem seines Nachfolgers Josef Albers, die in ihren Vorkursen unmittelbar vom Material ausgingen und hierüber mit sogenannten »Materialübungen« zur Gestaltungspraxis kamen.[9] Nach seiner Berufung an die *Landeskunstschule* führte Ehrhardt gemeinsam mit seinem Kollegen Schleifer die von Sauerlandt angestrebten »Vorklassen« ein. Ehrhardt unterrichtete eine nicht-traditionelle, experimentelle Gestaltungslehre. Nur zwei Jahre nach der Einführung der Vorklassen schrieb Ehrhardt 1932 sein Buch *Gestaltungslehre. Die Praxis eines zeitgemäßen Kunst- und Werkunterrichtes*.[10] Auf Betreiben von Sauerlandt erhielt er im selben Jahr die Möglichkeit, über Ziele und Inhalte seines Unterrichtes an der *Landeskunstschule* in der Zeitschrift des Werkbundes *Die Form* zu berichten.[11]

Ehrhardts Aufsatz wurde am 2. März 1933 von Sauerlandt dem Lehrerkollegium der Landeskunstschule vorgestellt. Johann Bossard sah sich nach dieser Sitzung zu einem Entgegnungsschreiben veranlasst, in welchem er vor allem auf die von Ehrhardt in seinem Artikel vorgebrachten Argumentationen zu seinem Vorklassenunterricht in den Themenbereichen der optischen Naturnachahmung der Kunst, des neuen kunstpädagogischen Ansatzes des Materials und seines Werkzeuges sowie auf das Finden einer neuen künstlerischen Formensprache einging.[12] So beschreibt Ehrhardt gleich zu Beginn seines Aufsatzes das Naturstudium in der Künstlerausbildung »als nachahmendes Zeichnen«, das »bestenfalls nur das einseitig optische Erfassen der Materie ermöglichen kann. [...] Nach unseren Erfahrungen scheint das Naturstudium für den Anfänger außerdem unverstanden zu bleiben; es kommt beim Anfänger immer wieder ein mehr oder weniger starkes Kopieren der Natur zustande, mechanisch oft gleichgültig und unlebendig.«[13] In seinem Artikel formuliert Ehrhardt die Ansicht, dass das Naturstudium im Unterricht zwar ein wichtiger »kunstpädagogischer Baustein«[14] sei, aber in der künstlerischen Ausbildung neu eingegliedert werden und grundsätzlich eine neue Bedeutung bekommen müsse. Am Anfang des Studiums solle der Gestaltungssinn »am Material in seinen lebendigen Eigenarten« entwickelt werden und nicht nur von der optischen Veranlagung des Menschen, sondern von seiner gesamten »Totalität«, ausgegangen werden.[15] In den letzten Jahrzehnten habe sich das »Weltbild und Lebensgefühl« grundlegend verändert und neue Formen müssten ausgehend vom Materialstudium mit neuen entsprechenden Werkstoffen und zeitgemäßen Arbeitsweisen gefunden werden. Bisher wären nach Ehrhardts Ansicht Entdeckungen und Erfindungen durch die Übernahme traditioneller Überlieferungen, abgeschlossener Arbeitsweisen und fertiger Techniken so gut wie ausgeschlossen gewesen. Es werde »von der kleinen Gruppe der in der vorderster Front Kämpfenden die Forderung erhoben: […] Lösung der Verkrampfung durch Beseitigung der Einseitigkeit des Intellektualismus, Aktivieren möglichst aller menschlichen Innenkräfte, Beteiligen nicht nur rationaler, sondern ebenso stark intuitiver Elemente […].«[16] Das von den bisherigen Generationen unreflektierte Übernehmen von Werkzeug werde im Vorklassenunterricht vermieden, da dieses die »Kräfte des Menschen mechanisiert, zu gedankenarmen oder auch gedankenlosem, dauerndem Wiederholen gezwungen«[17] habe. Ehrhardt möchte zu uralten Arbeitsmethoden zurückkommen und die »älteste und gesündeste Arbeitsweise«[18] wieder aufnehmen. Die Eigenarten der Werkstoffe sollten experimentell kennengelernt werden (Abb. 4). Ausgehend vom Studium des Materials, vom genauen Beobachten der Materie, dem Finden von Materialgesetzlichkeiten, dem Erkennen von Energien und dem Schaffen von Materialgefühl und -sinn sollten neue Werkzeuge gefunden und erfunden werden. Daraus würden sich die »Psychologie der Stoffe« und die »Psychologie der Werkzeuge« entwickeln.[19]

In seiner abschließenden Betrachtung resümiert Ehrhardt: »Altes, überlegtes Denken und Handeln hemmt uns in unserer aktuellen Arbeit, ja es wirkt sogar zersetzend auf unsere Zeugungskraft. Darum sind gedankenlos übernommene, durch die vergangenen Epochen sanktionierte Techniken und Arbeitsweisen für die Methodik eines uns entsprechenden Materialstudiums unmöglich. Sie würden der Weiterarbeit und dem Aufbau einer neuen Kultur widersprechen, hinderlich und schädlich sein.«[20] Seine Neueinstellung zur künstlerischen Gestaltung will Ehrhardt abschließend am Beispiel des Naturstudiums vergegenwärtigen und so schreibt er über dieses: »Man kann ohne Bedenken den Satz aufstellen, daß alle schöpferische Gestaltungsarbeit das größte Beispiel und Vorbild in der Natur mit ihrer genialen Art der Materialisation von Ideen findet: die vollkommenste Art der Durchdringung von Idee und Materie, die am wunderbarsten vollendete organische Gestaltung. An der schaffenden Natur ist am klarsten in reinster Form zu erkennen, wie die biologische Idee sich materialentsprechend in den biologischen Gestaltungsgesetzen der Natur realisiert. Das muß erkannt werden, diese vollkommene Einheit ist uns Vorbild. Es sollen nicht etwa die biologischen Gesetze in die Kunst getragen werden, es soll lediglich gesehen werden, wie sich Gestaltungsidee und Material vollständig durchdringen können.«[21] Die Natur ist für Ehrhardt die wichtigste und vollkommenste Ausprägung von Materialität, die es als Vorbild und als Inspirationsquelle zu nutzen gelte. Das Naturstudium reduziere sich seiner Ansicht nach aber zu oft auf bloßes Kopieren. Der »Gestaltungstrieb« des Menschen solle sich vielmehr mit »dem Werkstoff und seinen Gestaltungsgesetzen als Organik der Materie« verbinden, um ein geformtes und gestaltetes Drittes, das Werk, hervorzubringen.[22]

Die Ernennung Max Sauerlandts zum Direktor der *Landeskunstschule* war ebenso wie der etablierte Vorkurs von Alfred Ehrhardt nicht unumstritten. Die Doppeltätigkeit Sauerlandts als Direktor des Museums und der *Landeskunstschule,* aber auch sein Führungsstil an der Hochschule führten bereits 1930 vonseiten der *Hamburgerischen Künstlerschaft* mit ihrem Vorsitzenden, dem Bildhauer Ludolf Albrecht (1884–1955), zu starken Angriffen, derer sich Sauerlandt widersetzte.[23] Auch in einer Rundfrage der Landeskunstschule unter ihren Dozenten vom 5. Februar 1932 zum Vorklassenstudium wurden neben positiven Feststellungen bereits zwei negative gemacht, welche Ehrhart in einem Gegenäußerungsschreiben festhält. Er vermerkte in diesem Schreiben, dass drei seiner Kollegen, darunter Paul Helms (1884–1971), den Übergang der Vorklassen vom abstrakten Studium hin zu den Fachklas-

Vier Darstellungen mit Hilfe e i n e s Materials: Tusche. Die Verschiedenartigkeit wird durch die verschiedenen Werkzeuge erreicht
Quatre dessins exécutés à l'aide du même matériel: de l'encre de Chine. La diversité de l'expression est réalisée par l'emploi d'outils différents
Four sketches always the same material: Chinese ink. The variety is a result of different tools

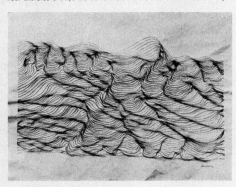

Bewegt und ausdrucksvoll durch die stark modulationsfähige Zeichenfeder
Composition mouvementée et pleine d'expression, réalisée à l'aide d'une plume à dessiner susceptible de fortes modulations
Agitated and full of expression through use of the modulable drawing-pen

Flächig und farbig zart durch das Spritzsieb
Tons doux appliqués finement sur des surfaces nettement délimitées, à l'aide d'un tamis
Plain with pale colours through application of a spraying sieve

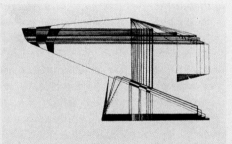

Exakt und starr durch die feststellbare Reißfeder
Composition, caractérisée par la précision et par la raideur du sujet, obtenue à l'aide d'un tire-ligne réglable
Exact and stiff with the fixed ruling pen

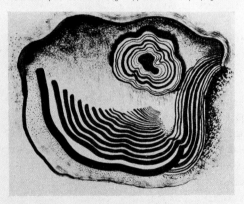

Flächig grob durch den Pinsel (die hellen Formen sind ausgewaschen)
Composition aux surfaces tracées grossièrement au pinceau (les parties claires sont obtenues par effacement)
Rough shapes painted with a brush (the light-coloured parts are washed out)

Abb. 4
Studienarbeiten aus der Vorklasse von Alfred Ehrhardt
»Vier Darstellungen mit Hilfe eines Materials: Tusche. Die Verschiedenartigkeit wird durch die verschiedenen Werkzeuge erreicht.«
aus: Die Form. Zeitschrift für gestaltende Arbeit, Bd. 7, H. 12, 1932, S. 379

sen als schwierig beschrieben. Den Studierenden fehle nach ihrer Meinung »die Fähigkeit, die in der Vorklasse erarbeiteten Dinge anzuwenden.«[24] In diesem Schreiben nennt Ehrhardt darüber hinaus die Kollegen, die sich »mehr oder weniger« mit »Anerkennungsäußerungen« über die Vorklassen und die später übernommenen Studenten in den Fachklassen geäußert hätten. Darunter war auch Bossard gewesen. Ein gutes halbes Jahr später, am 26. 9. 1932, schrieb Max Sauerlandt in einem Brief vom »Kampf der Meinungen« an der Landeskunstschule, wegen der sich »veränderte[n] Haltung« der Schule.[25] Des Weiteren stießen die Vorklassen nach Ansicht von Christian Weller zunehmend auch auf Seiten der gemäßigten Lehrer auf Gegenwehr, weil diese ihre Arbeit bedroht sahen.[26]

Johann Bossard unterrichtete seit 1907 an der *Landeskunstschule*. In den ersten Jahren war er für die Anfängerklassen im plastischen Gestalten, dem Modellieren von Akten und von Porträts zuständig. Später unterrichtete er die Fachklasse für Bildhauerei. (Abb. 5.1 und 5.2) In seinem Unterricht brachte er seinen Studenten vor allem die technischen Fähigkeiten bei, er war ein »perfekter Techniker«.[27] Mit stilistischen Anregungen hielt er sich hingegen zurück, denn er wollte, dass seine Studierenden einen eigenen Stil entwickelten. Sein Schüler Carolus Voight (1904–1991) berichtete, dass Bossard in seiner Fachklasse vorwiegend nach dem Abbild der Natur unterrichtete.[28] In seinem Entgegnungsschreiben beanstandete Bossard unter anderem auch die von Ehrhardt vorgebrachte Argumentation, dass das Studium der Natur lediglich zu einem einseitigen unverstandenen Kopieren führe. Bossard widerspricht dieser Ansicht und legte in seinem Schreiben dar, dass dies viel mehr beinhalte. Denn das Studium nach der Natur stellte für ihn in der Künstlerausbildung eine notwendige Basis dar, bei deren Wegfall er die Gefahr einer Verflachung der Lehre sah. Das Erlernen von Techniken sowie der Gebrauch von traditionellen Werkzeugen gehörte für ihn zu den Grundfertigkeiten einer Künstlerausbildung und er sah in diesen, im Gegensatz zu Ehrhardt, in jeder Zeit eine stetige Weiterentwicklung. Ehrhardts Forderung, durch Materialübungen und das Material selbst zu neuen künstlerischen Formen zu finden widerspricht Bossard in seinem Schreiben ebenfalls vehement. Er merkt an, dass die künstlerische Formfindung nicht vom Material abhängig gemacht werden dürfe, sondern dass das Material bzw. der Werkstoff vielmehr »in die Dienstbarkeit menschlicher Wunschträume genommen«[29] werden sollte. Er vertritt die Ansicht, dass »jedes stilistische Gebilde jeder Zeit […] kennbar vor allem an seiner Form!« und nicht an seiner Materialität sei.[30]

Nachvollziehbar wird Bossards Argumentation durch einen Blick in seine künstlerische Vita. Basierend auf einer handwerklichen Lehre in der Hafnerei von Josef Anton Keiser (1859–1923) von 1890 bis 1893 in Zug studierte er in der Folge in München und Berlin Bildhauerkunst und figürliche Malerei. In seiner Nachstudienzeit wendete er sich in seiner künstlerischen Tätigkeit unter anderem dem plastischen Gestalten, auch im kleinen Format, zu und feierte 1906 im Berliner Kunstsalon *Keller & Reiner* erste Erfolge. Er schuf Kleinplastiken im Stil des Neoklassizismus (Abb. 6), die ein klares Bekenntnis zur antiken Kunst darstellten.[31] Ausgehend vom Studium der an der Akademie vorbildlich geltenden Kunstwerke sowie der Naturstudien entwickelte Bossard sich im Anschluss auch zu neuen Formensprachen weiter.

Die Bildhauerin Jutta Bossard, geb. Krull (1903–1996), beschreibt in privaten Aufzeichnungen ihren ehemaligen Lehrer an der *Landeskunstschule,* den sie 1926 heiratete, als eine sehr zurückhaltende und außerordentlich gütige Person, die strikt das Private vom Beruflichen trennte.[32] Umso überraschter war Jutta von Johann Bossards privaten künstlerischen Arbeiten, die sie erstmalig bei einer Ausstellung 1924 kennenlernte und als »überwäl-

Abb. 5.1, 5.2
Bildhauerwerkstatt
der Staatlichen Landes-
kunstschule vor dem
Zweiten Weltkrieg,
Fotos: Franz Rompel

Abb. 6
Johann Bossard
Kegeljunge
um 1900/1906, Bronze,
Inv.-Nr. JB 2176

tigend«[33] bezeichnete, da Bossard sich im Privaten auch mit den modernen Ansätzen des Expressionismus auseinander setzte. Kurz nach dem Ersten Weltkrieg lässt sich in Bossards malerischem und plastischem Werk eine abstrahierende, expressive Formensprache finden.[34] Auf seinem privaten Anwesen in Lüllau-Wiedenhof am Rand der Lüneburger Heide, welches Bossard 1911 erworben hatte, strebte er ab 1921 ein expressionistisch geprägtes Gesamtkunstwerk an. Aufgrund seiner privat entstandenen expressionistischen Kunst soll Bossards Verhältnis zu Max Sauerlandt, wie Harald Wohlthat (1927–2012), der Sohn eines Bossard-Förderers, berichtete, wertschätzend gewesen sein.[35] In privaten Aufzeichnungen schreibt Jutta Bossard jedoch: »Mit Max Sauerlandt stand er nicht besonders […].«[36] Auch im Entgegnungsschreiben von Bossard an Ehrhardt von 1933 kommt eine starke Kritik an Max Sauerlandt und seinem propagierten Umstrukturierungsprozess an der *Landeskunstschule* zum Ausdruck. Diese Kritik Bossards ist vor allem in Bezug auf die Etablierung der Vorkurse mit ihren propagierten Lehrinhalten zu deuten, denn im Privaten beschäftige sich der Künstler Bossard auch mit der Bauhauslehre im Allgemeinen und wurde von dieser in seiner *Werbeschrift an meine Freunde* und in der Konzeption seines *Kunsttempels* inspiriert.[37]

Bevor sich das neue Konzept der *Landeskunstschule* tief greifend etablieren konnte, enthoben die Nationalsozialisten Max Sauerlandt und die von ihm eingestellten Lehrer, darunter Alfred Ehrhardt, aller Ämter. Nach einer einstweiligen Beurlaubung wurde Sauerlandt schlussendlich am 12. April 1933 aufgrund der von ihm vertretenen Kunstrichtung und auf Betreiben seines Intimfeinds Paul Schultze-Naumburg (1869–1949) seines Schul- und Museumsamts enthoben.[38] Ehrhardt wurde wenig später am 30. April 1933 wegen »seiner als ›kulturbolschewistisch‹ geltenden Bauhaus-Nähe von den Nationalsozialisten«[39] aus dem Dienst entfernt.

Bossard schreibt in einem Brief am 19.6.1933 an seinen Schweizer Freund und Mäzen, den Augenarzt Dr. Emil Hegg (1864–1955), dem er offensichtlich sein Entgegnungsschreiben an Ehrhardt zur Kenntnis zugesandt hatte: »Die Meinung Ihres lieben Briefes, ich müsste häufiger schriftstellern, macht mich angesichts des absoluten Misserfolges auf diesem Terrain beinah lachen. Der Kampf gegen E. ist mir geradezu als Notwehr gegen die direktoriale Misswirtschaft aufgedrungen worden & als ich endlich die Sätze mühsam zu Papier gebracht hatte, waren sie überflüssig geworden, da die bekämpften Grössen inzwischen gefallen waren. E. dem armen Teufel aber, der durch den Direktor ins Pech stolperte, nachträglich noch extra eins zu versetzen brachte ich nicht fertig.«[40] Nach dem Schreiben zu urteilen hat Bossard seinen Text also niemals öffentlich gemacht und auch Ehrhardt selbst nie zugesandt.

1 Ehrhardt, Alfred, Materialstudium, in: *Die Form. Zeitschrift für gestaltende Arbeit*, Bd. 7, H. 12, 1932, S. 375–383.
2 Max Sauerlandt war aufgrund seiner Doppelfunktion als kommissarischer Leiter für drei Jahre an der Landeskunstschule eingestellt worden. Seine Tätigkeit wurde seitens der Behörde als Experiment aufgefasst. Vgl. Weller, Christian, *Moderne Zeiten. Reformbestrebungen unter Max Sauerlandt*, S. 178, in: *Nordlicht. 222 Jahre; die Hamburger Hochschule für bildende Künste am Lerchenfeld und ihre Vorgeschichte*, hrsg. v. Hartmut Frank, Hamburg 1989, S. 173–192.
3 Vgl. Saldern, Axel von, *Das Museum für Kunst und Gewerbe Hamburg: 1869–1988*, Hamburg 1988, S. 69.
4 Ebd., S. 77.
5 Weller 1989, S. 174.
6 Ebd., S. 178 f.
7 Vgl. ebd., S. 181.
8 Ehrhardt hat nach eigenen Angaben ein Studium an der *Staatlichen Kunstgewerbeschule* zu Hamburg im Bereich Malerei und grafischer Technik abgeschlossen. Sein Kunststudium ist nach heutigem Forschungsstand nicht nachweisbar und seine Aussage somit nicht mehr verifizierbar. Christiane Stahl folgert, dass Ehrhardt seine Ausbildung autodidaktisch oder im Privatunterricht absolviert hat. Vgl. Stahl, Christiane, *Alfred Ehrhardt - Leben und Werk*, S. 9, in: *Alfred Ehrhardt. Ausst. Kat. Kunsthalle Bremen*, Bremen 2001, S. 9–17.
9 Ebd., S. 10.
10 Ehrhardt, Alfred, *Gestaltungslehre. Die Praxis eines zeitgemäßen Kunst- und Werkunterrichts*, Weimar 1932.
11 Vgl. Weller 1989, S. 179.
12 Es existiert vom Entgegnungsschreiben von Bossard ein handschriftliches Manuskript in einem Notizbuch (AJB 11-1). Bis auf wenige von Bossard korrigierte Textstellen ist das Manuskript mit dem undatierten Typoskript (AJB 11-2) identisch. Das Manuskript ist von Jutta Bossard-Krull handschriftlich auf 1932 datiert, jedoch verweist Bossard in beiden Schriftstücken im ersten Absatz auf die stattgefundene Hochschulsitzung vom 2. März 1933 an der *Landeskunstschule*. Das Entgegnungsschreiben ist somit sehr wahrscheinlich kurz nach der Sitzung, aber noch vor der Entlassung Sauerlandts am 12. April 1933, entstanden.
13 Ehrhardt 1932c, S. 357.
14 Ebd., S. 357.
15 Vgl. ebd., S. 375.
16 Ebd.
17 Ebd.
18 Ebd.
19 Vgl. ebd., S. 377.
20 Ebd., S. 378.
21 Ebd.
22 Ebd.
23 Bruhns, Maike, *Kunst in der Krise, Bd. 1, Hamburger Kunst im »Dritten Reich«*, Hamburg 2001, S. 30.
24 Ehrhardt, Alfred, *Gegenäusserung zu der Rundfrage vom 5. Febr. 32 bezügl. Aeusserungen über die Vorklassen*, Typoskript, o. O. [Hamburg] o. J. [1932], S. 2. Personalakte Alfred Ehrhardt, Archiv der HFBK Hamburg.
25 Weller 1989, S. 184, Anm. 53.
26 Ebd., S. 184–186.
27 Befragung von Ilse Voss, einer Studentin von Bossard, am 18. 3. 1994 durch Oliver Fok, zit. n.: Fok, Oliver, *Jutta Bossard. Ein Leben voller Kunst. Mit Erinnerungen an Jutta Bossard von Harald Wohlthat* (Schriften der Kunststätte Bossard, 2; Schriften des Freilichtmuseums am Kiekeberg, 44), Ehestorf 2003, S. 19.
28 Vgl. Bruhns, Maike, *Kunst in der Krise, Bd. 2, Künstlerlexikon Hamburg 1933–1945*, Hamburg 2001, S. 400.
29 Bossard, Johann, *Einige Entgegnungen zum Aufsatz des Kollegen Ehrhardt, der in der Sitzung vom 2. März 33 durch Herrn Direktor Prof. Dr. Sauerlandt für die Lehrer der Landeskunstschule Hamburg aktuell gemacht wurde*, Typoskript, o. O. [Jesteburg] 1933 (AJB 11), S. 7.
30 Ebd., S. 6.
31 Vgl. Mayr, Gudula, *Johann Michael Bossard – Kleinplastiken, anlässlich der Ausstellung Von Renoir bis Moore, Kleinplastiken aus der Nationalgalerie Berlin an der Kunststätte Bossard*, mit einem Bestandsverzeichnis von Stefanie Nagel (Schriften der Kunststätte Bossard, 9), Jesteburg 2010, S. 11.
32 Notizheft mit Aufzeichnungen von Jutta Bossard, o. J. (ab 1950), n. p. (AJB 111).
33 Ebd.
34 Vgl. Mayr, Gudula, »Bildhauern ist aber überhaupt ausgeschlossen.« Johann Bossard und der Erste Weltkrieg, S. 69, in: *Bildhauer sehen den Ersten Weltkrieg, Eine Publikation der Arbeitsgemeinschaft Bildhauermuseen und Skulpturensammlungen e. V.*, hrsg. v. Ursel Berger u. a., Bremen 2014, S. 58–73.
35 Vgl. Wohlthat, Harald, *Der Künstler Johann Bossard und der Nationalsozialismus*, Typoskript, o. O. [Kiel] 2011, S. 3.
36 Notizheft mit Aufzeichnungen von Jutta Bossard, o. J. (ab 1950), n. p. (AJB 111).
37 Vgl. dazu den Aufsatz von Barbara Djassemi in diesem Band (S. 54).
38 Vgl. Bruhns 2001a, S. 85.
39 Stahl 2001, S. 11.
40 Brief von Johann Bossard an Emil Hegg vom 19. 6. 1933, (AJB 180).

geschrieben 1932 (Entw.) von Joh. Bossard

Einige Entgegnungen zum Aufsatz des Kollegen Ehrhardt, der in der Sitzung vom 2. März 33 durch Herrn Direktor Prof. Dr. Langelandt für die Lehrer der Landeskunstschule Hamburg aktuell gemacht wurde.

Wenn ich Ihren Aufsatz in der "Form" vom 15.12.32. lese, möchte ich Herrn Ehrhardt, anknüpfend an das letzte Kapitel, fragen, wie es wohl kommt, dass die Natur, als "grösstes Beispiel einer genialen Art der Materialisation von Ideen, die vollkommenste Art des Durchdringens von Idee + Materie, die am wunderbarsten vollendete Gestaltung", zugleich nach Ihrer an anderer Stelle des Aufsatzes geäusserten Meinung, zumindest in

Johann Bossard
Einige Entgegnungen zum Aufsatz des Kollegen Ehrhardt
Manuskript, 1933,
ABJ 11-1

Johann Bossard

Einige Entgegnungen zum Aufsatz des Kollegen Ehrhardt (1933)

[1] **Einige Entgegnungen zum Aufsatz des Kollegen Ehrhardt,[1] der in der Sitzung vom 2. März 33 durch Herrn Direktor Prof. Dr. Sauerlandt für die Lehrer der Landeskunstschule Hamburg aktuell gemacht wurde.[2]**

Wenn ich Ihren Aufsatz in der »Form« vom 15.12.32 lese, möchte ich Sie[3], Herr Ehrhardt, anknüpfend an das letzte Kapitel, fragen, wie es wohl kommt, dass die Natur, als [»][4]grösstes Beispiel einer genialen Art der Materialisation von Ideen, die vollkommenste Art des Durchdringens von Idee und Materie, die am wunderbarsten vollendete Gestaltung«[5] zugleich nach Ihrer an anderen Stellen des Aufsatzes geäusserten Meinung, zumindest im Zeitalter Ihrer älteren Kollegen, meist nur Dummköpfe hervorgebracht hat?

Denn so dürfen wir doch wohl Leute nennen, denen nur das einseitig optische Erfassen der Materie[6] gelang, die nichts davon merkten, dass sich »Weltbild und Lebensgefühl« in den letzten Jahrzehnten grundsätzlich gewandelt haben, die keine neuen Formen und Mittel für die Werkstoffe fanden, die nun in dem ganzen, langen Aufsatz sich müssen sagen lassen, dass Entdeckung und Erfindung so gut wie ausgeschlossen waren, dass die beteiligten Kräfte nur im Sinne des Mechanischen verwendet wurden, da nur vor Jahrhunderten ein schöpferischer Mensch ein materialgerechtes Werkzeug erfunden hatte. Wie also kommt es, dass dieses mit den erhabensten Eigenschaften ausgestattete Künstlein Natur erst wieder bei Ihnen[7], Herr Ehrhardt, und der kleinen Gruppe [»][8] in vorderster Front Kämpfenden«[9] etwas Rechtes gelang, so etwas[10] eigentlich Prometheisches?[11]

Rein logisch und[12] philosophisch betrachtet, fände ich überhaupt noch verschiedene Widersprüche in dem Aufsatz, aber ich will nicht zu streng sein, und ich darf mich vielleicht auch durch den Umstand beruhigt fühlen, dass Sie[13], Kollege Ehrhardt, ja auch schon eine erkleckliche Anzahl Jahre hindurch Schulmeister waren, also vielleicht schon nicht mehr in der allervordersten Reihe der Kämpfenden stehen und folglich das Interesse des Zeitgeistes an Ihnen schon etwas nachgelassen hat,[14] Sie folglich nur noch Inspirationen zweiter Garnitur empfangen können. Denn die Natur soll ja auch nicht nur eine grosse Künstlerin sein, sondern, wenn man den Worten des Philosophen trauen darf, auch eine Personifikation der Grausamkeit. [2] Nur so ist es vielleicht zu erklären, dass die Menschen zuerst jung sind statt umgekehrt zuerst alt und darum nun folglich von Jahr zu Jahr d[ü]mmer[15] werden müssen.

Warum ich aber überhaupt meine Zeit verwende zu einer Auseinandersetzung mit Ihnen, wenn ich mich nicht über eine Ironisierung Ihrer Ideen zu erheben vermag? Es[16] ist tatsächlich schwer, angesichts so vieler Schiefheiten und Unzulänglichkeiten, um an verschiedenen Punkten nicht zu sagen Ungewissheiten[17], nicht satyrisch zu werden. Aber ich zweifle nicht an dem heiligen Ernst Ihrer Ausführungen, und ich versage in solchem Falle nie meinen Respekt. Überdies[18] ist die Angelegenheit durch Protektionierung Ihres Aufsatzes durch den Direktor unserer Anstalt und die in der angezogenen Lehrerschaftssitzung geäusserten[19] Absicht seiner Bearbeitung zu propagandistischen Zwecken zu einem Zwang geworden, der ein Stillschweigen sträflich erscheinen lässt. Wenn wir schon als Körperschaft verpflichtet sein sollen, unser »Wappenschild« zu zeigen, so muss dem Einzelnen auch die Sorge zugebilligt werden, dass dieses nicht verfälscht wird. Als Künstler wie als Lehrer aber empfinde ich auch noch eine Pflicht gegenüber dem Nachwuchs der Lernenden, und ich wende mich wie gegen Entstellung des bisher von der Anstalt Geleisteten, so auch gegen eine Verengung des dem Nachwuchs pädagogisch zu Bietenden, sowie[20] eine Irreführung des Strebenden durch falsche Aufgabenstellung.

Ein Hauptirrtum Ihres Aufsatzes basiert auf der laienhaften Vorstellung, als ob dem Menschen überhaupt eine rein optische Naturnachahmung möglich wäre. Selbst dem photographischen Apparat, wie dem menschlichen Auge ist eine willensmässige, aus dem seelischen Bedürfnis herausstammende, im letzten Falle zwangsläufig wirkende, und bei der Kamera durch den Lichtbildner dargestellte, übergeordnete Direktive Voraussetzung. Ich will mich zu diesem Thema nicht auf naturwissenschaftliche und aesthetisch-philosophische Untersuchungen berufen, sondern nur darauf hinweisen, dass die Kamera ein Werkzeug ist, das von[21] Menschen geschaffen wurde wie Hammer und Schere oder sonst eines der Unzähligen, und dass sie wie jedes[22] ein Willensausdruck ist, eine Panzerung und Verfestigung des Anspruches aus der Seele heraus[23] über die leibliche Begrenzung hinweg. Vielleicht genügen Ihnen [3] schon zur Aufklärung die Stichworte: »Welt als Wille und Vorstellung«, »Dinge an sich«, »Philosophie des Als Ob«[24]. Naturgesetze und somit auch die Optik als Lehre on der Widerspiegelung der umgebenden Lichtwe[..]lt im menschlichen Auge[25] sind Formulierungen, die der Intellekt schafft, um[26] den Fragen der menschlichen Seele zu genügen. Folglich sind Naturgesetze nur in Beziehung zu einer ganz bestimmten gearteten Psyche, und wir einigen uns umso leichter über sie je ähnlicher unsere inneren Gemeinsamkeiten sind. Ist Ihnen noch nicht zu Ohren gekommen, wie schlecht die Sage von den gemalten Trauben des Apelles, der die Vögel zum Naschen an ihnen verführt haben soll, erfunden ist? Haben Sie noch nicht bemerkt, wie die Photographie einer Mode unterworfen ist, die immer durch eine vorhergegangene Kunst- oder Darstellungsmethode bestimmt wurde? Wissen Sie nicht, von welchem Kampfgeschrei die Geschichte der von Ihnen nachahmend genannten bildenden Kunst erfüllt[27] ist, wie keine Partei der anderen zugesteht, sie habe die »Natur« optisch richtig interpretiert?[28] Es scheint nun doch wohl auch Ihnen mit dem sog.[29] »einseitig optischen Erfassen der Natur« nicht mehr recht etwas zu sein. Es handelt sich also bei der sogen. Naturnachahmung der bildenden Kunst schon in den ältesten und immer noch in den neusten Zeiten um ein dem seelischen Anspruch des Künstlers Genügetun, und mit den gleichen Werkzeugen und mit nur um ein geringes vermehrten Werkstoffen hat jeder grosse Künstler und jede Zeit ein weltweit verschiedenes[30] Weltbild geschaffen. Die naturalistische Höhlenmalerei der Steinzeit wie der sogen. platteste Naturalismus der jungen und jüngsten Gegenwart geben das Fundament, die Belege einer beständig hin- und wi[..]derflutenden[31], einer sich bis zur gegenseitigen Verneinung aufhebenden Geistigkeit. Haben Sie noch nicht bemerkt, dass die Fähigkeit zur bildnerischen Wiedergabe der Aussenwelt eine ganz bestimmte Anlage rein physiologischer Prägung erfordert, die, wenn auch noch lange nicht einwandfrei naturwissenschaftlich erforscht, doch dem Physiognomiker längst den Stoff zu reich gegliederter Charakteristik gab? Rein optisches Sehen also gibt es nicht, das hat weder der Detektiv noch der bildende (auch nicht der sogen. naturalistische)[32] Künstler. Vielmehr auch[33] bei diesem kommt nun eben [4] zu der Gabe, den Augeneindruck, die Summe der ihn berührenden Lichtenergien mit stofflichen Molekülen ausserhalb des Auges zu fixieren, noch[34] ein rein seelischer Willensanspruch, der, wenn auch noch so wenig individuell, doch vorhanden sein muss, um auch nur die schwächste sog. Wiedergabe zu ermöglichen. Auch der blutigste sog. naturalistische[35] Dilettantismus kann dem Psychologen wie dem Graphologen immer noch soviel Interesse abnötigen und unausschöpfbaren Stoff bieten[36] wie die Gebilde, von denen Sie meinen, diese stünden als gestalterische, schöpferische Erzeugnisse auf einer höheren, zumindest anderen Ebene. Und wenn ich beispielsweise die langweiligste sogen. Naturnachahmung auf den Kopf stelle, so finde ich mit Leichtigkeit jenseits der gegenständlichen Beziehungen im Bilde alle die Reize, die in Ihren sogen. schöpferischen Gebilden vorhanden sind. Man dürfte sonach zwangsläufig zu der Feststellung kommen, dass allen menschlichen Bildern, seien[37] es nun gegenständlich bezogene[38] oder nicht, ein Gemeinsames eigen ist, nämlich wie bewegter Materie, etwa Öl oder Wasser oder einer beliebigen chemischen Lösung, das, was man als[39] Rhythmus, als[40] graphisch feststellbare[n] niemals sich wiederholenden[41] Duktus anspre-

chen kann. In[42] Kristallisationen, Häufungen und Verwebungen, Abfälle von Maschinen oder Werkzeugen, Holz- oder Blechspänen, Mauerflecken, zu deren phantasiebefruchtender Betrachtung schon Lionardo [sic] anregte, mit einem Wort: in den Exkrementen des mechanischen Vitalismus, oder, wenn Sie das lieber hören: in den elektromagnetisch bewegten Atomen und Molekeln[43] [sic] der amorphen Materie haben Sie die Parallelen Ihrer sogen. schöpferischen Gestaltungen. Es dürfte Ihnen also nicht gelingen, sich dem isolierten[44] rythmischen Zwang Ihres Blutes oder dem verschwisterten Antrieb aus Auge, Blut[45] und Seele für Ihr Schaffen[46] zu entziehen, sei der Grund[47] nun Hochmut oder das Bedürfnis nach Reinheit.

Hierzu Zwischenbemerkung:[48] (Ich glaube, die Puristen haben zu allen Zeiten und in allen Betätigungsgebieten menschlichen Geistes ihr Wesen getrieben, sie sind eben der Gegenpol, die Schattenseite,[49] der sichtende, auch zersetzende Verstand, wenn die Schöpferkraft erlahmt oder nicht vorhanden ist und das Geltungsbedürfnis sich Auswege sucht, wenn es ihm versagt ist[50], [5] etwas zu sagen zu haben. Nietzsche behandelt diese Dinge im Kapitel über die Nihilisten und Dekadents[51]. Dieser Anspruch auf eine Tabula rasa ist ein wohl allen Zeiten bekanntes Schauspiel, wenn auch seine Akteure immer wieder andere Physiognomien zeigen. Man nannte Robespierre (Göttin der Vernunft) altjüngferlich und Nero, der sich ein Schwert wünschte, mit dem ganz Rom durch einen Streich zu enthaupten wäre, cäsarenwahnsinnig, jedenfalls: Tabula rasa ist immer aller dieser sonderbaren[52] Heiligen Ideal.)

Auch für die farbigen sogen. schöpferischen Gebilde haben Sie einen Nährquell im menschlichen Organismus, nämlich die durch Licht oder Druck auf das Auge[53] hervorgerufenen Farbspiele und Gebilde im Auge, bezw. Bewusstseinsorganismus des Gehirns.

Dürfte nun Ihre Deutung des sogen. nachahmenden Naturstudiums als rein optisches

Erfassen⁵⁴ der Umwelt nach dem Vorhergehenden hinfällig geworden sein, so muss ich auch Ihrer Meinung, direkt und indirekt geäussert, über das Wesen und die Bedeutung der sogen. schöpferischen Gebilde Ihrer Vorklasse und überhaupt allgemein noch weiteres⁵⁵ entgegenhalten. Vor allem noch ergänzen, dass alle Möglichkeiten der sogen. rein schöpferischen Gestaltung in der sogen. angewandten Kunst, und zwar in allen Kategorien, erschöpfend vorhanden sind. Der Irrtum aber, als bedeuten Ihre sogen. schöpferischen Gebilde Formungen besonderer Art⁵⁶, entsteht meines Erachtens dadurch, dass Sie übersehen, wie ein fertiges, ausgereiftes Werk jeder Zeit und jeden Stils⁵⁷ gleich dem Embryo im Mutterleib alle Phasen abstrakter, geometrischer und organischer Formenart durchlaufen muss, ehe es konkrete Form und endgültige Gestalt angenommen hat, nur mit dem Unterschied, dass häufig schon der kompliziertere Teil des Prozesses des Kunstwerkes⁵⁸ verlaufen ist, ehe überhaupt die erste zeichnerische Skizze sichtbar wurde. Es ist ein Kennzeichen der Produkte jüngerer Künstler, dass der begleitende intellektuelle Aufwand im Verhältnis zum endgültigen Resultat enorm ist, dass der grössere Teil des Kunstwerkes im kalten Lichte des Verstandes sichtbar verläuft, dass die Fixierung der einzelnen Stadien in der Tat [6] verblüffend interessant wirken kann, ganz entsprechend den Etappen des Embryo⁵⁹, aber und das ist das bemerkenswerte, der eigentliche⁶⁰ schwerere Teil künstlerischer Leistung überhaupt ausbleibt⁶¹. Ausgereifte, formal und inhaltlich weitgetriebene Werke aller Zeiten lassen alles aus sich nachträglich herausschälen, was Ihre sogen. rein schöpferischen Gebilde enthalten, nicht aber ist es⁶² ohne grosse Künstlerschaft möglich, ein früheres Stadium der Form in ein späteres⁶³ zu verwandeln, so wenig wie⁶⁴ ohne das unbekannte Geheimnis der göttlichen Natur d[er]⁶⁵ Affenembryo zur menschlich schönen, reifen Form zu werden vermag. Sollte nun aber nicht auch heute noch das Streben des Künstlers nach dem gehen, was ohne ihn überhaupt nicht von der Natur hervorgebracht wird, nämlich nach der letzten, reifen Form, nach der Leistung, die nur dem ungewöhnlichen Können zugänglich ist? Ich glaube auch in diesem Punkte fehlt der intellektuellen Phraseologie Ihres Aufsatzes der nötige Wissensuntergrund, nach dem Wort: Man kennt nur, was man kann!

Ich komme zu dem Thema: Werkstoff und seine materialgerechte Gestaltung und finde, dass die Unzulänglichkeiten der diesbezüglichen Ausführungen hauptsächlich in mangelnder physiognomischer Begabung liegen. Ich bin keineswegs der Meinung, dass es einen grossen Fehler bei einem Künstler, der für Neues kämpft, darstellt, wenn er der Leistung besonders der vorhergehenden Generation nicht gerecht wird, und die besonderen historischen Tugenden des 19. Jahrhunderts, die auch heute noch häufig in grösster Geltung sind, imponieren mir durchaus mässig. Aber wenn ich Lehrer sein will und schriftstellender Propagandist, so scheint mir der Begriff⁶⁶ gewisser objektiver Tatbestände doch Voraussetzung zu sein. Also ich stelle fest, und das ist in jedem Museum nachweislich prüfbar: jedes⁶⁷ stilistische Gebilde jeder Zeit ist kennbar vor allem an seiner Form! Die Bronzefigur der [Ä]gypter⁶⁸ ist erst bei ganz naher Betrachtung von der Holzplastik unterscheidbar, und ihre Steinplastik ist nur⁶⁹ durch ganz geringe Formnüancen [sic] darin verschieden. Die marmornen Giebelfiguren aus Aegina sind mindestens so gelöst wie⁷⁰ die freiesten Bronzeplastiken späterer Griechen, Formkanon und Detailbehandlung sind in allen Epochen des klassischen Altertums⁷¹ [7] bei Stein und Bronze von geringen Unterschieden, und die Materialien der Originale⁷² erscheinen vor Gipsabgüssen oft geradezu fraglich, strittig. Holz- und Sandsteinfiguren der Gotik wie schon der Romanik sind ebenso markant im Stilcharakter und ebenso gering im Material betont, zumal bei

Einige Entgegnungen zum Aufsatz des Kollegen Ehrhardt, der in der Sitzung vom 2. März 33 durch Herrn Direktor Prof. Dr Sauerlandt für die Lehrer der Landeskunstschule Hamburg aktuell gemacht wurde.

Wenn ich Ihren Aufsatz in der "Form" vom 15.12.32 lese, möchte ich Sie, Herr Ehrhardt, anknüpfend an das letzte Kapitel, fragen, wie es wohl kommt, dass die Natur, als grösstes Beispiel einer genialen Art der Materialisation von Ideen, die vollkommenste Art des Durchdringens von Idee und Materie, die am wunderbarsten vollendete Gestaltung" zugleich nach Ihrer an anderen Stellen des Aufsatzes geäusserten Meinung, zumindest im Zeitalter Ihrer älteren Kollegen, meist nur Dummköpfe hervorgebracht hat? Denn so dürfen wir doch wohl Leute nennen, denen nur das einseitig optische Erfassen der Materie gelang, die nichts davon merkten, dass sich "Weltbild und Lebensgefühl" in den letzten Jahrzehnten grundsätzlich gewandelt haben, die keine neuen Formen und Mittel für die Werkstoffe fanden, die nun in dem ganzen, langen Aufsatz sich müssen sagen lassen, dass Entdeckung und Erfindung so gut wie ausgeschlossen waren, dass die beteiligten Kräfte nur im Sinne des Mechanischen verwendet wurden, da nur vor Jahrhunderten ein schöpferischer Mensch ein materialgerechtes Werkzeug erfunden hatte Wie also kommt es, dass dieses mit den erhabensten Eigenschaften ausgestattete Künstlein Natur erst wieder bei Ihnen, Herr Ehrhardt, und der kleinen Gruppe "in vorderster Front Kämpfenden" etwas Rechtes gelang, so etwas eigentlich Prometheisches?

Rein logisch und philosophisch betrachtet, fände ich überhaupt noch verschiedene Widersprüche in dem Aufsatz, aber ich will nicht zu streng sein, und ich darf mich vielleicht auch durch den Umstand beruhigt fühlen, dass Sie, Kollege Ehrhardt, ja auch schon eine erkleckliche Anzahl Jahre hindurch Schulmeister waren, also vielleicht schon nicht mehr in der allervordersten Reihe der Kämpfenden stehen und folglich das Interesse des Zeitgeistes an Ihnen schon etwas nachgelassen hat, Sie folglich nur noch Inspirationen zweiter Garnitur empfangen können. Denn die Natur soll ja auch nicht nur eine grosse Künstlerin sein, sondern, wenn man den Worten des Philosophen trauen darf, auch eine Personifikation der Grausamkeit.

Johann Bossard
Einige Entgegnungen zum Aufsatz des Kollegen Ehrhardt
Typoskript, 1933,
ABJ 11-2

[kolorierten][73] Statuen überhaupt nur durch Betastung zu unterscheiden.

In Renaissance, Barock und Klassizistik verhält es sich im Prinzip nicht anders, und sollte man hier etwa den Einwand erheben, es wären die drei letzten Epochen schon Verfallserscheinungen, so verweise ich auf die ganze primitive und exotische Kunst, und man wird vor der gleichen Tatsache stehen. Wir stehen also wie beim Thema der Optik und Naturnachahmung vor dem gleichen Phänomen: Welt als Wille und Vorstellung, Kunst als Anspruch seelischen Dranges nach Sichtbarkeit, und wie dort die atomisierte Materie das Vehikel ist,[74] so werden hier die Rohstoffe von Gold, Marmor und Edelgestein bis hinab zu Lehm und Kohle in die Dienstbarkeit menschlicher Wunschträume genommen. Vor der Werkbank sprechen Meister, Geselle, und Lehrling mit wenig Worten und manchmal auch nur mit einem Handgriff über den Werkstoff und seine Vergöttlichung durch die Menschenhand, vor die Gemeinde aber tritt das Werk sonntäglich, frei vom Staub der Werkstatt. Sie werden das Wort des Satyrikers kennen: »Als die Tugend den Menschen verloren gegangen, fingen sie an[75] von ihr zu reden.« Als es vielen schon eine Schwierigkeit geworden, einen Nagel in die Wand zu schlagen, huben sie an, zu philosophieren über Werkzeug und Werkstoff. Denn das ist nun das Verwunderliche an Ihren Ausführungen über[76] das Gebiet von Material, Werkzeug und die Studien darin: Wo Sie sich offenkundig gegen die angeblichen Mängel des bisherigen Unterrichtes wenden wollen, rennen Sie offene Türen ein, denn rein ideell hat wohl gerade die Hamburger Schule[77] längst erfüllt, was Sie erst propagieren wollen, praktisch aber sind Begabung und Möglichkeit konkreter Aufträge für das Werk das Ausschlaggebende einerseits, dann aber auch[78] sind die von Ihnen vermeintlich besonders materialgerechten Wirkungen nur bei Werken ganz untergeordneten Formenanspruches möglich. Wenn ich z. B. ein Blech hämmere

Johann Bossard
auf dem Weg
zur Landeskunstschule,
o. J.

und lasse es annähernd [8] seinen Weg laufen, so können sich bei diesem Verfahren sicher allerhand Reize zeigen wie bei den Zufallspielen der amorphen Materie auch[79], aber ich würde bei solchen Produkten mir nie erlauben, von sinngerechter Materialbehandlung zu sprechen. Weder können bei einer Marmorplastik die Beziehungen einer primitiven Statik nebst dem graphischen Spiel der Meisselführung auf der kristallinischen Materie ersetzen, was dem erzogenen Auge der ausgereifte Kontur begriffener organischer Form und der wohlabgewogene Schatten in seinem Kontrasten mit dem Lichterspiel ganz schlicht durch sich selbst sprechenden, ruhig behandelten Steines zu bieten vermögen, noch ersetzen rein aus dem Zwang des technischen Vorganges entstandene Formen eine psychologisch motivierte Geste oder eine in den Mythos erhöhte figurale Komposition. Formansprüche höherer Geistigkeit sind dem Künstler noch nie eine Behinderung glänzendster Materialbehandlung gewesen, habe es sich nun um eine griechische Akrotenis [sic], einen Kupferstich von Dürer oder ein Selbstbildnis Rembrandts gehandelt, nur: Man muss ein Künstler sein und handle es sich dabei auch nur um Schaffung eines gotischen Schnittziegels oder einer glasierten Renaissancekachel.[80]

Zu den Worten von den »in vorderster Front Kämpfenden« darf ich vielleicht noch hinzufügen, dass es mir zu enthüllen scheint, dass Sie, Herr Erhardt, noch zu tief in dem schon von verschiedenen Seiten als überwunden erklärten historischen Standpunkt, der[81] allzu stark die zeitliche Entstehung des Kunstwerkes betont, stecken geblieben sind. Sie kranken damit nach meiner Meinung an dem, gerade bei deutschen Kunstbeurteilern zu stark entwickelten Historizismus, der sich gerade gegenüber künstlerischen Erzeugnissen verhängnisvoll erwiesen hat, ja, einer der Totengräber lebendiger Kunstfreude und Kunstanteilnahme des Volkes geworden ist. Wem es am Herzen liegt, dass Kunst wieder ein lebendiges Bedürfnis des Volkes wird, der muss für Erhöhung der Leistung kämpfen, denn nur an einer höheren Leistung als sie ihm selber möglich ist, kann der empfängliche Betrachter emporwachsen. Die Künstler scheinen mir in Wahrheit »Kämpfer der vordersten Front« heissen zu dürfen, welche die sachlich und inhaltlich reifsten [9] Werke zu erzeugen vermögen, die dem Volke eine emporhebende Führung sein können, die mit ihren Werken den Werkstättenstaub vergessen machen. In der Art, wie Sie die sogen. schöpferische Kunst propagieren, sehe ich die Gefahr der Züchtigung eines verflachenden Dilettantismus, und ich kämpfe also dagegen, das durch entstellende Beurteilung der Werke anderer Gestaltungsbasis Irreführung des künstlerischen Nachwuchses hervorgerufen wird.

Wenn ich den Idealismus Ihrer Bemühungen nicht bezweifle, so fühle ich mich doch zur Entgegnung berechtigt aus den jetzt vorgebrachten Gründen, und ich glaube, dass Sie mich auch soweit kennen, um aus meinen Darlegungen da und dort sogar eine Bereicherung Ihrer Ansichten gewinnen zu können. Vielleicht gelingt es Ihnen sogar, in Ihrem interessanten Unterricht, denn dafür habe ich ihn immer genommen, wie ich unmissverständlich betonen möchte, den Anschluss der vororganischen mit den organischen Formen herzustellen, was sich dann auch für die Materialgestaltung vorteilhaft auswirken dürfte.[82]

Einführungen und Quellentexte

1 Der im Folgenden abgedruckte Text wurde nach dem Typoskript AJB 11-2 erstellt. Das Typoskript weist minimale handschriftliche Korrekturen auf, die von der Schreibkraft oder einer anderen Person stammen. Diese wurden nur dann stillschweigend übernommen, wenn sie dem Manuskript AJB 11-1 entsprechen oder wenn es sich um Korrekturen von Rechtschreibung und Zeichensetzung handelt. Tippfehler im Typoskript, die im Manuskript nicht auftauchen, werden an die Manuskriptform angeglichen; dies wird in den Anmerkungen separat ausgewiesen. Inhaltliche oder stilistische Korrekturen im Typoskript haben nicht stattgefunden. Auch weitere Abweichungen zu Johann Bossards handschriftlichem Entwurf AJB 11-1 sind in den Fußnoten erfasst; hier werden auch Johann Bossards handschriftliche Korrekturen innerhalb des Manuskripts aufgeführt. In der Zeichensetzung folgt der Text, wenn nicht anders angemerkt, dem Typoskript AJB 11-2. Im Übrigen gelten die im Vorwort genannten Hinweise zur Transkription.
2 Im Manuskript AJB 11-1 handschriftlich, vermutlich von Jutta Bossard, über den Titelsatz ergänzt: »geschrieben 1932 (Jutta) von Joh. Bossard«.
3 Im Manuskript AJB 11-1 »Sie« nachträglich ergänzt.
4 Im Typoskript AJB 11-2 wurden die Anführungszeichen nicht gesetzt. Hier Anführungszeichen nach dem Manuskript AJB 11-1 vor »grösstes« eingefügt.
5 Siehe: Ehrhardt, Alfred, *Materialstudium*, S. 378, in: *Die Form. Zeitschrift für gestaltende Arbeit*, Bd. 7, H. 12, 1932, S. 375–383.
6 Im Manuskript AJB 11-1 »Natur« durchgestrichen und nachträglich handschriftlich korrigiert zu »Materie«.
7 Im Manuskript AJB 11-1 »Ihnen« nachträglich ergänzt.
8 Im Typoskript AJB 11-2 Anführungszeichen nicht gesetzt. Hier Anführungszeichen nach dem Manuskript AJB 11-1 vor »in« eingefügt.
9 Ehrhardt 1932, S. 375.
10 Im Manuskript AJB 11-1 abweichend »sowas«.
11 Im Manuskript AJB 11-1 Satzende mit zusätzlichem Ausrufezeichen »!«, welches im Typoskript AJB 11-2 nicht berücksichtigt wurde.
12 Im Manuskript AJB 11-1 »logisch und« nachträglich ergänzt.
13 Im Manuskript AJB 11-1 »Sie« nachträglich ergänzt.
14 Im Manuskript AJB 11-1 abweichend »und«; welches nicht ins Typoskript AJB 11-2 übertragen wurde, stattdessen ein Komma gesetzt.
15 Im Typoskript AJB 11-2 »dummer«, hier nach dem Manuskript AJB 11-1 »dümmer«.
16 Im Manuskript AJB 11-1 abweichend »Doch es«.
17 Im Manuskript AJB 11-1 abweichend »Unwissenheiten«.
18 Im Manuskript AJB 11-1 abweichend »Und über diesen«.
19 Im Manuskript AJB 11-1 abweichend »geäusserte«.
20 Im Manuskript AJB 11-1 »sowie« nachträglich ergänzt.
21 m Manuskript AJB 11-1 abweichend »vom«.
22 Im Manuskript AJB 11-1 abweichend »Jedes«.
23 Im Manuskript AJB 11-1 »aus der Seele heraus« nachträglich ergänzt.
24 Im Manuskript AJB 11-1 »Dinge an sich«, »Philosophie des Als Ob« nachträglich ergänzt.
25 Im Manuskript AJB 11-1 »und somit auch die Optik als Widerspiegelung umgebenden Lichtwelt im menschlichen Auge« nachträglich ergänzt. Im Typoskript AJB 11-2 »Lehre von der« abweichend handschriftlich ergänzt sowie im Typoskript AJB 11-2 »Lichtweilt«, hier nach dem Manuskript AJB 11-1 »Lichtwelt«.
26 Im Manuskript AJB 11-1 »um« nachträglich ergänzt.
27 Im Manuskript AJB 11-1 »erfüllt« nachträglich ergänzt.
28 Im Manuskript AJB 11-1 »wie keine Partei der anderen zugesteht, sie habe die »Natur« optisch richtig interpretiert?« nachträglich ergänzt.
29 Im Manuskript AJB 11-1 »so« nachträglich ergänzt.
30 Im Manuskript AJB 11-1 abweichend »weltenweitverschiedenes«.
31 Im Typoskript AJB 11-2 »wiederflutenden«, hier nach dem Manuskript AJB 11-1 »widerflutenden«.
32 Im Manuskript AJB 11-1 »auch nicht der sogen. naturalistische« nachträglich ergänzt, im Typoskript AJB 11-2 wurde diese Passage in Klammern gesetzt.
33 Im Manuskript AJB 11-1 »Vielmehr auch« nachträglich ergänzt.
34 Im Manuskript AJB 11-1 »noch« nachträglich ergänzt.
35 Im Manuskript AJB 11-1 abweichend ohne »sog. naturalistische«.
36 Im Manuskript AJB 11-1 »und unausschöpfbaren Stoff bieten« nachträglich ergänzt.
37 Im Manuskript AJB 11-1 abweichend »sei«.
38 Im Manuskript AJB 11-1 abweichend »bezogen«.
39 Im Manuskript AJB 11-1 ein unleserliches Wort durchgestrichen und »das, was man als« nachträglich ergänzt.
40 Im Manuskript AJB 11-1 »als« nachträglich ergänzt.
41 Im Manuskript AJB 11-1 abweichend »festellbaren niemals sich gleich wiederholenden«. Im Typoskript AJB 11-2 »festellbarem«, hier nach dem Manuskript AJB 11-1 »festellbaren«.
42 Im Manuskript AJB 11-1 »In« nachträglich ergänzt.

43 Im Manuskript AJB 11-1 »Molekeln« nachträglich ergänzt.
44 Im Manuskript AJB 11-1 »isolierten« nachträglich ergänzt.
45 Im Manuskript AJB 11-1 »Blut« nachträglich ergänzt.
46 Im Manuskript AJB 11-1 »für Ihr Schaffen« nachträglich ergänzt.
47 Im Manuskript AJB 11-1 abweichend »Grund hierzu«. »hierzu« im Manuskript AJB 11-1 nachträglich ergänzt und nicht ins Typoskript AJB 11-2 übernommen.
48 Im Manuskript AJB 11-1 abweichend ohne »Hierzu« und »Zwischenbemerkung:« erst nachträglich ergänzt.
49 Im Manuskript AJB 11-1 »die Schattenseite« nachträglich ergänzt.
50 Im Manuskript AJB 11-1 »ist« nachträglich ergänzt.
51 Im Manuskript AJB 11-1 »und Dekadents« nachträglich ergänzt.
52 Im Manuskript AJB 11-1 »sonderbaren« nachträglich ergänzt.
53 Im Manuskript AJB 11-1 »auf das Auge« nachträglich ergänzt.
54 Im Manuskript AJB 11-1 »optischen Erfassens« nachträglich ergänzt.
55 Im Manuskript AJB 11-1 abweichend »Weiteres«.
56 Im Manuskript AJB 11-1 »als bedeuteten Ihre sogen. schöpferischen Gebilde Formungen besonderer Art« nachträglich eingefügt.
57 Im Manuskript AJB 11-1 abweichend »Stiles«.
58 Im Manuskript AJB 11-1 »des Kunstwerkes« nachträglich ergänzt.
59 Im Manuskript AJB 11-1 »dass die Fixierung der einzelnen Stadien in der Tat verblüffend interessant wirken können, ganz entsprechend den Etappen des Embryo« nachträglich ergänzt. Im Manuskript AJB 11-1 abweichend »können« im Typoskript AJB 11-2 zu »kann« geändert.
60 Im Manuskript AJB 11-1 abweichend »eigentlich«.
61 Im Manuskript AJB 11-1 abweichend »aus bleibt«.
62 Im Manuskript AJB 11-1 »es« nachträglich ergänzt.
63 Im Manuskript AJB 11-1 abweichend »spätes«.
64 Im Manuskript AJB 11-1 abweichend »sowenig als«.
65 Im Typoskript AJB 11-2 »das«, hier nach dem Manuskript AJB 11-1 »der«.
66 Im Manuskript AJB 11-1 »der Begriff« nachträglich ergänzt.
67 Im Manuskript AJB 11-1 abweichend »Jedes«.
68 Im Typoskript AJB 11-2 »Aegypter«, hier nach dem Manuskript AJB 11-1 »Ägypter«.
69 Im Manuskript AJB 11-1 »nur« nachträglich ergänzt.
70 Im Manuskript AJB 11-1 abweichend »als« und nachträglich darüber geschrieben »wie«.
71 Im Manuskript AJB 11-1 »des klassischen Altertums« nachträglich ergänzt.
72 Im Manuskript AJB 11-1 »und die Materialien der Originale« nachträglich ergänzt.
73 Im Typoskript AJB 11-2 »kolerierten«, hier nach dem Manuskript AJB 11-1 »kolorierten«.
74 Im Manuskript AJB 11-1 abweichend »und«.
75 Im Manuskript AJB 11-1 abweichend »über sie« durchgestrichen und durch »von ihr« nachträglich ersetzt.
76 Im Manuskript AJB 11-1 »über« nachträglich ergänzt.
77 Im Manuskript AJB 11-1 abweichend »Hamburgerschule«.
78 Im Manuskript AJB 11-1 »auch« nachträglich ergänzt.
79 Im Manuskript AJB 11-1 »auch« nachträglich ergänzt.
80 Im Typoskript AJB 11-2 »Schaffung« handschriftlich nachträglich ergänzt. Im Manuskript AJB 11-1 lautet der Satz abweichend: »Man muss ein Künstler sein und handle es sich dabei auch nur um einen gotischen Schnittziegel oder eine glasierte Renaissancekachel.«
81 Im Manuskript AJB 11-1 »historischen Standpunkt, der« nachträglich ergänzt.
82 Im Manuskript AJB 11-1 schließt folgender handschriftlicher, undatierter Kommentar Jutta Bossards an das Ende des Manuskripts an: »Der Höhepunkt, das Ziel von dem Bemühen des Unterrichts des Herrn Erhardt hat sich in Professor Beus [sic], Düsseldorf erfüllt: 30 Jahre nach dem Tode Bossard's nennt man ihn, Beus [sic], international »den Größten« überhaupt, aller Zeiten in der Kunst. Kommentar Jutta Bossard«.

Johann Bossard
Modell zum Denkmal für die im Kampfe um die nationale Erhebung gefallenen SA-, SS- und Sta-Männer auf der Moorweide
Modell im Maßstab 1:25, 1933/34, Inv.-Nr. JB 2230

> »Die versöhnende
> Ebene gefühlserhebender
> großer Kunst«
> Johann Bossard, 1934

Gudula Mayr

Johann Bossards *Brief an den Leiter der Gau-Führerschule Herrn Gundlach*

Am 22. Mai 1934 nahm Bossard an einem Vortrag teil, und zwar an seiner Arbeitsstelle, der *Hansischen Hochschule für bildende Künste*, der vormaligen *Landeskunstschule* am Lerchenfeld in Hamburg.[1] Über den Inhalt und die weiteren Umstände ist nichts bekannt, jedoch weist Bossards Formulierung »angezogene Schulungsstunde«[2] auf eine Pflichtveranstaltung hin.[3] Der Vortrag beschäftigte ihn derartig stark, dass er sich mit einem Brief an den Redner Wilhelm Gundlach (1878–1952) wandte. Ähnlich wie den *Brief an Herrn C.H.* verfasste Bossard das Schreiben in der Art einer Programmschrift und schickte es auch an weitere Personen zur Kenntnis.

Der Adressat Wilhelm Gundlach war ursprünglich Volksschullehrer, von 1920 bis 1923 leitete er die Hamburger Polizeischule.[4] Nach seiner Ablösung trat er aus der SPD aus. Berufsbegleitend holte er das Abitur nach und studierte Englisch und Französisch für die höhere Schule. 1931 trat er dem Nationalsozialistischen Lehrerbund bei, 1933 der NSDAP. Im Oktober 1933 übernahm er die Leitung der neu eingerichteten NSDAP-Gauführerschule in Hamburg-Eilbek.[5] Zum Datum seines Parteibeitritts machte Gundlach kurz darauf falsche Angaben, die 1936 mit dazu führten, dass er auf Druck des Reichsstatthalters Karl Kaufmann (1900–1969), vorgeblich aufgrund seiner »angegriffenen Gesundheit«, seinen freiwilligen Rücktritt erklärte.

Die NSDAP-Gauführerschule war der »Brennpunkt der ideologischen Indoktrinierung der Hamburger abhängig Beschäftigten«.[6] Ihr Programm umfasste Lehrveranstaltungen, nationalsozialistische Feiern und Lagerschulungen. Die Vorträge wurden ehrenamtlich von Amtswaltern der Hamburger NSDAP gehalten. Multiplikatoren der Betriebe und des Reichsarbeitsdienstes, aber auch Mitglieder des Nationalsozialistischen Lehrerbundes wurden hier ideologisch geschult. Das Archiv der Gauführerschule in Hamburg ist nicht erhalten, so dass die Schulungsinhalte nur teilweise zu rekonstruieren sind. Anhaltspunkte für die unter Gundlach vermittelten Inhalte gibt ein zeitgenössischer Presseartikel: Es wurde »Agitationsmaterial der Feinde«[7] gezeigt, also Darstellungen und Bilder von KPD und SPD, außerdem Ausgaben der KPD-Zeitung *Rote Fahne* sowie der im März 1933 eingestellten, SPD-nahen Zeitung *Hamburger Echo*. Möglicherweise bemühte sich Gundlach in seinem Vortrag auch um die Vermittlung von Rassenideologie, was der *Schulungsbrief* des Reichsschulungsamts nahelegte.[8]

Einführungen und Quellentexte

In Gundlachs Veranstaltung an der *Hansischen Hochschule für bildende Künste* wird es unter anderem um künstlerische Fragen gegangen sein. Am Samstag darauf, also an seinem nächsten arbeitsfreien Tag, formulierte Bossard eine Erwiderung an Gundlach, die, wie er schreibt, »[i]m Ueberdenken Ihres Vortrags« sowie auch »aus einigen weiteren untergeordneten Anlässen, besonders der mir bekanntgewordenen Aeusserung eines der Preisrichter des letzten Wettbewerbes für die nationalsozialistische Erhebung«,[9] zu Stande gekommen sei. Damit meint Bossard den ab September 1933 ausgeschriebenen Wettbewerb für ein *Denkmal für die im Kampfe um die nationale Erhebung gefallenen SA-, SS- und Sta-Männer auf der Moorweide*. Es sollte der Mittelpunkt großer Aufmärsche und Kundgebungen werden, kam jedoch nicht zur Ausführung.[10] Am 22. Mai 1934 wurden die Ergebnisse des Wettbewerbs in der Hamburger Presse mit Bildmaterial vorgestellt; möglicherweise verwendete Gundlach diese Berichte in seinem Vortrag am gleichen Tag als Anschauungsmaterial.[11]

Bossard nimmt in seinem Brief Bezug auf die ihm zugetragene Aussage eines der Preisrichter, »[...] dass massgebend für den Urteilsspruch die Absicht gewesen sei, ›bewusst einfache, sachliche moderne Formen zu bevorzugen‹ [...]«.[12] Im Verlauf des Textes bezieht sich Bossard immer wieder auf die so genannte »neue Sachlichkeit«[13] – wobei aus dem Kontext hervorgeht, dass er damit nicht eine Stilrichtung in der Malerei und Grafik meint, sondern vielmehr die auch als Neue Sachlichkeit bezeichnete Architektur im Bauhausstil und Denkmäler mit vorwiegend architektonischem Formenrepertoire.

Hintergrund war der um 1900 einsetzende »Siegeszug des architektonischen Denkmals«[14] gegenüber dem bis dahin vorherrschenden figürlichen Denkmal. Dieser ging einher mit einer zunehmenden Abstraktion und Tektonisierung der bildhauerischen Bestandteile. Nach 1918 wurde die Tendenz zum vorwiegend architektonischen, formal reduzierten Denkmal weiter vorangetrieben. Einige der Großdenkmäler wie das 1927 eingeweihte *Tannenberg-Nationaldenkmal* von Walter Krüger (1888–1971) und Johannes Krüger (1890–1975) verzichteten auf die Skulptur (Abb. 1), andere wiesen ihr eine stark untergeordnete Funktion zu.

Beim Wettbewerb um das Tannenberg-Denkmal hatte sich 1924/25 auch Johann Bossard beteiligt, und zwar mit einer aus mehreren Gebäuden bestehenden Anlage mit einem zentralen Turmbau in der Mitte (Abb. 2). Dabei hätten – ähnlich wie bei Bossards Gesamtkunstwerk in Lüllau-Wiedenhof – sowohl Architektur und Bildhauerei als auch Malerei (im Innenraum) eine prominente Rolle eingenommen. Insbesondere der zentrale Turm verschränkt architektonische und skulpturale Elemente miteinander.[15] Eine Reaktion Bossards auf den Ausgang des Wettbewerbs für das Tannenberg-Denkmal ist nicht bekannt. Bereits hier hatte der Künstler jedenfalls erleben müssen, dass seinem expressionistischen, figürlich und ornamental geprägten Entwurf »bewusst einfache, sachliche moderne Formen«[16] vorgezogen wurden.

In die Tendenz zum ›architektonischen Denkmal‹ fügt sich auch das damals bekannteste Hamburger Kriegerdenkmal ein: Das so genannte *Hamburger Ehrenmal* an der Schleusenbrücke am Rathausmarkt, eine schlichte, hoch aufragende Stele aus Muschelkalk des Architekten Klaus Hoffmann (Daten unbekannt) mit der Aufschrift »VIERZIGTAUSEND SÖHNE DER STADT LIESSEN IHR LEBEN FÜR EUCH 1914–1918« (Abb. 3).[17] Sie war von der Jury eines 1929/30 veranstalteten Wettbewerbs für ein »Kriegs-Gedenkmal in Hamburg« zur Ausführung bestimmt worden, nachdem der Wettbewerb mit der Vergabe von drei zweiten Preisen ohne eindeutiges Ergebnis ausgegangen war. Auf die Initiative des Hamburger Oberbaudirektors Fritz Schumacher (1869–1947) wurde dann Ernst Barlach (1870–1938) der Auftrag erteilt, die Rückseite

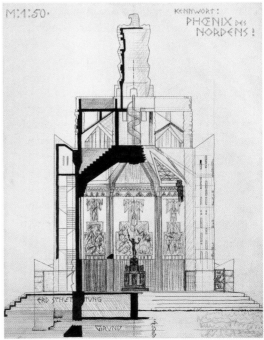

Abb. 1
Walter Krüger,
Johannes Krüger
**Tannenberg-
Nationaldenkmal**
1924–1927,
1945 zerstört, Fotografie
um 1928/30,
Olsztynek (Polen)

Abb. 2
Johann Bossard
Phoenix des Nordens!
Entwurf für das Tannen-
berg-Nationaldenkmal,
1924/25, Inv.-Nr. JB 158

der Stele künstlerisch zu gestalten. Barlach hatte sich ebenfalls am Wettbewerb beteiligt, jedoch keinen Preis gewonnen. Bereits vor der Fertigstellung war das Relief umstritten, unter anderem wegen des Auswahlverfahrens, aber auch wegen der pazifistischen Grundhaltung. Das Hamburger Tageblatt veröffentlichte nach der Enthüllung einen Verriss mit Bemerkungen aus der Bevölkerung: »Ägyptische Mumie, Wasserkopf mit Glupschaugen, Dat schall ne dütsche Fru sin? – un dat ne Deern?, Provokation der Frontsoldaten, Unverschämtheit, usw.«[18] In völkisch-nationalsozialistischen Kreisen waren Barlachs Kriegerdenkmäler ohnehin als ›artfremd‹ oder ›ostisch‹ verfemt. So kritisierte der Abgeordnete Joseph Hoffmann (Daten unbekannt) von der DNVP das Hamburger Ehrenmal: »Die Mutter ist hässlich, ostisch, ägyptisch. Eine deutsche Frau ist vorzuziehen.«[19]

Johann Bossard hatte sich an dem Wettbewerb von 1929/30 wohl nicht beteiligt, die eingesandten Entwürfe, die Entscheidung der Jury und die Vergaben an Hoffmann und Barlach aber sicherlich mit Interesse verfolgt. Er selbst hatte sich 1913 offenbar mit Fritz Schumacher zerstritten, weil die Sockel für die von ihm gestalteten Löwen vor dem Museum für Völkerkunde kleiner ausfielen als zunächst vorgesehen.[20] Zudem war Bossard die weitere Lieferung fertiger Bauplastiken im April 1913 von seinem Arbeitgeber, der Staatlichen Kunstgewerbeschule, brieflich untersagt worden.[21] Vor diesem Hintergrund ist es leicht vorstellbar, dass Bossard dem Hamburger Ehrenmal und Schumachers engagiertem Eintreten für Barlach eher kritisch gegenüberstand. Dass Bossard das Schaffen Barlachs zumindest in Teilen schätzte, zeigen zwei Textausgaben von Barlach-Dramen in seinem Nachlass sowie die Kreidezeichnung eines Markthändlers, der für Bossard die Hauptfigur aus Barlachs Drama Der blaue Boll verkörperte.[22]

Als Einstieg in seinen Text wählt Bossard das Hamburger Ehrenmal – das Ernst Barlach auch

Abb. 3
Hamburger Ehrenmal
Alsterseite mit dem Relief Ernst Barlachs, Zustand um 1931, Hamburg, Rathausmarkt

gerne als *Hamburger Mal* bezeichnete – aus. Er bemängelt jedoch nicht etwa die in völkischen Kreisen verhasste Physiognomie der Figuren oder die pazifistische Aussage, sondern die Gestaltung: die schlichte Stelenform, die an ein »Plättbrett[..]«[23] (Bügelbrett) erinnere, außerdem das versenkte Relief, das nur bei Scheinwerferbeleuchtung gut zu erkennen sei. Die Inschrift sei eine »statistische ›Plattheit‹«.[24] Die Bildaussage der trauernden Mutter mit Kind, das »Kriegsunglück«, sei ebenfalls zu »platt«[23] – eine Einschätzung, die angesichts der sehr komplexen und verrätselten Bildprogramme, die Bossard in seinem eigenen Schaffen verwirklichte, nicht überrascht. Die Ausführungen gipfeln im Postulat vom »eindeutigen Nihilismus des Rathausplättbrettes«,[26] mit dem Bossard wohl die folgenden Eigenschaften des Hamburger Ehrenmals umschreibt: Die Beschränkung auf wenige schlicht gestaltete Figuren, auf eine leicht zu erfassende Bildaussage sowie die reduzierte architektonische Gestaltung, deren ästhetische Wirkung vor allem durch die Proportionen und die verwendeten Materialien erzielt werden sollte. Diese Eigenschaften sind es fraglos, die Bossard meint, wenn er im weiteren Textverlauf auf die »neue Sachlichkeit«[27] Bezug nimmt.

Bossards Ärger darüber, dass nun ein »nationalsozialistisches Preisgericht«[28] Entwürfe mit eben diesen Merkmalen prämiert, erklärt sich daraus, dass die Denkmalprojekte, die in Hamburg nach der Ernennung Hitlers zum Reichskanzler vorangetrieben wurden, als bewusste Gegenentwürfe zur Stele am Rathausmarkt (seit 1933 Adolf-Hitler-Platz) verstanden wurden. 1933 wurde als erstes ein Denkmal für die ›Gefallenen der Bewegung‹ im Ehrenraum des NS-Gauhauses realisiert (Abb. 4). Der Denkmalentwurf stammt vom »Architekten Elingius«, das Relief dreier marschierender SA-Männer entwarf der Bildhauer Herbert Mhe (1891–1952).[29]

Anfang 1934 schrieb dann der *Bund der 76er*, der Dachverband der Kriegsvereine des *Infan-*

Abb. 4
Elingius / Mhe:
Denkmal für die Gefallenen der Bewegung
im Hamburger Gauhaus, 1933

Einführungen und Quellentexte

Abb. 5
Wettbewerb 76er Denkmal
Vorstellung der vier preisgekrönten Entwürfe, Hamburger Fremdenblatt vom 20.4.1934

Abb. 6.1
Johann Bossard
Denkmal für die im Kampfe um die nationale Erhebung gefallenen SA-, SS- und Sta-Männer auf der Moorweide
Modell der Gesamtanlage, 1934, historische Fotografie (Original verschollen)

Abb. 6.2
Johann Bossard
Denkmal für die im Kampfe um die nationale Erhebung gefallenen SA-, SS- und Sta-Männer auf der Moorweide
Modell mit Innenansicht im Maßstab 1:25, 1934, historische Fotografie

Einführungen und Quellentexte

Abb. 7
Klophaus und Tachill (Architekten) und Becker (Bildhauer)
Denkmal für die im Kampfe um die nationale Erhebung gefallenen SA-, SS- und Sta-Männer auf der Moorweide
1934, ausgezeichnet mit dem 1. Preis

Abb. 8
Fritz Höger (Architekt) und Hans Wagner (Bildhauer)
Denkmal für die im Kampfe um die nationale Erhebung gefallenen SA-, SS- und Sta-Männer auf der Moorweide
1934, ausgezeichnet mit einem 2. Preis

Abb. 9
Reimer (Architekt) und Ely (Bildhauer)
Denkmal für die im Kampfe um die nationale Erhebung gefallenen SA-, SS- und Sta-Männer auf der Moorweide
1934, ausgezeichnet mit einem 2. Preis

Abb. 10
Schäfer (Architekt)
und Schwede (Bildhauer)
Denkmal für die im Kampfe um die nationale Erhebung gefallenen SA-, SS- und Sta-Männer auf der Moorweide
1934, ausgezeichnet mit dem 4. Preis

Abb. 11
H. Brandt (Architekt)
und A. Brandt (Bildhauer)
Denkmal für die im Kampfe um die nationale Erhebung gefallenen SA-, SS- und Sta-Männer auf der Moorweide
1934, ausgezeichnet mit dem 5. Preis

terieregiments »Hamburg« Nr. 76, einen Wettbewerb für ein Denkmal aus. Zur Teilnahme aufgefordert wurden »reichsdeutsche, arische Architekten und Bildhauer, die der Reichskammer der bildenden Künste angehören« und die entweder in Hamburg wohnten oder aber in einer der Formationen des *76er Regiments* am Krieg teilgenommen hatten.[30] »Es ist Wunsch des Bundes der 76er Vereine, daß ein Denkmalsgedanke gefunden wird, der die enge Verbundenheit zwischen Vaterstadt und Regiment zum Ausdruck bringt, ferner, daß ein Denkmal das äußere Bild der Kämpfer des Weltkrieges festhalten wird.«[31] Zusätzlich sollten Schrifttafeln die Leistungen des Regiments würdigen. Im April 1934 wurden unter den eingesandten Entwürfen 4 Preise vergeben (Abb. 5). Es wurde kein Beitrag zur Ausführung ausgewählt, aber ein Auftrag zur künstlerischen Durcharbeitung an den Bildhauer Richard Kuöhl (1880–1961) erteilt. Der überarbeitete Entwurf wurde am 19.9.1934 vom Hamburger Senat zur Ausführung bestimmt.[32]

An dem Wettbewerb beteiligte sich Johann Bossard nicht, obwohl die Ausschreibungskriterien auf ihn zutrafen.[33] Möglicherweise sprach ihn die eher illustrative Aufgabenstellung nicht an. In seinem Nachlass haben sich jedoch zwei Modelle und vier Zeichnungen erhalten, die mit einem anderen Wettbewerb aus der Zeit in Verbindung gebracht werden können, nämlich mit dem bereits genannten *Denkmal für die im Kampfe um die nationale Erhebung gefallenen SA-, SS- und Sta-Männer auf der Moorweide* (Abb. 6.1, 6.2).[34] Bossard entwarf eine Ehrenhalle mit ovalem Grundriss. Er sah eine Ausgestaltung mit Wandgemälden sowie mit der Kolossalfigur eines aufgebahrten männlichen Aktes in der Mitte vor, beleuchtet durch das zentrale Oculusfenster, eine Reminiszenz an Heinrich Tessenows (1876–1950) Umgestaltung der *Neuen Wache* in Berlin. Die Wandgemälde sollten die Arbeit auf dem Land und im Hafen, eine Mutter mit Kind und – wie eine historische Fotografie belegt – eine Akklamationsszene mit zentraler Hitlerfigur und Hakenkreuz zeigen (Abb. 6.2).

Die Jury verlieh einen ersten, zwei zweite, einen vierten und einen fünften Preis (Abb. 7–11). Die ausgezeichneten Beiträge waren jeweils aus einer Zusammenarbeit von Bildhauern und Architekten entstanden und standen wiederum in der Tradition des architektonischen Denkmals. Eine formale Verwandtschaft mit dem *Hamburger Ehrenmal* ist – wie bei den Entwürfen für das *Denkmal für das Infanterie-Regiment Nr. 76* – durchaus gegeben; seine Charakteristika würden, so Bossard, in den prämierten Entwürfen »zur Abwechslung mal multipliziert, horizontal statt vertikal oder gar etwas angeschrägt«[35] auftreten. Eine formale Kontinuität zur künstlerischen Produktion der Weimarer Zeit ist im Übrigen auch für Messebau, Plakatkunst und Gebrauchsgegenstände der NS-Zeit festgestellt worden.[36]

Diese Kontinuität war es offenbar, die Johann Bossard – zusammen mit seinem vernichtenden Urteil über die künstlerische Qualität der ausgezeichneten Entwürfe – derartig stark empört hatte. Aufgrund von Äußerungen führender NSDAP-Ideologen hatte er für die Kunst im NS-Staat gänzlich andere Erwartungen gehegt und einen grundsätzlichen Neubeginn erwartet, sowohl stilistisch als auch hinsichtlich der inhaltlichen Komplexität, zudem mit dem klaren Ziel der Arbeitsbeschaffung für bildende Künstler. »Darf ich daran erinnern, dass man in Hamburg nach der nationalen Erhebung im Jahre 1933 Reden vernahm, die einen hohen Begriff gaben von Wert und Würde der Kunst, dass man hohe Ansprüche an die Künstlerschaft stellte und auch entsprechende Exempel statuierte?«[37] Auch in finanzieller Hinsicht hatte Bossard ein klares Bekenntnis zum hohen Stellenwert der Kunst im NS-Staat erwartet und fühlte sich enttäuscht mit Bezug auf Auftragsvergaben und die Bereitschaft zur Entgegennahme auch solcher Beiträge, deren Ausführung höhere Kosten verursacht hätte.

Auf welche konkreten Aussagen von NS-Größen Bossard sich bezieht, hat sich nicht ermitteln lassen. Namentlich nennt er Adolf Hitler (1889–1945) und Alfred Rosenberg (1892–1946). Anknüpfungspunkte dürften für Bossard insbesondere die Reden Hitlers zur Kunst gewesen sein, in denen die zentrale Rolle der bildenden Kunst für die deutsche Identität betont und massive Fördermaßnahmen angekündigt wurden: »Dieser neue Staat wird aber der Pflege des Kulturellen eine ganz andere Aufmerksamkeit schenken als der alte«, erklärte Hitler beispielsweise im Spätsommer 1933 auf der Kulturtagung des Reichsparteitags in Nürnberg.[38] Und weiter: »[W]er die Kultur etwa nach der Seite ihres materiellen Gewinns hin einschätzen will oder auch nur zu beurteilen trachtet, hat keine Ahnung ihres Wesens und ihrer Aufgaben. […] Gerade in einer Zeit wirtschaftlicher Nöte und Sorgen ist es wichtig, allen Menschen klarzumachen, daß eine Nation auch noch höhere Aufgaben besitzt, als in gegenseitigem wirtschaftlichen Egoismus aufzugehen. Die Kulturdenkmäler der Menschheit waren noch immer die Altäre der Besinnung auf ihre bessere Mission und höhere Würde. […] Da Torheit und Unrecht die Welt zu beherrschen scheinen, rufen wir [die deutschen Künstler] auf, die stolzeste Verteidigung des deutschen Volkes mitzuübernehmen durch die deutsche Kunst.«[39] Im Oktober, anlässlich der Grundsteinlegung für das *Haus der Deutschen Kunst* in München, erklärte Hitler: »Wenn wir die Wiederaufrichtung unseres Volkes als Aufgabe unserer Zeit und unseres Lebens empfinden, sehen wir vor uns nicht nur die leidende Wirtschaft, sondern ebenso die bedrohte Kultur, nicht nur die Not des Leibes, sondern nicht weniger die Not der Seele, und wir können uns keinen Wiederaufstieg des deutschen Volkes denken, wenn nicht wieder ersteht auch die deutsche Kultur und die deutsche Kunst.«[40]

Einen Wiederaufstieg der deutschen Kunst konnte Bossard in den Entwürfen zum *Denkmal für die im Kampfe um die nationale Erhebung gefallenen SA-, SS- und Sta-Männer auf der Moorweide* nicht erkennen. »Da gibts noch 3 Adler, die auf drei Entwürfen zum Verwechseln ähnlich sind; sowas schiesst man heute schon aus der Pistole.«[41] Im Besonderen vermisste er jedoch eine relevante inhaltliche Aussage, denn mit der »absolute[n] Kahlheit« werde »das Volk um seine geistige Kost [betrogen]«.[42]

Gelegentlich greift Bossard in seinem Text antijüdische Denkmuster auf, was in seinem schriftlichen Nachlass ungewöhnlich ist und sich bei näherer Analyse als Ironie erweist. Er bezieht sich auf – als vorbildlich dargestellte – Positionen, die er dem »Jude[n] Rubiner« (Ludwig Rubiner, 1881–1920) und den deutschjüdischen Zeitungsverlagen Mosse und Ullstein zuschreibt.[43] Über das Preisgericht klagt er: »wäre doch ein Jude dazwischen, damit ich ihm die Schuld geben könnte« – jedoch: »sie sind alle deutsche Arier«.[44] Indirekt kritisiert Bossard damit die nationalsozialistische Rassenideologie – möglicherweise als Reaktion auf den Gundlach-Vortrag, der antisemitische Inhalte umfasst haben könnte.

An anderer Stelle setzt Bossard antijüdische Floskeln ein, um den blinden Aktionismus der Hamburger Kulturpolitik zu kritisieren. Er bezieht sich auf einen am 29.4.1933 vom Kunsthallen-Direktor Hermann Maetzig (1888–1969) ausgelobten Wettbewerb für Wandgemälde, die den »ethischen Wert der Arbeit« zum Ausdruck bringen sollten.[45] Bossard war verärgert, dass in der Folge keiner der eingereichten Entwürfe zur Ausführung beauftragt wurde: »Ich möchte ganz offen sagen, dass es mir nicht zu genügend scheint, einen Ideenwettbewerb mit dem Thema: ›Der ethische Sinn der Arbeit‹ zu veranstalten, wenn bei nächster Gelegenheit versäumt wird, eine Möglichkeit für Arbeit zu geben, an der jeder Teilnehmer formal und geistig wachsen kann. Das doch wohl dürfte der ›ethische Sinn‹ der Arbeit sein, an ihr wachsen zu lernen, neben dem Dienst für die Notdurft des nackten Lebens, der ja der Jude genau so dient, dessen Wirtschaftsdenken wir ablehnen […].«[46] Mit dieser spitzfindigen Bemerkung sucht Bossard auf die Konzeptlosigkeit dieses Vorgehens hinzuweisen, die nach seiner Argumentation im Widerspruch zur NS-Ideologie stünde.

Schließlich nimmt er Bezug auf den »heroischen Kampf des Lichtes mit der Finsternis im heutigen Rassenkampf […], der ein Kampf um Sein oder Nichtsein ist«.[47] Die für Bossard singuläre Bemerkung ist teils wohl der Absicht geschuldet, leichter Zustimmung bei möglichen NS-Anhängern zu finden. Festzuhalten ist zudem, dass die genannten Schlagworte aus einem längeren Satz stammen, in dem Bossard offenbar Inhalte des Gundlach-Vortrags aufgreift und auf Maßnahmen zur Künstlerförderung in Hamburg Bezug nimmt; die Passagen sind also im Sinne indirekter Rede zu verstehen:[48] »Man kann aber nicht Volksverbundenheit propagieren und das erhabene Mittel der Kunst unbeachtet lassen, man kann nicht die Bedeutung des Arbeiters im neuen Staat hervorheben und dem Künstler die Gelegenheit vorenthalten, seine edelsten Kräfte in den Dienst des Volksganzen zu stellen und endlich kann man auch nicht Gott den Allmächtigen zitieren und den heroischen Kampf des Lichtes mit der Finsternis im heutigen Rassenkampf aufzeigen, der ein Kampf um Sein oder Nichtsein ist, wenn den Künstlern, die sich zu diesem Dienst am Volke drängen, die Möglichkeiten verweigert werden zu zeigen, dass sie nicht nur Wohlfahrtsempfänger, sondern Mitkämpfer sein können.«[49]

Bemerkenswert ist Bossards Feststellung, für ihn sei das Hakenkreuz ein »heiliges Symbol«.[50] Mit ihr wollte er fraglos dafür sorgen, dass seine Kritik an der überdimensionierten, künstlerisch wenig originellen Verwendung des Hakenkreuzes an einigen preisgekrönten Wettbewerbsbeiträgen nicht missverstanden werden würde. Gleichzeitig handelt es sich um eine doppeldeutige Formulierung, wurde die Swastika doch vor der Übernahme als Parteisignet der NDSAP von verschiedensten Kulturen im Altertum verwendet und war sie doch ein religiöses Symbol des Hinduismus und Buddhismus, wichtige spirituelle Bezugsgrößen für Johann Bossard. In dem Zusammenhang nimmt er mit der Formulierung vom »nationale[n] Kitsch«[51] auch Bezug auf das am 19. Mai 1933 erlassene *Gesetz zum Schutze der nationalen Symbole*, mit dem der massenhafte Vertrieb billiger Gebrauchs- und Dekorationsgegenstände mit Hakenkreuzen oder Führerbildern unterbunden werden sollte.

Als Anknüpfungspunkte für die Kunst im NS-Staat empfiehlt Bossard »die unausgeschöpften Ideen Richard Wagners, […] die erneut so lebensträchtig gewordenen Gestalten der Edda, der nordischen und deutschen Sagen und Märchen, die in den Kämpen der S. A. erstanden zu sein scheinen«.[52] Dem Volk sei »bildlich glaubhaft zu machen, was Philosophie, Rasseforschung und Spatenarbeit an Erkenntnis heldischer Ahnen und Zukunftsverpflichtung entdeckt haben«.[53] Alle diese Maßnahmen sollen letztlich der »so notwendigen Erhöhung der widerstreitenden Volksteile in die versöhnende Ebene gefühlserhebender grosser Kunst«[54] dienen.

Die konkrete Inwertsetzung der Vorbildfunktion der »heldische[n] Ahnen« spart Bossard in seinem *Brief an Herrn Gundlach* aus; sie ergibt sich jedoch aus dem rund ein Jahr vorher formulierten *Brief an Herrn C. H.*: Nur aus »heldischer Gesinnung heraus, wie sie am unverfälschtesten immer noch unser alt nordisches Schrifttum vermittelt«,[55] könne das »rein materielle[..] Denken[..]« eingedämmt sowie insgesamt die »Kraft zu der Riesenarbeit […], wie sie das Schicksal dem deutschen Volke bestimmt hat«, gewonnen werden – womit Bossard zunächst eine Ertragssteigerung in der Landwirtschaft und mittelfristig eine »Erstarkung und Vergeistigung des Volkskörpers«[56] – und nicht etwa eine verstärkte Gewalt- und Kriegsbereitschaft – meint.

Durch den *Brief an Herrn Gundlach* zieht sich als roter Faden Bossards kritische Sicht auf die »»Bildung««, die er für die aus seiner Sicht unsachgemäße Entscheidung der Jury verantwortlich macht. »Hat man schon einmal beobachtet, wie für die sogen. Bildungsschicht die Ausbreitung geistiger Seuchen den gleichen Gesetzen zu folgen scheint, die für die allerdümmste Modetorheit auch herrschen?«[57] Bossards Ausführungen zu diesem Thema lesen sich so, als wolle er nicht nur die Kompetenz, sondern auch das Wissen der »sogen. Gebildeten« in Frage stellen, zumal er in dem Text immer wieder darauf abzielt, seine eigene, umfangreiche Belesenheit unter Beweis zu stellen.

Mit seiner Abschlussformulierung – »Ich persönlich diene meiner Kunst nach wie vor, ob mit oder ohne Förderung von seiten der Hochmögenden«[58] – deutet der Künstler an, dass er auf eine weitere Aufmerksamkeit von offizieller Seite nicht mehr hoffte. Dennoch war es ihm offenbar ein Anliegen, die in seinem Brief an Gundlach dargelegten Gedanken auch an weitere Multiplikatoren zu senden.

Zwei Tage nach der Abfassung sandte Bossard den Brief in Durchschrift an seinen Freund Emil Hegg sowie an seinen Vorgesetzten, den zeitweiligen kommissarischen Leiter der *Hansischen Hochschule für bildende Künste* und neuen Leiter der *Hamburger Kunsthalle,* Wilhelm Freiherr Kleinschmit von Lengefeld (1888–1970).[59] In seinem Begleitbrief schreibt Bossard entschuldigend, er habe Fragen gestreift, »die vielleicht einer ausführlichen Kunst- & Geistesgeschichte der letzten 20 Jahre bedurft hätten, um ihrer unangenehm schroffen Formulierung entkleidet werden zu können & auch Dinge unserer gegenwärtigen Personal- & Schulpolitik erhalten eine Beleuchtung, die, wenn auch nur indirekt, vielleicht doch als verletzend empfunden werden könnten.«[60] Dennoch schickte Bossard den Text an Kleinschmit, da er darin an »ganz wichtige Grundprobleme unseres Kunstlebens« rühre.[61]

Eine Antwort Kleinschmits ist nicht belegt. Über ein erhaltenes Antwortschreiben lässt sich jedoch nachweisen, dass Bossard den Brief auch an die Frau des Hamburger Bürgermeisters Emerentia Krogmann (1894–1978) sandte. Sie fragte Bossard, ob er denn Nationalsozialist sei und ob er konkrete Personen anschuldigen wolle, und riet ihm, die Dinge mit mehr Humor zu nehmen.[62] Bossard wird auf diesen Brief nicht mehr geantwortet haben.

Vermutlich entsprach einzig die Reaktion von Bossards Mäzen Helmuth Wohlthat (1893–1982) der Erwartung des Künstlers. Er schrieb: »Von dem Brief habe ich einige Durchschriften machen lassen und wollte ihn, wenn Sie erlauben, einigen interessierten Persönlichkeiten zu Kenntnis bringen. Sie gehören damit zu den Stimmen, die sich heute an mehreren Stellen erheben, um auf die Unzulänglichkeit aufmerksam zu machen, die sich fast überall unter demselben Namen breit macht.«[63] Auch in Wohlthats Umfeld wurde offenbar bemerkt, dass die Nationalsozialisten bei ihrem Machtantritt kein klares Konzept für ihre Kulturpolitik hatten, sich rasch in Widersprüche verwickelten und den von den lokalen Anhängern entfesselten konzeptlosen Aktivismus kaum zu koordinieren vermochten.[64] Bemerkenswert ist der weitere Wortlaut des Briefs: »Ich sende Ihnen deshalb eine Rede, die ich in verschlossenem Umschlag zurück erbitte. Der Presse ist angeraten worden, die Rede nicht zu veröffentlichen. Vielleicht haben wir einmal wieder eine Gelegenheit uns auszusprechen, was ich sehr begrüssen würde.« Die beginnende Skepsis und Vorsicht Wohlthats dem NS-Regime gegenüber, die sich in der Folge massiv steigern sollte, ist offenkundig.[65]

Auch Johann Bossards Skepsis sollte in der Folge deutlich zunehmen. Weitere Briefe, in denen er sich an (Kultur-)Funktionäre wandte, sind nicht bekannt, ebensowenig Kunstwerke, mit denen er noch einmal versucht hätte, sich für öffentliche Aufträge oder Ausstellungen zu qualifizieren.[66]

1 Bossard, Johann, *An den Leiter der Gau-Führerschule, Herrn Gundlach,* vom 27. 5. 1934, Typoskript, o. O. 1934 (AJB 8), S. 1 und 4.
2 Ebd., S. 4.
3 Der Eintrag »anziehen« in Grimms Wörterbuch (http://woerterbuch-netz.de/cgi-bin/WBNetz/wbgui_py?sigle=DWB, abger. am 7.9.2018) legt nahe, dass Bossard »angezogen« im Sinne von »von außen her bestimmt«, »übergestülpt«, »nicht freiwillig gewählt« verwendet. »Das Sprachbild stimmt ja – das Angezogene überdeckt den ›wahren‹, tatsächlichen Körper.« Freundliche Auskunft von Ignaz Civelli, Staatsarchiv Zug, am 7. und 10. 9. 2018).
4 Zu Gundlach ausführlich: Schmidt, Uwe, *Nationalsozialistische Schulverwaltung in Hamburg. Vier Führungspersonen,* Hamburg 2008, S. 62; Lorent, Hans-Peter de, *Albert Henze: Nazipropagandist im System des Gauleiters (Teil I),* in: hl – Zeitschrift der GEW Hamburg 8–9/2011, S. 42–45 (url: www.gew-hamburg.de/sites/default/files/hlz/artikel/8-9-2011/09-magazin-nazi-biographie.pdf, zuletzt abger. am 18. 7. 2018); ders., *Wilhelm Gundlach,* in: *Die Dabeigewesenen, Von Hamburger NS-Täter/innen, Profiteuren, Denunziant/innen, Mitläufer/innen und Zuschauer/innen – … Eine Hamburg Topografie,* Online-Datenbank der Landeszentrale für politische Bildung Hamburg (url: http://www.hamburg.de/clp/dabeigewesenesuche/clp1/ns-dabeigewesene/onepage.php?BIOID=171&qN=Gundlach, abger. am 18. 7. 2018).
5 Zur Gauführerschule: Schmidt 2008, S. 61–63.
6 Ebd., S. 64.
7 Hamburger Tageblatt vom 5. 1. 1934, zit. nach Schmidt 2008, S. 63.
8 *Der Schulungsbrief,* 1. Jg., 1. Folge, März 1934, S. 3. Die Zeitschrift wurde vom Reichsschulungsamt der NSDAP und der Deutschen Arbeitsfront herausgegeben, um Schulungs- und Erziehungsarbeiten zu erleichtern (ebd., S. 5).
9 Bossard 1934, S. 1.
10 Dazu: Bruhns, Maike, *Kunst in der Krise. Hamburger Kunst im »Dritten Reich«,* Bd. 1, Hamburg 2001, S. 141 und S. 169; Staatsarchiv Hamburg, 131-4_1933 A133.
11 Die Ergebnisse des Wettbewerbs wurden am 19. 5. 1934 im Hamburger Fremdenblatt vorgestellt (Abend-Ausgabe, S. 3). Am 22. 5. 1934 erschien im Hamburger Fremdenblatt ein ausführlicher Artikel (Abendausgabe, S. 5; gez. M. K. R.) sowie Fotografien der mit dem 1. bis 5. Preis ausgezeichneten Entwürfe (Abendausgabe, Rundschau im Bilde).
12 Bossard 1934, S. 1.
13 Ebd., S. 3, 4 und 6.
14 Tietz, Jürgen, *Denkmalswenden. Großdenkmäler zwischen 1900 und 1933,* S. 116, in: *Die Gemeinschaft der Heiligen. Der Figurenzyklus an der Katharinenkirche zu Lübeck und das monumentale Werk Ernst Barlachs,* hrsg. v. Jürgen Fitschen u. Volker Probst, Ausst. Kat. Bremen u. a. 2001, S. 115–121. Siehe für die folgenden Ausführungen ebd., S. 115–120.
15 Dazu: Mayr, Gudula, *»Bildhauern ist aber überhaupt ausgeschlossen.« Johann Bossard und der Erste Weltkrieg,* S. 70 f., in: Bildhauer sehen den Ersten Weltkrieg, hrsg. v. Ursel Berger u. a., Eine Publikation der Arbeitsgemeinschaft Bildhauermuseen und Skulpturensammlungen e. V., Bremen 2014, S. 58–71.
16 Bossard 1934, S. 1.
17 Für die Ausführungen zum Hamburger Ehrenmal siehe Rhauderwiek, Antje, *Ernst Barlach. Das Hamburger Ehrenmal,* begleitende Publikation zur Ausstellung *Ernst Barlach. Das Hamburger Ehrenmal* in der Hamburger Kunsthalle, hrsg. v. Uwe M. Schneede, Hamburg 2004.
18 *Hamburger Tageblatt* vom 4. 8. 1931, zit. n. Rhauderwiek 2004, S. 30 u. 43, Anm. 36.
19 Sitzung am 25. 11. 1930, zit. n. Rhauderwiek 2004, S. 22 u. 43, Anm. 25.
20 Murawski, Uwe und Lucke, Klaus, *Bauplastiken von Johann Michael Bossard in Hamburg von 1907 bis 1920,* Typoskript, Bonn 1985, n. p. Die Information geht auf eine mündliche Aussage von Bossards Ehefrau Jutta Bossard-Krull (1903–1996), zurück. Zu der Auseinandersetzung über die Löwen vgl. den Brief von Bossard an Baumeister Lindenkohl vom 28. 12. 1911 in Johann Bossards Kopierbuch, S. 196 (AJB 284).
19 Schreiben vom Direktor der *Staatlichen Kunstgewerbeschule* Richard Meyer an Johann Bossard vom 7. 4. 1913 (AJB Eros Ordner / 64). Meyer bezieht sich auf eine »Beschwerde über die Privattätigkeit der Lehrer der Kunstgewerbeschule«. Die »Herstellung künstlerischer Entwürfe« sei weiterhin erwünscht, die »Lehrkräfte [dürften] jedoch nicht zu Unternehmern werden«.
22 *Die Sündflut* (BJB 911) und *Der blaue Boll* (BJB 912); Inv.-Nr. JB 3571, rückseitig von Jutta Bossard beschriftet: »Markthändler ›der Blaue Boll‹ (Barlachbuchfigur)«.
23 Bossard 1934, S. 1.
24 Ebd.
25 Ebd.
26 Ebd., S. 2.
27 Ebd., S. 3, 4 und 6.
28 Ebd., S. 2.
29 Dazu: Hedinger, Bärbel u. a., *Ein Kriegsdenkmal in Hamburg,* Hamburg 1979, S. 44.
30 Zit. n. Plagemann, Volker, *»Vaterstadt, Vaterland, schütz Dich Gott mit starker Hand«: Denkmäler in Hamburg,* Hamburg 1986, S. 144. Siehe dazu auch: Hennings-Rezaii, Julia, *Alfred Hrdlickas Gegendenkmal am Dammtor,* Mag.-Schr., Typoskript, Universität Hamburg 1997, S. 95 f.
31 Zit. n. Plagemann 1986, S. 144 f.

32 Ebd., S. 146.
33 Bossard besaß die deutsche Staatsbürgerschaft und hatte als Landsturmmann im Ersten Weltkrieg unter anderem im Infanterie-Regiment Nr. 76 gedient (Mayr 2014, S. 62).
34 S. dazu den in Vorbereitung befindlichen Katalog »Über dem Abgrund des Nichts«. Die Bossards in der Zeit des Nationalsozialismus, hrsg. v. Gudula Mayr, Ausst. Kat. Kunststätte Bossard, Jesteburg, Jesteburg 2018 (Schriften der Kunststätte Bossard, 17).
35 Bossard 1934, S. 2.
36 Sachsse, Rolf, Zur Kontinuität von Bauhaus und Moderne im NS-Staat. Vorläufige Anmerkungen zu einer möglichen Subgeschichte des deutschen Designs, in: Die Moderne im Nationalsozialismus, hrsg. v. Volker Böhnigk u. Joachim Stamp, Bonn 2006, S. 13–40.
37 Bossard 1934, S. 3.
38 Abgedruckt im Völkischen Beobachter am 3./4.9.1933, zit. n. Adolf Hitler, Reden zur Kunst- und Kulturpolitik, hrsg. u. kommentiert v. Robert Eikmeyer, Frankfurt am Main 2004, S. 53.
39 Ebd., S. 54.
40 Abgedruckt im Völkischen Beobachter am 17.10.1933, zit. n. 2004, S. 58.
41 Bossard 1934, S. 3.
42 Ebd., S. 5.
43 Ebd.
44 Ebd., S. 8.
45 Dazu ausführlich: Bruhns 2001a, S. 137 f. und Staatsarchiv Hamburg, 135-1 I–IV_5228.
46 Bossard 1934, S. 2 f.
47 Ebd., S. 7.
48 Dazu: Bruhns 2001a, S. 137–141.
49 Bossard 1934, S. 7.
50 Bossard 1934, S. 3.
51 Ebd.
52 Ebd.
53 Ebd.
54 Ebd., S. 4.
55 Für dieses und die zwei folgenden Zitate: Bossard, Johann, Brief an Herrn C. H. vom 16., 18. u. 23.3.1933, Typoskript, o.O. [Jesteburg] 1933 (AJB 5), S. 10.
56 Ebd., S. 13.
57 Bossard 1934, S. 4.
58 Ebd, S. 9.
59 Brief von Bossard an Hegg vom 29.5.1934 und Postkarte vom 14.6.1934 (AJB 176), Briefentwurf von Bossard an Kleinschmit von Lengefeld vom 29.5.1934 (AJB 8).
60 Ebd.
61 Ebd.
62 Brief von Emerentia Krogmann an Bossard vom 13.6.1934 (AJB 237).
63 Brief von Helmuth Wohlthat an Johann Bossard vom 22.6.1934 (AJB 237).
64 Siehe zu dieser Einschätzung: Peters, Olaf, Kunst im »Dritten Reich«. Problemskizzen zum schwierigen Umgang mit der deutschen Kunst zwischen 1933 und 1945, in: Die Moderne im Nationalsozialismus, hrsg. v. Volker Böhnigk u. Joachim Stamp, Bonn 2006, S. 85–110.
65 Zur Person Helmuth Wohlthats siehe die Einführung zum Brief an Herrn C. H. in diesem Band sowie den Aufsatz von Janina Willems im in Vorbereitung befindlichen Ausst. Kat. Jesteburg 2018. Willems identifiziert das von Wohlthat verschickte Redemanuskript als Marburger Rede Franz von Papens, die letzte Rede, die im nationalsozialistischen Deutschland öffentlich und auf hoher Ebene gegen den umfassenden Machtanspruch der Nationalsozialisten gehalten wurde.
66 Zu Bossards Vehältnis zum Nationalsozialismus s. die Aufsätze von Maike Bruhns und Gudula Mayr im Ausst. Kat. Jesteburg 2018.

Hamburg, den 27. Mai 1934.

An den
    Leiter der Gau-Führerschule
    Herrn G u n d l a c h,
                        <u>H a m b u r g.</u>

    Sehr geehrter Herr Gundlach !

Im Ueberdenken Ihres Vortrages vom letzten Dienstag in unserer Hochschule und aus einigen weiteren untergeordneten Anlässen, besonders der mir bekanntgewordenen Aeusserung eines der Preisrichter des letzten Wettbewerbes für die nationalsozialistische Erhebung in dem Sinne, dass massgebend für den Urteilsspruch die Absicht gewesen sei, „bewusst einfache, sachliche moderne Formen zu bevorzugen", komme ich doch dazu, mich mit einigen Zeilen an Sie zu wenden. Angesichts der Geisteshaltung zwar, die sich an den preisgekrönten Entwürfen, besser gesagt an ihren Beurteilern im Preisgericht äussert, fällt mir das Schreiben recht schwer Der Begriff der sogenannten modernen einfachen Formen zunächst aber bedarf doch endlich einmal einer Erörterung, soll er sich nicht nachgerade in seiner Seichtheit zu einer Un-Geistesepidemie auswachsen. Man verquickt in ihn hinein ein unglaubliches Gemengsel unzureichender Anschauungsfähigkeit den verschiedensten Gebieten gegenüber. Fangen wir einmal mit der Betrachtung des Ehrenmals auf dem Adolf Hitler - Platz an. Schon hier trifft die fatale Beobachtung zu, dass es mit der Neuheit des formalen Schemas nicht recht stimmen will; dass man nämlich die Begeisterung für die Plättbrettidee, die jetzt in den letzten Wettbewerben so innige Beachtung fand, einfach aus der, wie es scheint immer noch nicht recht begrabenen Weimarerrepublik übernommen hat. Schon an diesem „Mal" trägt die Vorderseite eine statistische „Plattheit„ und auf der Rückseite des „Plättbrettes" ist das Kriegsunglück gar so platt, dass es schon der Scheinwerferbeleuchtung bedarf, es zu ermitteln. Aber im Erwägen dieser satyrischen Worte drängt sich beinah die Befürchtung auf, dass man heute wohl noch deutlicher werden muss, um überhaupt

Johann Bossard
Brief an den Leiter der Gau-Führerschule Herrn Gundlach
Typoskript, 1934, AJB 8

Johann Bossard

Brief an den Leiter der Gau-Führerschule Herrn Gundlach (1934)

[1]
Hamburg, den 27. Mai 1934.

An den
Leiter der Gau-Führerschule
Herrn Gundlach,
Hamburg.

Sehr geehrter Herr Gundlach![1]
Im Ueberdenken Ihres Vortrages vom letzten Dienstag in unserer Hochschule und aus einigen weiteren untergeordneten Anlässen, besonders der mir bekanntgewordenen Aeusserung eines der Preisrichter des letzten Wettbewerbes für die nationalsozialistische Erhebung in dem Sinne, dass massgebend für den Urteilsspruch die Absicht gewesen sei, »bewusst einfache, sachliche moderne Formen zu bevorzugen«, komme ich doch dazu, mich mit einigen Zeilen an Sie zu wenden. Angesichts der Geisteshaltung zwar, die sich an den preisgekrönten Entwürfen, besser gesagt an ihren Beurteilern im Preisgericht äussert, fällt mir das Schreiben recht schwer. Der Begriff der sogenannten modernen einfachen Formen zunächst aber bedarf doch endlich einmal einer Erörterung, soll er sich nicht nachgerade in seiner Seichtheit zu einer Un-Geistesepidemie auswachsen. Man verquickt in ihn hinein ein unglaubliches Gemengsel unzureichender Anschauungsfähigkeit den verschiedensten Gebieten gegenüber. Fangen wir einmal mit der Betrachtung des Ehrenmals auf dem Adolf Hitler-Platz an. Schon hier trifft die fatale Beobachtung zu, dass es mit der Neuheit des formalen Schemas nicht recht stimmen will; dass man nämlich die Begeisterung für die Plättbrettidee, die jetzt in den letzten Wettbewerben so innig Beachtung fand, einfach aus der, wie es scheint immer noch nicht recht begrabenen Weimarerrepublik übernommen hat. Schon an diesem »Mal« trägt die Vorderseite eine statistische »Plattheit« und auf der Rückseite des »Plättbrettes« ist das Kriegsunglück gar so platt, dass es schon der Scheinwerferbeleuchtung bedarf, es zu ermitteln. Aber im Erwägen dieser satyrischen Worte drängt sich beinah die Befürchtung auf, dass man heute wohl noch deutlicher werden muss, um überhaupt [2] aus einer gewissen Geisteshaltung heraus, der offenbar alle Anschauungsfähigkeit mangelt, begriffen zu werden. Möge ich mich täuschen, was den Text der Worte betrifft und der ja der pazifistischen Stimmung der damaligen Regierenden gemäss war und damit entschuldbar ist. Aber dass Formen auch eine Sprache reden, deren Gehalt

auch begriffen werden müsste, selbst wenn man nicht zum »Fach« gehört, das zu glauben vermag man wohl schwerlich, wenn nun zutage tritt, dass ein nationalsozialistisches Preisgericht gefühllos den eindeutigen Nihilismus des Rathausplättbrettes prämiert, so er zur Abwechslung mal multipliziert, horizontal statt vertikal oder gar etwas angeschrägt auftritt. Wenn die Fachleute im Preisrichterkollegium die Mehrheit gehabt hätten, wäre mir das verständlicher gewesen. Was zu allen Zeiten im Fach den Vordergrund füllte, war der Tagesmode verhaftet. Die Denkmale der verflossenen letzten 100 Jahre waren bekanntlich meist »zeitgemäss«, jedenfalls nicht »unzeitgemäss« im Sinne höherer Geisteshaltung. Diese Haltung nun hätte ich gerne gerade in diesem Preisrichterkollegium gefunden. Ich glaubte es erwarten zu dürfen, dass man hier Kenntnis hätte von Adolf Hitlers Spott über die verflossenen Reichtagsparlamentarier, die, offenbar aus dem Gefühl für die Not der Zeit, Gips für das Innere des dem »Deutschen Volke« gewidmeten Hauses als genügend erklärten. Aber siehe da, die »Not der Zeit« erstand auch wieder in den Wettbewerbsbedingungen. Sie wurde nur leider allzu wörtlich, allzu materiell aufgefasst. Von der geistigen Not der Zeit war der Wellenschlag noch nicht bis in die Hamburger Kunsthalle gedrungen. Und doch wäre gleich der Einordnung der arbeitslosen Jugend in den Arbeitsdienst die Beschaffung von Arbeit für Kunst und Kunsthandwerk eine ethische Pflicht, auch wenn hier wie dort nicht der materielle Ertrag im kapitalistischen Sinne gewährleistet wird. Ich möchte ganz offen sagen, dass es mir nicht zu genügen scheint, einen Ideenwettbewerb mit dem Thema: »Der ethische Sinn der Arbeit« zu veranstalten, wenn bei nächster Gelegenheit versäumt wird, eine Möglichkeit für Arbeit zu geben, an der jeder Teilnehmer formal und geistig wachsen kann. Das doch wohl [3] dürfte der »ethische Sinn« der Arbeit sein, an ihr wachsen zu lernen, neben dem Dienst für die Notdurft des nackten Lebens, der ja der Jude genau so dient, dessen Wirtschaftsdenken wir ablehnen und dessen Götzenkult unter dem Schlagwort »neue Sachlichkeit« eben wieder in sämtlichen hamburgischen Kunstwettbewerben geopfert werden soll. Sehen wir uns doch die geistigen und formalen Möglichkeiten an, die den Ausführenden der letzten Entwürfe blühen könnten. Freilich, auch ich verehre noch im gesudelten Konterfei die Majestät, auch mir ist das Hakenkreuz ein heiliges Symbol, aber formal leistet neben dem Riesenformat in Stein und Erz das auch der mit hartem Wort von höchster Stelle verfemte nationale Kitsch. Was bleibt sonst noch neben der Steinmetzarbeit, die zu erledigen für unsere moderne Industrie eine Lappalie ist, zu tun? Da gibts noch 3 Adler, die auf drei Entwürfen zum Verwechseln ähnlich sind; sowas schiesst man heute schon aus der Pistole. Ausserdem wären noch, höchst problematische Sache, wie es auch dem Preisgericht des 76iger Denkmals erschienen sein soll, einige reliefierte Filmscenen. Und nun frage ich einmal, was steht denn eigentlich an Ideengut hinter dem Nationalsozialismus?, dass man mit so billigen Mitteln die nationalsozialistische Erhebung glaubt feiern zu dürfen. Darf ich daran erinnern, dass man in Hamburg nach der nationalen Erhebung im Jahre 1933 Reden vernahm, die einen hohen Begriff gaben von Wert und Würde der Kunst, dass man hohe Ansprüche an die Künstlerschaft stellte und auch entsprechende Exempel statuierte? Haben nicht Lagarde und Möller van den Bruck hohen Sinnes gefordert und prophezeit, hat man kein Gefühl für die unausgeschöpften Ideen Richard Wagners, kennt man nicht die erneut so lebensträchtig gewordenen Gestalten der Edda, der nordischen und deutschen Sagen und Märchen, die in den Kämpen der S. A. erstanden zu sein scheinen? Weiss man nicht von der Notwendigkeit, dem Volke bildlich glaubhaft zu machen, was Philosophie, Rasseforschung und Spatenarbeit an Erkenntnis heldischer Ahnen und Zukunftsverpflichtung entdeckt haben? Begreift man nicht, dass nur die Kunst berufen sein kann, in dem so [4] heillos verfahrenen Streit der Konfessionen über alle Wortklauberei hinaus, wie es die angezogene Schulungsstunde vom vorigen Dienstag so lächerlich und tragisch zugleich zeigte, in der Verlebendigung abstrakten Ideengutes, in der Hineinführung alter dogmatischer Lehrsätze für die Nachfühlung des Erlebnisses in der eigenen Brust die Brücke zu schaffen zur Gegenwart? Man diskreditiert die Bibel statt aus der nordischen Welt heraus zu begreifen, wie der Kampf des Lichtes mit der Finsternis am Mittelmeer sowenig Halt machte, wie am germanischen Asenhimmel. Man lacht über Wotansanbeter im Bärenfell ohne Skrupel, um gleichzeitig seine geistige Orientierung aus dem dogmatischen Zauberschatz unserer naturnotwendig polaren Gegner herzuholen. Man verfehmt [sic] auch den politischen Gegner, statt mit einer, in den kosmisch weiten Hintergrund unserer germanischen Mythologie hineingestellten Kunst den heroischen Kampf, der vom göttlichen Allvater gewollten Gegensätzen in der Form der Kunst zum befreienden Ausklang zu bringen. Gerade in der so notwendigen Erhöhung der widerstreitenden Volksteile in die versöhnende Ebene gefühlserhebender grosser Kunst ist tatsächlich die so dringend notwendige Möglichkeit gegeben, um das Wort von der Volksverbundenheit in tieferem Sinne wahr zu machen. Das weiss man alles. Man sagt es auch und viel besser als das je mir gelingen könnte. Aber, was tut man?

Und hier muss ich leider eines der übelsten Kapitel in der Ungeistesgeschichte der heutigen sogen. Gebildeten anschneiden und ich glaube, man darf dieses Kapitel geradezu grauenhaft nennen, angesichts der Breite der Ausdehnung dieses Uebels. Hat man schon einmal beobachtet, wie für die sogen. Bildungsschicht die Ausbreitung geistiger Seuchen den gleichen Gesetzen zu folgen scheint, die für die allerdümmste Modetorheit auch herrschen? Diese Fragestellung scheint sicher unseren Gebildeten höchst überflüssig; dass dem so ist wissen sie alle. Wer von ihnen nämlich hätte nicht das diese Idee in so grandioser Form behandelnde Werk Spittelers: »Prometheus und Epimetheus« gelesen? Und doch, was geschieht? Bis in die hohen Höhen des Nationalsozialismus dringt das [5] sogen. Gesetz von der »neuen Sachlichkeit«. Sogar bei Ullstein oder Mosse war schon zu lesen, dass das Volk wieder Inhalte haben will, dass ihm die gemalten und gemeisselten Atelierprobleme nicht genügen. Die Kunstausstellungen sind ja auch leer. Eine Schluderei der Form und Technik herrscht da, als ob wir in einer Zeit lebten, die uns mit den einträglichsten Geschäften überhäufte, sodass eben für eine Nebensächlichkeit wie die Kunst die Stunden möglichst beschnitten werden müssten. In der Architektur herrscht die glatte Wand. Selbstverständlich, wenn ein derartiger Mangel an Arbeitskräften konstatiert werden muss, und wir zugleich mit unseren technischen Hilfsmitteln denen der Steinzeit soweit unterlegen sind. Aber nicht nur darum geht es, sondern es hat dies sogar geistige, philosophische Gründe, wie versichert wird. Dass man die sinnlose Häufung, resultierend aus modischer Geistesleere, nun mit dem Gegengift absoluter Kahlheit, also einer anderen Art Geistesleere nicht kurieren kann, ohne das Volk um seine geistige Kost zu betrügen, hat man aber offenbar noch nicht denkerisch ergründen können. Zwar Richard Wagner hat erläutert, dass Kunst ohne geistige Verankerung, ohne Beziehung zum Rasseerbe der Mythologie zur Afterkunst werden muss. Sogar der jetzt so niedrig bewertete Expressionismus hat dem L'art pour l'art die Forderung geistigen Gehaltes entgegengesetzt. Der Jude Rubiner goss seinen Spott aus über die Kunstschaumschläger. Schadet nichts: Unsere »Gebildeten« knieen vor »Tendenzkunst«, aber jener der anderen, wir aber dürfen uns »neuer Sachlichkeit« in objektiver Würdigung der Werte weihen, die eben Werte sind, weil sie neu und sachlich genannt werden. Dass auch noch nicht einer der Herren von der glatten Wand, die sie wie ein kaum erfassbares Mysterium umnebeln, versucht hat, für die Ausschaltung geistig betonten Schmuckes die Dynamik des neuen Bauprozesses sachlich anschaubar zu machen, fällt, wie es scheint, garnicht auf. Man hat den Gebildeten wieder Nihilismus untergeschoben und rührend, er glaubt auf höherer Ebene zu tronen. Wenn das bei der »Fachschaft« geschieht, dass sie auf formalem Hokospokus herumreitet, so ist das ganz selbstverständlich betrüblich. Und Rosenberg [6] hat da der Künstlerschaft treffliche Worte aufs Merkblatt geschrieben, aber damit doch eine nebensächliche Angelegenheit behandelt, soweit es da um die Privatrichtung, um das Atelierproblem der subjektiven, individuellen Form geht. Aber dass Rosenberg für ein ganzes Gremium höherer, im Preisgericht zu Hamburg beratender und richtender Deutscher Männer, in der Mehrzahl Nationalsozialisten, so vollkommen einfach nicht vorhanden zu sein scheint, wenn es darum geht, nun auch durch die Tat zu beweisen, was die Kunst dem Volke zu sein hätte und das Fundament herzustellen auf dem sie sich bestätigen könnte, dann, nun dann hat wohl des Sängers Höflichkeit zu schweigen? Aber hier geht es nun einmal nicht darum, wohlgeborgen und stille zu sein und die Höflichkeit selbst gegen Männer, die als Privatpersonen aller Wertschätzung und Achtung versichert sein mögen, mag der Teufel holen, wenn es darum geht, ob nationaler Kitsch ins Riesenformat übersetzt oder nationaler Kunst eine Plattform geschaffen werden soll. In dieser Stunde und in diesem Zusammenhang nämlich genügt es nicht, irgend eine platte Formel geschmackvoll zu architektonisieren, oder gar, wie es zum Teil der Fall ist, skandalösen Formalismus, unseliges Erbe der Nachkriegszeit, mit einem Riesenhakenkreuz zu »entsündigen«. Man kann nicht einer Partei sinnvoll dienen, die Hitler und Rosenberg zu Führern hat und gleichzeitig handeln, als ob von ihnen nicht Worte geprägt worden wären, die endlich Licht in das so heillose verfahrene Gebiet der neuen Deutschen Kunst gebracht haben. Selbst die wirtschaftliche Seite, die ich bereits berührt habe, ist keineswegs so untergeordnet, wie es scheinen möchte. Der Einwand, grosse Kunst sei nicht identisch mit grossem Format, ist mir durchaus geläufig und ich bestätige gern, dass in einem anständig gezeichneten Profilkopf mehr Architektur stecken kann, als in sämtlichen preisgekrönten Entwürfen zusammen. Aber darum geht es hier garnicht. Es geht darum, keine Gelegenheit zu versäumen, die Anlass geben könnte, mit dem heroischen Gedanken, der einer Heldenehrung innewohnen soll, die Künstler zu zwingen, ihren Atelierplunder, zu dem ich auch die ganze Scheinphilosophie der neuen [7] Sachlichkeit in ihrer monumentalen Leere zähle, endlich zu vergessen. Dazu aber zwingt man sie nicht mit Handbewegungen, die nichts kosten, wäre es auch gar die Geste von Ministern, das erzwingt nur die Gelegenheit zur grossen Gemeinschaftsarbeit. Dass damit nicht etwa die Eröffnung einer mit dem unmöglichsten Sammelsurium angefüllten Kunstausstellung und wäre sie mit noch soviel Geschmack arrangiert, gemeint sein kann, dürfte jetzt sogar im »Milieu der Gebildeten« begriffen sein. Man muss einsehen, dass die Kunst des Einzelgängers auch noch in ihrer Verstiegenheit liebenswert sein kann, denn sie ist immer noch der Niederschlag seelischen Erlebens, seelischen Kämpfens und sie kann immer noch der verwandten Seele einen geistigen Lichtstrahl bedeuten. Aber über diesen Privatluxus hinaus zu kommen ist, wenn je, das Gebot dieser Stunde. Man kann aber nicht Volksverbundenheit propagieren und das erhabene Mittel der Kunst unbeachtet lassen, man kann nicht die Bedeutung des Arbeiters im neuen Staat hervorheben und dem Künstler die Gelegenheit vorenthalten, seine edelsten

Errichtung des Vorbaus zum Kunsttempel
von links: Jutta Bossard, Franz Hötterges, Johann Bossard (aufrecht stehend), Ernst Krull, o. J. (1936)

Kräfte in den Dienst des Volksganzen zu stellen und endlich kann man auch nicht Gott den Allmächtigen zitieren und den heroischen Kampf des Lichtes mit der Finsternis im heutigen Rassenkampf aufzeigen, der ein Kampf um Sein oder Nichtsein ist, wenn den Künstlern, die sich zu diesem Dienst am Volke drängen, die Möglichkeiten verweigert werden zu zeigen, dass sie nicht nur Wohlfahrtsempfänger, sondern Mitkämpfer sein können. Hier dürfte auch der Ort sein, einer der grössten psychologischen Sünden Spenglers zu gedenken in Hinsicht der Auswirkung seines Pessimissmus gegen die Kunst unserer Zeit auf unsere Gebildeten. Ich erspare mir das leichte Vergnügen, darauf ausführlich hinzuweisen, dass auch zwei dicke Bände noch nicht mit dem Beweis für philosophische Tiefe identisch sind, sowenig als die Fülle des »Tatsachenmaterials« eine einsichtige Folgerung daraus verbürgt. Wir sind in sozusagen allen Fakultäten Kinder unserer Zeit, d. h. im Wesentlichen dessen was uns nottut keineswegs mit besonderer Zielsicherheit begabt, daher aber darf der Herausmeisselung des heroischen An[8]spruches an unser Volk auch keine Hilfskraft als überflüssig gelten. Was aber insbesondere den deutschen Gebildeten betrifft, so ist es wie mit den Völkern, man muss sie edel nennen, um ihnen auch das Vertrauen zu dem schlummernden Edelmut zu geben und ihm, der in erster Linie Ohrenmensch ist, darf man nicht auch noch die ganz wenigen Anlässe, seine Augen zu erziehen, diskreditieren. Das nämlich vermag die alte bildende Kunst kaum je bei einzelnen Ausnahmen. Die Kunstliteratur hat unsere Luft derart mit Worten gefüllt, dass das eine und andere kluge Wort allzuleicht ein Erlebnis vortäuschen kann und doch nur ein missverstandenes Echo ist. Aus dieser Sphäre eines öden Papageienschwatzes herauszuführen ist eine der dringendsten Aufgaben der bildenden Kunst unserer Zeit und sie kann garnicht ernst genug genommen werden, weder im Dienste des »Volkes« noch des »Gebildeten« und, was die Künstler selbst schon manchmal übersehen, auch bei ihnen droht schon das edelste Organ in den feineren Funktionen zu erschlaffen. Die Einengung auf allzu begrenzte Gebiete der Anwendung von Linie, Farbe und Form, das allzu persönlich formulierte Gebilde des Augenerlebnisses, dass dann wieder allzu willfährig die fadeste Modetorheit einzutauschen bereit ist, statt dem wirklichen Erlebnis die Form abzuzwingen, sind keineswegs leicht zu nehmende Gefahrenmomente und die offenkundige Vernachlässigung des sogenannten Inhaltes einen sich zu einem Mangel, der seine Auswirkung dem Volke gegenüber höchst unerfreulich zeigt. Da kann nur der Zwang helfen, der in der grossen Aufgabe liegt. Diese ist gegeben, Rosenberg hat sie glänzend formuliert und die deutsche Künstlerschaft wird dem Rufe folgen, wenn sie sich nicht selbst aufgeben will. Es ist danach eigentlich gar nicht einzusehen, weswegen die Hamburger Wettbewerbe ein so niederschmetterndes Ergebnis zeitigten: Rosenbergs »Mythus« ist bei den Preisrichtern als bekannt vorauszusetzen, sie sind alle deutsche Arier, (oh, wäre doch ein Jude dazwischen, damit ich ihm die Schuld geben könnte), bleiben als Gründe nur das gänzlich antinationalsozialistische Gelddenken, welches den Missbegriff von der »Not der Zeit« schuf und [9] dann eben die »Bildung«, Diese »Bildung«, die so fabelhaft organisierte Ohren hat, dass sie auch noch die windigsten Schlagworte auffängt und sich von Worten benebeln lässt, dass die Augen weder Tag noch Nacht auseinander halten können. Wenn Sie nun, sehr geehrter Herr Gundlach, glauben, aus den hier skizzierten Ideen Frucht für den Dienst am Volke gewinnen zu können, so soll mich das freuen. Ich persönlich diene meiner Kunst nach wie vor, ob mit oder ohne Förderung von seiten der Hochmögenden.

Mit deutschem Gruss
Ihr
[Johann Bossard][2]

1 Der im Folgenden abgedruckte Text wurde nach dem Typoskript AJB 8 erstellt. Ein weiteres, identisches Typoskript liegt der Korrespondenz von Johann Bossard an Emil Hegg (AJB 180) bei. Das Typoskript AJB 8 weist minimale handschriftliche Korrekturen von Tippfehlern auf, die entweder von der Schreibkraft oder von Johann Bossard stammen. Diese Korrekturen wurden stillschweigend übernommen. Ein handschriftliches Manuskript ist im dem Archiv der Kunststätte Bossard nicht nachweisbar.
2 Im Typoskript ist keine Unterschrift erhalten. Diese hat Johann Bossard sicherlich auf das an Gundlach verschickte Original-Typoskript gesetzt und in seinem Nachlass eine nicht unterschriebene Durchschrift behalten.

> »Diese vielleicht
> anregendste Reise
> meines Lebens«
> Johann Bossard, 1938

Janina Willems

Jutta und Johann Bossards Studienreise nach Belgien und Frankreich

Das nationalsozialistische Regime beteiligte sich an der Pariser Weltausstellung 1937 mit dem *Deutschen Haus* von Albert Speer (1905–1981), das an exponierter Stelle am Nordufer der Seine dem sowjetischen Pavillon von Boris Iofan (1891–1976) gegenüberstand. Frankreich zählte seit der Neuregelung der Devisenbewirtschaftung 1935 zu jenen Ländern, für die das Deutsche Reich keine Valuta für Privatreisen mehr zu Verfügung stellte. Selbst ohne ein ausdrückliches Verbot waren Reisen in das Nachbarland aus finanziellen Gründen und wegen der Visumspflicht kaum mehr möglich. Ein zeitlich begrenztes Devisenabkommen mit Frankreich während der Weltausstellung 1937 ermöglichte 80.000 Besuchern aus Deutschland die Einreise ins Nachbarland.[1] Auch Johann Bossard wollte diese Gelegenheit zur Reise nach Paris nutzen, wie er seinem Berner Förderer Emil Hegg (1864–1954) im selben Jahr mitteilte: »Ein verlockendes Reiseprospekt über Amsterdam nach Paris macht uns sehr den Mund wässerig wegen der dortigen Weltausstellung, wenn es sich auch nur um etwa 3tätigen Besuch handeln könnte. Leider hängt ein Nachsatz daran: ›Falls sich die Devisen beschaffen lassen!‹«[2] Das Vorhaben ließ sich nicht verwirklichen. Stattdessen konnten Johann und Jutta Bossard, geb. Krull, ein Jahr später über die Niederlande, Belgien und Frankreich nach Paris reisen.[3] Gemeinsam holte das Ehepaar damit die Paris-Reise nach, die Jutta Bossard bereits 1926 im Anschluss an ihr Kunststudium geplant hatte.[4] Johann Bossard verlieh dem Antrag für eine als Studienreise deklarierte Reise und der damit verbundenen Devisengenehmigung Nachdruck mit einer Fürsprache von Seiten seines Förderers und Freundes Helmuth Wohlthat (1893–1982). Dieser unterstand erst seit dem 4. Februar 1938 als Ministerialdirektor zur besonderen Verwendung der Weisung des Ministerpräsidenten Preußens Hermann Göring (1893–1946) und verfügte über ausgezeichnete Kontakte bis in die höchste NS-Regierungsebene. Bossard formulierte gegenüber Wohlthat die Absicht: »Ich möchte verschiedene Kunstwerke doch noch gerne im Original kennen lernen & ehe ich pensioniert werde ist nicht mehr viel Zeit zu verlieren. Im Ruhestand würden die Mittel ohnehin nicht mehr zu einem solchen Unternehmen reichen.«[5] Wohlthat übergab den Reiseantrag und seine befürwortende Stellungnahme an die Deutsche Kongresszentrale (DKZ) in Berlin, die 1934 gegründet worden und ab 1936 in Joseph Goebbels (1897–1945) Propagandaministerium

Einführungen und Quellentexte

Postkarte
von Johann und
Jutta Bossard
an Emil Hegg aus Paris,
1938, AJB 180

eingegliedert war. Die DKZ regulierte alle organisatorischen Kongresse und Versammlungen in Deutschland und die Beteiligung deutscher Wissenschaftler an Kongressen im Ausland sowie deren Auslandaufenthalte zu Studienzwecken. Von Seiten der DKZ erhielt Bossard die Aufforderung, über die Dauer des Aufenthalts in den einzelnen Ländern genauer Mitteilung zu machen;[6] wie der Künstler erläuterte, hatte er 26 Tage mit drei Tagen Aufenthalt in Holland, drei Tagen in Belgien und 20 Tagen in Frankreich[7] geplant mit Station in Amsterdam, Utrecht, Brüssel, Amiens, Rouen, Paris und Reims.[8] Die Reise konnte am 15.7.38 angetreten werden.[9] Spätestens 1938 hatten sich die Bossards einen PKW Typ »DKW Meisterklasse« angeschafft. Mit diesem Auto unternahm das Ehepaar die Reise und übernachtete häufig darin, um Geld zu sparen. Gefahren wurde der DKW von Jutta Bossard.[10] Die DKZ verband mit der Genehmigung die Auflage, einen Reisebericht zu verfassen. Den Reisebericht schrieb Bossard vermutlich Ende September 1938 und sendete ein Exemplar nachweislich an seine Förderer Helmuth Wohlthat,[11] Theo Offergeld (1896–1972)[12] und Emil Hegg.[13] Ob er den Bericht weiteren Personen zu lesen gab, ist nicht bekannt. Mit dem Reisebericht lieferte Bossard der DKZ unter anderem eine ausführliche Beschreibung der gewonnenen Eindrücke in Museums- und Ausstellungsbesuchen, Überlegungen zur Ausstellungspraxis in Deutschland und Frankreich, einen Vergleich des Siedlungs- und Wohnungsbaus in Belgien, Frankreich, Holland und Deutschland sowie stilgeschichtliche Überlegungen zur Architektur insbesondere der gotischen Kathedralbauten und zur Malerei sowie sogar einen Vergleich der politischen Untertöne in der deutschen und französischen Literatur. Seine Ausführungen formulierte Bossard auf 36 maschinenschriftlichen Seiten so ausschweifend, dass die Vermutung nahe liegt, dass er mit Absicht die Intention der DKZ, politisch nützliche Informationen aus den Beobachtungen Bossards ziehen zu können, zu unterwandern suchte unter dem Vorwand, sich nur über Beobachtungen zur bildenden Kunst fachgerecht äußern zu können. Der Besuch einer französischen Impressionisten-Ausstellung und der Sammlung Moderner Kunst im *Stedelijk Museum* in Amsterdam nimmt er als Anlass, vorsichtige Kritik an der 1937 in München eröffneten Propagandaausstellung *Entartete Kunst* zu üben, die Werke aller modernen

Kunstrichtungen – allen voran des Expressionismus – als ›kulturbolschewistische‹ und ›Kultur zersetzende‹ Machwerke verfemen sollte. Die Ausstellung von Wilhelm Lehmbrucks *Großer Kniender* schreibt Bossard dem Umstand zu, »[d]ass in der bildenden Kunst das, was man wirklich Verständnis nennen kann, selbst beim sogenannten Kunstwissenschaftler selten ist, […] [d]enn, wenn das auch keine klassische Skulptur war, so war es doch eine innige Darstellung beseelten Weibtums.«[14] Eine Lanze bricht Bossard auch für den von ihm verehrten Constantin Meunier (1831–1905) und dessen *Denkmal der Arbeiter:* »Einem der schönsten Werke neuer Monumentalkunst verweigerte man jahrelang wegen angeblicher sozialistischer Tendenz die Aufstellung«[15] in Brüssel. Er übt Kritik an der politischen Instrumentalisierung der bildenden Kunst, wenn »unberechtigte Kämpfe rein politischen Charakters auf dem Rücken der Kunst ausgefochten werden.«[16]

Der Reisebericht Bossards ist abschnittsweise von den zeitgenössischen, gängigen Vorurteilen und Feindbildern geprägt, die die Feindseligkeit in der deutsch-französischen Beziehung jener Zeit aber noch gemäßigt widerspiegeln. Bereits im 19. Jahrhundert entwarfen nationale Kreise das Narrativ einer vermeintlichen ›deutsch-französischen Erbfeindschaft‹. Als historische Ereignisse, die dieses Narrativ belegen sollten, galten die Befreiungskriege, der Deutsch-Französische Krieg und die Einverleibung von Elsass-Lothringen in den 1871 gegründeten ersten deutschen Nationalstaat, die Konkurrenz um die Hegemonie in Kontinentaleuropa und der Erste Weltkrieg. Der Friedensvertrag von *Versailles* wurde in breiten Bevölkerungsschichten als erneute militärische und politische Demütigung aufgefasst, die der ›Dolchstoßlegende‹ und dem Mythos, in Wahrheit ›im Felde unbesiegt‹ gewesen zu sein, Vorschub leistete. Die Nationalsozialisten knüpften an den Glauben an die deutsch-französische Erbfeindschaft an.

Kathedrale von Amiens
historische Postkarte,
aus dem Nachlass von
Johann Bossard

Bossard charakterisiert Holland und Belgien als »Übergangsländer« mit »Eigenheiten, denen man teils auch wieder in Frankreich begegnet und andernteils noch so ausgeprägt[em] nordische[n] Erbe, wie es dann weiter südlich seit der Gotik mehr und mehr verebbte.«[17] Bossards Exkurse zur Kunstgeschichte sind vor dem Hintergrund des zeitgenössischen Diskurses einer rasse- bzw. völkerpsychologisch argumentierenden Kunstgeschichtsschreibung und Kunstkritik zu verstehen.[18] So kann er Erklärungsversuche für nationale stilgeschichtliche Entwicklungen und Abhängigkeiten liefern und die vermeintliche Überlegenheit deutscher und italienischer gegenüber französischer Renaissance- und Barockkunst begründen. Die Kathedrale von Rouen beurteilt Bossard noch als Meisterwerk der französischen Kathedralgotik: »[D]ie Baumeister von Rouen trieben nun die Waldespoesie ihres Bluterbes in einer Weise auf den Gipfel formaler und technischer Vollendung, dass alles im gleichen Sinne in germanischen Ländern in Stein, Holz und Bronce Ausgeführte weit überboten wurde.«[19] Für diese Leistung müssen verschiedene Faktoren zusammen kommen, wie unter anderem ideale klimatische Bedingungen (»südliche Milde unter nördlicher Breite«) und Materialkenntnis (»Vertrautheit mit der Arbeit im Holz«) »ehe das nordische Blut zu solcher Sinnhaftigkeit sich entfalten kann.«[20] Das Straßburger Münster schien Bossard aber mit patriotischen Pflichtgefühl »schöner [...] als alles bisher Gesehene.«[21] Als Begründung führt er die Gesamtwirkung an, die »unter der Zauberhand eines Meisters Sinn, Schmuck und Wohlklang, mit einem Wort: Seele geworden.«[22] Bossards Bewertung baut auf das persönliche und ästhetische Empfinden anstelle eines rationalen, wissenschaftlichen Ansatzes auf. Nach der mit den Normannen und Wikingern in Bezug gesetzten Gotik bescheinigt Bossard anhand der Schlossanlage von Versailles, dass in Frankreich die »Dynamik des nordischen Blutes verebbt«[23] gewesen sei und mit dem Absolutismus die französische Kunst gegen italienische und deutsche Barockkunst ihre Eigenständigkeit nicht mehr habe behaupten können. Die französische Kunst habe im Absolutismus »zwangsläufige Rückversicherung an den Formenkanon des anderen Absolutismus in Rom«[24] genommen und in Frankreich sei »die Kunst den beeinträchtigenden Schein einer Importware nicht los geworden«,[25] wohingegen das »Vorbild des fürstlichen Absolutismus« »[i]n künstlerischer Hinsicht« in Deutschland durch »Geist«[26] ersetzt worden sei, oder, wie an anderer Stelle formuliert, »in Deutschland gotischer Geist auch in den Renaissancebauten leuchtend durchbrach«, »Eigenwert erreichte«, um in »Barock- und Rokokowerken [...] eine einzige Höhe zu erreichen«[27]. Mit dem Impressionismus ist für Bossard in Frankreich schließlich »[d]ie Urrasse [...] wieder auferstanden und erblickte durch alle Kulturschichten hindurch wieder, wie nach einer Eiszeit, die liebe sonnige fruchtbare Heimat.«[28] Bossard begreift die Wegbereiter und Künstler des Impressionismus wie den »gotische[n] Normanne[n] Rodin«[29] Millet, Cezanne, Manet, Monet, Degas und Renoir, »[d]iese Großstädter und primitiven Bauern, diese Forscher und Aesthetiker [...] neben dem aristokratischen Nachzügler Puvis de Chavanne [als jene] Urrasse.«[30] Bossard scheint mit diesen diffusen Ausführungen eine klassen- und bildungsübergreifende Künstlergenieelite als Nachfahren einer nicht weiter definierten vermeintlichen nordischen ›Urrasse‹ zu beschreiben, die für Frankreich wieder eigenständige, kulturelle Höchstleistungen vollbringen konnte.[31] Bossards Verständnis vom Genie ähnelt dabei dem von Houston Stuart Chamberlain (1855–1927), der die Figur des Genies bzw. des Helden als Ausdruck höchster germanischer Leistungsfähigkeit ansah. Bossard übertrug ausgewählte Aspekte der zeitgenössischen Rassetheorien auf sein Weltbild, dennoch wagte er an grundlegenden Aspekten unterschwellig und offen Kritik zu üben, und das in einem offiziellen Bericht an eine nationalsozialistische Behörde, die DKZ. Es finden sich darüber hinaus auch keine antisemitischen Schlussfolgerungen in seinen Exkursen zur Rasse. Er schreibt: »Das Rasseproblem [...] manchmal möchte ich glauben, dass es seit Chamberlains Grundl. d. XX. Jahrhunderts nicht vertieft worden ist.«[32] Chamberlain hatte in dem 1899 veröffentlichten populärwissenschaftlichen *Grundlagen* auf vorhandenen Rassetheorien aufbauend die Geschichte der Menschheit und der menschlichen Zivilisation als eine Geschichte der Rassen entworfen und machte dies für weite

Kreise des deutschen Bildungsbürgertums salonfähig. Nennenswerte Erkenntnisse in diesem Feld durch spätere, nationalsozialistische Autoren streitet Bossard damit vorsichtig ab. Überhaupt stellt er die Vermutung auf, dass »[d]as Problem«[33] nicht einer wissenschaftlichen Methode und eher dem künstlerischen Blick zugänglich sei – also nur auf einer ästhetischen Ebene – versuchte Bossard hier gar zwischen den Zeilen die Übertragung solcher Theorien auf die wissenschaftliche und politische Praxis zu kritisieren? Die Praktik, physiognomische Merkmale als vermeintliche Rassekriterien heranzuziehen, stellt Bossard nach der Beschreibung beobachteter unterschiedlicher Typen englischer Studenten offen in Frage: »Was soll nun aber ein toter Schädel aussagen können, wenn schon dem lebenden Menschen, der ununterbrochen und selbst wider Willen Zeugnis von sich ablegen muss, so schwer im Wesentlichen, Wichtigen beizukommen ist?«[34] Mit der anschließenden Schilderung einer Episode während eines Besuchs im Louvre führt er die Überlegenheitsvorstellungen einer ›weißen Rasse‹ ad absurdum. Die Augusthitze hatte die meisten Besucher, meist Engländer und Amerikaner, dazu gebracht sich wie das Klischee vom »Badehosendeutschen« zu kleiden. »Es war ein Neger, der sozusagen neben uns die Ehre der Zivilisation rettete, ein würdiger Herr, unaufdringlich, in der schlichten Art eines bürgerlichen Gelehrten, wandelte er mit dem Katalog in der Hand sachkundig durch die Räume.«[35]

Kathedrale von Rouen
historische Postkarte,
aus dem Nachlass
von Johann Bossard

Das Höllentor
Gipsmodell von
Auguste Rodin,
historische Fototafel
aus dem Nachlass
von Johann Bossard

Nach nur sechs Tagen Aufenthalt in Paris brachen Johann und Jutta Bossard vor dem Hintergrund der Sudetenkrise ihre Reise ab. Die Krise hatte sich bereits ab März 1938 immer weiter verschärft. Im Mai mobilisierte die tschechoslowakische Regierung Teile ihrer Armee aufgrund deutscher Truppenbewegungen an der Grenze. Darauf schalteten sich Frankreich, Großbritannien und Polen in die Krise ein. Erst mit der Münchener Konferenz vom 28. bis 30. September konnte in einem Krisentreffen von Adolf Hitler (1889–1945), Benito Mussolini (1883–1945), Édouard Daladier (1884–1970) und dem englischen Premierminister Arthur Chamberlain (1896–1940) der drohende Krieg des Deutschen Reichs gegen die Tschechoslowakei abgewendet werden, als die Westmächte nachgaben und der ›Abtretung des Sudetengebiets‹ zustimmten. Zu der politischen Entwicklung verlautete Bossard im Januar 1939 gegenüber Hegg: »Wenn es nicht schon immer wohl das obligate Zubehör der Menschheit gewesen wäre, könnte man ein Lamento anstellen über die politischen Wahnsinnstaten, bei denen Geld & Kraft keine Rolle spielen, deren kleinste Teile aber zum Aufbau nicht flüssig zu machen sind. Ein grauenhaftes Beispiel ist jetzt wieder in der Auswirkung des Versaillesvertrages der Tschechengrenze; schon bis nach Jesteburg wälzt sich der Flüchtlingsstrom der Sudetendeutschen. Schon in Belgien & Frankreich hat uns die politische Atmosphäre beunruhigt & im Genuss manches Schönen behindert. Wir sind denn auch schneller wieder heimgekehrt, als es eigentlich beabsichtigt war. Trotzdem haben wir die kostbarsten Erinnerungen & freuen uns sehr, dass wir die Reise gewagt hatten.«[36]

1 Graf, Johannes, »Verbindung von französischer Tradition mit sachlicher Modernität«. Gustave René Hocke berichtet über die Weltausstellung 1937 in Paris, in: *Reisekultur in Deutschland: Von der Weimarer Republik zum ›Dritten Reich‹*, hrsg. v. Peter J. Brenner, Tübingen 1997, S. 108 und 109.
2 Brief von Johann Bossard an Emil Hegg vom 8.2.1937 (AJB 180).
3 Brief von Johann Bossard an Emil Hegg vom 31.3.1938 (AJB 180).
4 Fok, Oliver, *Jutta Bossard. Ein Leben voller Kunst. Mit Erinnerungen an Jutta Bossard von Harald Wohlthat* (Schriften der Kunststätte Bossard, 2; Schriften des Freilichtmuseums am Kiekeberg 44), Ehestorf 2003, S. 21.
5 Briefentwurf von Johann Bossard an Helmuth Wohlthat vom 9.5.1938 (AJB 12). Brief von Wohlthat an Bossard vom 12.5.38 (AJB 203).
6 Zum Vorgang siehe: Briefwechsel Bossard mit Deutsche Kongress-Zentrale Berlin vom 9.5.1939 und 11.5.1939 (AJB 12).
7 Briefentwurf von Johann Bossard an die Deutsche Kongress-Zentrale Berlin, Betreff: A Wk.- 37 29/38 (AJB 12).
8 Briefentwurf von Bossard an die Deutsche Kongress-Zentrale Berlin vom 9.5.1938 (AJB 12).
9 Brief eines Abgeordneten der Kongress-Zentrale Berlin an Johann Bossard vom 27.6.38 (AJB 12).
10 Briefentwurf von Johann Bossard an die Deutsche Kongress-Zentrale Berlin, Betreff: A Wk.- 37 29/38 (AJB 12).
11 Brief von Marga Wohlthat an Johann Bossard vom 13.3.1939 (AJB 203).
12 Brief von Theo Offergeld an Johann Bossard vom 1.10.1938 (AJB 175).
13 Briefe von Emil Hegg an Johann Bossard vom 3.11.1938 und 29.1.1939 (AJB 177).
14 Bossard, Johann, *Bericht über eine Studienreise nach Belgien und Frankreich,* September 1938, Typoskript, o.O. [Jesteburg] 1938 (AJB 12), S. 3.
15 Bossard 1938, S. 3.
16 Ebd.
17 Bossard 1938, S. 1.
18 Zu diesem kunsthistorischen Diskurs vgl. ausführlich: Bushart, Magdalena, *Der Geist der Gotik und die expressionistische Kunst: Kunstgeschichte und Kunsttheorie 1911–1925,* München 1990, insbesondere S. 93–134.
19 Bossard 1938, S. 12 und S. 13.
20 Ebd., S. 13.
21 Ebd., S. 14.
22 Ebd., S. 15.
23 Ebd., S. 17.
24 Ebd.
25 Ebd., S. 19.
26 Ebd., S. 17.
27 Ebd., S. 19. und 20.
28 Ebd., S. 21.
29 Ebd.
30 Ebd.
31 Ebd.
32 Ebd., S. 21. und S. 22.
33 Ebd., S. 22.
34 Ebd.
35 Ebd., S. 23.
36 Brief von Johann Bossard an Emil Hegg vom 29.1.1939 (AJB 180).

Johann Bossard

Bericht über eine Studienreise nach Belgien und Frankreich (1938)

[1]
An die
Kongress-Zentrale[1]
B e r l i n.[2]

Ihre[r][3] Aufforderung, über meine im vergangenen Sommer gemachte Studienreise nach Frankreich einen ausführlichen Bericht zu geben, komme ich gerne nach. Lediglich Ihr Wunsch, auch über das Politische mich hören zu lassen, macht mir insofern Bedenken, als ich befürchten muss, Ihnen nur Allerweltseindrücke vermitteln zu können. Naturgemäss müsste man gerade auf diesem Gebiete über Beziehungen verfügen, die ein Künstler meist weder hat noch pflegt und die sich bestenfalls mit seinen Interessen nur indirekt berühren können.

Meine Reise ging ab Emmerich a/Rhein durch Holland und Belgien und ich betone dieses, weil ich schon hier die Ausstrahlungen Frankreichs fühlte und sah. Nebst dem[4] aber zeigen diese beiden [Ü]bergangsländer[5], wie ich sie nennen möchte, Eigenheiten, denen man teils auch wieder in Frankreich begegnet und anderteils noch so ausgeprägt nordisches Erbe, wie es dann weiter südlich seit der Gotik mehr und mehr verebbte. Ein auffällig Gemeinsames ist schon das Gehaben der Rad- wie Autofahrer. Scheinbar unbekümmert und disziplinlos wogt die Gesell- [2] schaft durcheinander, dass man zuerst nur schwer den Schrei nach den deutschen Verkehrsvorschriften unterdrücken kann. Und wenn schon der deutsche Radfahrer, aus dem Auto heraus gesehen, oft ein Schmetterling im Winde, ein ziel- und planlos Flatterndes zu sein scheint, so ist hier Gesetzlosigkeit Gesetz geworden. Bald aber nimmt man wohltuend erstaunt wahr, dass eine gewandte Rücksichtnahme waltet, zwar bedingt durch eine dem deutschen Fahrer ungewohnte, rücksichtslose Inanspruchnahme der Bremse. Was in Holland und Belgien sich für uns vorbereitete, steigerte sich dann in Paris ins Riesenmässige. Ein solches Rechts- und Linksüberholen bei diesem Tempo hätten wir früher nicht für möglich gehalten. Das bekannte holländische Phlegma hat sich also nicht nur auf dem Gebiet der Kunst, sondern auch im Strassenverkehr offenbar willig dem französischen Einfluss geöffnet. Aber auch künstlerische Werbung ist eifrig und ich habe die aus staatlichen und privaten Sammlungen zusammengestellte Ausstellung französischer Impressionisten und ihrer Vorläufer, die im städtischen Museum zu Amsterdam gezeigt wurde, dankbar begrüsst. Dieses städtische Museum erwies sich in seinem Bestand für mich noch umso nützlicher, als ich später in Paris entdecken musste, dass Sammlungen dieser Kunstperioden des vorgeschrittenen Sommers wegen geschlossen waren und das geöffnete Luxembourg-Museum nicht bis zur Zeit des Expressionismus reicht. Dieses sehr reichhaltige Städtische Museum in Amsterdam nun zeigt [3] auch einen Umstand, der auch in Deutschland dem sachkundigen Besucher früher auffiel, dass nämlich die formalsachliche Bestrebung eines Künstlers, ja einer ganzen Gruppe, deren Programm bis in die Vorkriegszeit zurückreichte, häufig nicht klar getrennt wurde von Künstlern[6], die sich des expressionistischen Programms zur Formung ihrer volksschädlichen Schmatzereien bedienten. Ob nun auch in diesem Museum Kräfte am Werk waren, die bewusst Kulturbolschewismus trieben, kann ich natürlich ohne Personalkenntnis nicht entscheiden. Dass in der bildenden Kunst das, was man wirklich Verständnis nennen kann, selbst beim sogenannten Kunstwissenschaftler selten ist, geschweige denn beim Laien, zeigte ja auch die Münchener Ausstellung[7] »Entartete Kunst« vom Herbst 1937[8]. Sollte man da etwa eine böswillige Heimtücke vermuten, wenn Lehmbruc[k]s[9] »Knieende« da hineingestellt war? Denn, wenn das auch keine klassische Skulptur war, so war es doch eine innige Darstellung beseelten Weibtums.

Wie unberechtigte Kämpfe rein politischen Charakters[10] auf dem Rücken der Kunst ausgefochten werden, brachte mir dann in Brüssel das herrliche »Denkmal der Arbeit« von Me[u]nier[11] zum Bewusstsein. Einem der schönsten Werke neuer Monumentalkunst verweigerte man jahrelang wegen angeblicher sozialistischer Tendenz die Aufstellung und heute verkündete[12] Minister Dr. Goebbels: Was die Marxisten versprachen, das[13] führen wir aus. Dass sich übrigens [4] Politiker und Künstler[14] so selten verstehen, die doch beide für den Menschen schaffen, ist vielleicht nicht unverständlich, denn des einen Tendenz geht in die Breite, die des anderen in die Tiefe.

Übrigens auch beim Denkmal der Arbeit wieder eine Ausstrahlung Frankreichs, dessen Wort zuerst laut für Me[u]nier[15] eintrat. Dagegen war die holländische Bauweise neuer und neuester Art, besonders natürlich auffällig in der Arbeiterwohnung, aber selbst bei der Prunkvilla, der krasse Gegensatz zu dem, was ich während des Krieges im Felde in Frankreich sah und was ich jetzt während dieser Reise wieder sehen musste. Mit Ausnahme des Monumentalbaues auf der einen Seite eine unbekümmerte, leichtfertige Technik, lieblos als ob das Zwangsarbeit wäre und dagegen in Holland, im gartenhaft gepflegten Landschaftsbild, die reinliche Strasse einrahmend, auch das schlichte Arbeiterhaus schmuck und solide und an baukünstlerischem Reiz häufig die neue deutsche Siedlung in den Schatten stellend. Bei grossen Einzellandhäusern verbindet sich dann auf der Grundlage eines ausgewählten Baumaterials sauberste Technik mit hohem originalen Bauwollen. Die Dekoration der Aussenseite ist dann aber immer viel sparsamer, als man das an den deutschen Gegenstücken vor und nach dem Kriege wahrnehmen konnte und ich glaube auch nicht, dass am Kunstwert die wohlgelungenen Bauten dieser deutschen[16] Art irgendwo [5] in den Schatten gestellt wurden. – Wie ein neues öffentliches Gebäude mit Geschmack und Talent unter Wahrung originalen Formwillens einem alten Stadtbilde eingefügt wurde, genoss ich mit grosser Freude in Utrecht. Das dortige Postgebäude zeigte aussen wie innen unter Anschluss an gotische Formtendenzen sehr neuzeitliche Lösungen. Bei meinem Rundgang in Utrecht traf ich übrigens den ersten holländischen Nationalsozialisten. Ich betrat die Ausstellung einer kleinen Kunsthandlung. Mir fielen verschiedene talentvolle Arbeiten auf, die aber stilistisch ganz verschiedene Tendenzen aufwiesen, wie man das ja in der Neuzeit in allen europäischen Ländern zu sehen gewohnt ist. Ein Merkmal aber war allen Arbeiten gemeinsam, der unverhältnismässig niedrige Preis, wie ich ihn von der ausliegenden Preisliste ablas. Auf meine Bemerkung gegenüber der Verkäuferin, wie ich das zu verstehen habe, ob ein Missverständnis meinerseits vorliege, da ja meist schon der Rahmen des Gemäldes bei uns nicht für dieses Geld zu beschaffen wäre, krass ausgedrückt. Darauf holte die junge Dame den Inhaber des Geschäftes und wir kamen in ein angeregtes Gespräch. Mein erstes Thema war das »reiche Holland« und um diese unerklärlichen Hungerpreise. Mir wurde die Antwort: »Die Arbeiten sind Werke junger Künstler, die sich erst einen Namen machen wollen und darum kleine Preise haben, be- [6] kannte Namen haben freilich etwas höhere Honorarforderungen, was aber den Reichtum Hollands betrifft, so ist es in den Banken angehäuft, unproduktiv, es wird nicht gekauft, wir haben erschreckend viel Arbeitslose und mit ihnen gehen auch die Künstler stempeln. 60000[17] meiner Gesinnungsgenossen setzen unsere Hoffnung auf den Nationalsozialismus, die Regierung ist uns zwar feindlich gesonnen, aber wir werden siegen, weil es keine andere Lösung geben kann«. Also ganz wie bei uns vor der Erhebung. Es wurde auch die Absicht geäussert, eine Deputation an Hitler zu senden. – Ausstellungstechnisch gravitiert[18] Holland nach Deutschland, dem Gehalt nach, wie gesagt, eher nach Frankreich, abgesehen davon, dass hier wie in Belgien von Ausländern nur Franzosen für die Museen gekauft werden. Wenigstens ist mir nichts erheblich Gegenteiliges zu Gesicht gekommen. –

In Amsterdam bekam ich auch die ersten Emigranten-Hetzblätter[19] zu Gesicht. Wenn es fraglos für Ausländer meist schwer zu verstehen ist, wie der Nationalsozialismus so gründlich siegen konnte in einem Lande, das den Partikularismus länger mitschleppte als andere moderne Staaten und das den Rekord in der Zahl der Parteien hielt, so liegt es daran, dass man wohl selber am Ertrinken gewesen sein muss, um verstehen zu können, wie ein Ertrinkender sich benimmt. Ausserdem geht der politische Altruismus der Nachbarvölker wohl nie so weit, [7] dass unser Selbstmord ihnen erheblich nahe gegangen wäre. Das Verständnis für diese deutschen[20] Umstände und eine gewisse Zwangsläufigkeit des politischen Geschehens im Auslande verhindert[21] zu helfen, dieses Verdienst darf sich diese Hetzpresse wohl zu einem erheblichen Teil beimessen. Denn, wenn in diesen neutralen Ländern auch gejammert wird, ich habe das schon vor mehreren Jahren bei einer Reise in Dänemark empfunden, sie leben doch alle noch in einer Vorkriegsüppigkeit, sind ja durch unseren Niedergang teilweise noch fetter geworden und befürchten durch ihren deutschen Nachbarn für die Zukunft gar noch dunkel Unbequemlichkeiten. Jener Elsässer, den ich auf der Rückreise sprach, formulierte das so: Gegen die Juden könnten wir zwar einen Hitler brauchen, aber sonst ...[22] Für diese Herrschaften sind wir eben schon ein östliches Volk, von den Russen nur gradweise verschieden und unglücklicherweise für sie nämlich nach ihrem Dafürhalten[23] nicht so ungefährlich weit entfernt.

In Belgien, das ich schon etwas vom Kriege her kannte, war das Benehmen gegen uns Deutsche ebenso verbindlich und zuvorkommend wie in Holland und die Abwicklung der Zollformalitäten gestaltete sich in allen 3 Ländern ohne jegliche Schikane leicht und schnell. Man erkannte unsere Harmlosigkeit offenbar immer schon von weitem. In Gent hatte ich jedoch bei der Einlösung des [8] Reisechecks Schwierigkeiten, man beklagte sich auf der Bank bitter, dass die MER ihre Verbindlichkeiten immer verzögere. Schliesslich drohte ich, auf die Einlösung des Schecks zu verzichten und dann: Nix wie raus aus Belgien. Das schien zu helfen. Die großzügigste[24] Geste bei der Auszahlung des Schecks hatte ich jedoch in St. Quentin zu bewundern.

Johann Bossard
Bericht über eine Studienreise
nach Belgien und Frankreich, Manuskript, 1938, AJB 12-1

Ein amüsantes kleines Erlebnis, das etwas den dortigen Sprachenkampf zu beleuchten schien, hatten wir in Brüssel. Ein Strassenbahnbeamter wurde von uns auf französisch um Auskunft gebeten, er aber erwiderte: Spreckt Ü[25] flamsch? worauf sich die Ansprache mit meiner Frau, unter Zuhilfenahme ihres niederdeutschen Platt, leicht und schnell vollzog. Das wollten wir uns gemerkt haben und erkundigten uns später bei einem imposanten Eckensteher in einer zurechtgebauten Frage nach der Richtung nach Mons, er aber machte uns nachäffend: »Watt, watt, je parle francais«[26], worauf wir es gut sein liessen. – Wie schon die holländischen Museen, bargen auch die belgischen sehr viele französische Kunstwerke, Skulpturen wie Gemälde und es war lehrreich z. B. Plastiken zu sehen, die man schon kannte und die in anderer Beleuchtung und Umgebung ganz neu zu empfinden waren. Belgien dürfte im Verhältnis zu seiner Einwohnerzahl eines der am reichsten mit hochwertigen Museen gesegneten Länder sein, alter wie neuer Kunst. Das man die [9] Anziehungskraft eines Kunstwerkes mit einer leichten Würze von Skandal beim grossen Publikum erheblich verstärken kann, merkten wir auch in Gent. Im Vergleich zum Genter Altar, der ja gewissermassen als Kriegsbeute aus Berlin abgeholt worden war, fanden die übrigen Kunstschätze viel weniger Beachtung und selbst der vielleicht noch reifere van Eyk in Brügge war schwach beachtet, obgleich in diesem kleinen und sehr gut angeordneten Museum die Schaumöglichkeiten erstklassig waren. Während in neuerer Zeit fraglos der französische Einfluss der bildenden Kunst auch hier stärker war, hat früher umgekehrt Belgien[27] stärker nach Frankreich gewirkt und eine Kraft wie Rubens war dort nie am Werk. Bis in die Zeit des Impressionismus wird vielfach sein Einfluss angenommen und Renoirs Palette als abhängig von ihm bezeichnet. In der neuen Architektur erscheint Belgien, obgleich starke Anregungen von ihm ausgingen, viel unsicherer als Holland, dessen klares nordisches Stilgefühl da imponiert. Die Formenwucht des Brüsseler Justizpalastes hat offenbar Schmitz begeistert, wenn auch das Grabmal des Theodorich aus Ravenna klärend einwirkte und dass nun wenigstens theoretisch Van der Velde für nüchterne, zweckbedingte Sachlichkeit wirkte, gab, verbunden mit dem anderen heroischen Kraftbedürfnis und enormen Formgefühl vielen neuen Bauten, kleinen wie grossen, den oft in die Augen springenden inneren Widerspruch. Es müssen [10] aber auch schon in der Spätgotik derartige, wohl irgendwie rassisch bedingte Auseinandersetzungen stattgefun-

Johann und Jutta Bossard
Postkarte an Emil Hegg
aus Zwijndrecht, von der Durchreise nach Paris, 1938, AJB 180

den haben, denn so heftige Ausladungen trifft man auch an deutschen Bauten dieser Zeit nirgends, wenn auch hier puristische Kritik von einem [Ü]berwachen[28] der Formsprache, gegenüber der konstruktiven Notwendigkeit, gesprochen hat. Ob angesichts des jahrhundertealten Kampfes, wie er in Kunstäusserungen des Abendlandes seinen Niederschlag gefunden hat, auf eine Ausgleichung der Interessen von Nord und Süd, Ost und West in den noch heftigeren wirtschaftlichen und politischen Gegensätzen zu hoffen ist, bleibt wohl eine offenen Frage. Sicherlich deuten die kühlen klassierenden Bauwerke, die immer wieder, periodisch fast, nicht nur in Europa, sondern in der ganzen ganz-und halbzivilisierten Welt Existenzmöglichkeit finden, eine Bejahung an. Die Herzen der Völker scheinen von Zeit zu Zeit dieses Eisbeutels zu bedürfen, um nicht im [Ü]berschwang[29] zu verbrennen. Nachdenklichkeit zur Rassenfrage erzwingen aber auch stark die eigenartig primitiven Steinhütten, die mir in Belgien, Frankreich, Elsass und in der Schweiz in die Augen stiessen und ihre Bewohner, die an einer Holzscheu zu leiden scheinen, die so stark ist, dass sie auch die einfachste

Bank vor dem Heim verschmähen und lieber nach Feierabend, selbst bei Regenwetter, wie ich es sah, auf der blossen Erde kauern. Bei der Heimfahrt durch Lothringen und [11] Elsass mischten sich oft in Ortschaften diese Holz- und Steinrassen und machten einen immer wieder nachdenklich.

Sehr eindrucksvoll war der Wiederaufbau von Dixmeryden[30]. Das Kriegsmuseum, etwas panoptikummässig mit den ausgestopften Uniformen. Ein wohlgenährtes, gutbürgerliches[31] belgisches Ehepaar war auch Zugegen[32]. Der Mann, in seinem Eifer einen Schlachtplan zu erläutern, bzw. einen Angriff des Deutschen, sagte: De boches ... aber seine Ehehälfte gab ihm einen kräftigen Rippenstoss und schweigend legte er seinen Arm begütigend auf ihre Schulter. Man wollte uns nicht verletzen. Eigentümlich, dass man in Ypern nur die halben Tuchhhallen[33] wieder aufbaute und daneben die Ruinen wie eine offene Wunde erhielt. In ihren dortigen Kriegerehrenmälern sind die Engländer ganz von ihrem sonst gepflegten, etwas kargen konventionellen[34] Stil abgegangen. In ihrer schmucklosen einfachen Art wirken die deutschen Gräber vor St. Quentin sehr[35] stimmungsvoll. Aber im Kriege selber habe ich die Fülle des Leides nicht geahnt, das diese Gräberfelder ausströmen können.

In Amiens, dessen Dom uns von weitem in der Anfahrt über endlose Felder begrüsst, glaubten wir wohl eines der Wunder der Gotik, ja ein Weltwunder verehren zu dürfen. All die herrlichen, ausgezeichneten Werke dieser Kunstepoche, denen wir in Holland und Belgien begegnet waren, erschienen immerhin möglich, Facharbeit[36] gegenüber der Unfassbar- [12] keit dieser Leistung. Die unendlich kleinen technischen Hilfsmittel jener Zeit im Vergleich zu denen, die uns zur Verfügung stehen, bedingten doch wohl eine Rasse von seelischer Grösse verbunden mit künstlerischer und technischer Begabung, dass alles [S]eitherige[37] nun trotz allem wie ein Abstieg anmutet. Wohin ist diese Rasse verschwunden? Erklärt sich die Wandlung einfach mit dem Hineinwachsen des Jünglings in das Mannes- und Greisenalter? Das sind offene Fragen, auf die wohl sehr verschiedene Antworten zu gewärtigen sein dürften. Neben dem überragenden Gesamteindruck von Architektur und Plastik, behauptet sich die Farbenkunst der Glasfenster durchaus ebenbürtig und ist vielleicht dem heutigen Menschen noch zugänglicher. Die Kunst der Rune hat heute ja wieder Interesse gefunden, ihre Anwendung dagegen dürfte, im Vergleich zu jener in diesen Masswerken und Ornamenten, als etwas schwächlich empfunden werden. Dagegen ist die Idee des bildnerischen Gesamtkunstwerkes der grossen den Baubedarf stillenden[38] Allgemeinheit kaum noch mehr als ein blasser Begriff.

Die Kathedralgotik von Rouen war nun das im höchsten Sinne, in reinster Ausprägung, was man Wikingergotik nannte und als Beispiel auch den Freiburger Münsterturm heranzog. Aber die Baumeister von Rouen trieben nun die Waldespoesie ihres Bluterbes in einer Weise auf den [13] Gipfel formaler und technischer Vollendung, dass alles im gleichen Sinne in germanischen Ländern in Stein, Holz und Bronce Ausgeführte weit überboten wurde. Wenn je die nordische Holzarchitektur als Ausgangspunkt der Gotik für sich einen ganz eindeutigen und bis ins Letzte augenfälligen Beweis erbrachte, so hier. Nur der nordische Wald, nur die Vertrautheit mit der Arbeit in Holz konnte diese Formtendenzen inspirieren und freilich musste die Üppigkeit eines südlichen Gestades hinzukommen, um diesen übermütigen Traum in steinerne Wirklichkeit umzusetzen. Die steilabfallende Ebene bildet am Ufer der Seine einen Windschutz und Sonnenfang, die zusammen südliche Milde unter nördlicher Breite hervorzaubern können. Wieviele Faktoren müssen doch zusammenwirken, ehe das nordische Blut zu solcher Sinnenhaftigkeit sich entfalten kann! Die Kathedrale von Chartres erfreut sich heute unter ihren Schwestern vielleicht doch[39] des grössten Ruhmes und ich möchte ihn nicht schmälern, sind[40] ja doch die 3 Künste in höchstem Wetteifer zu einer reifen Einheit zusammengeflossen. Und wenn Rouen der reinste Sinn der Gotik ist, so bewirkt das die Architektur, die noch nie sonst wieder so kühn, rein und vollendet zur Sonne strebte. Chartres ist ein Frühbeginn und ein Abschluss. Zwischen Romanik und Spätgotik ist das Vollendete eingeschlossen und auf jedem Kunstgebiet nie [Ü]bertroffenes[41] gelungen und dass dem mitreissenden Kampf nicht die tragische [14] Note fehle, ist auch die Entartung, der Abstieg[42] der Spätzeit nicht ausgeblieben.

Notre Dame von Paris ist Großstadt; Kraft und F[l]achheit[43] gehen Kompromisse ein, die Grösse des Umfanges[44] kann des Füllsels nicht entbehren. Dass dieses strenge Urteil nur ein Vergleich mit Gipfelleistungen, berechtigt sein kann, brauche ich wohl nicht besonders zu betonen. Im Stadtbild von Paris kommen vielleicht gerade die geistigen Unterwertigkeiten zu dekorativer Nützlichkeit.

In Sainte Chapelle störte mich im Inneren die etwas zu neue und darum aufdringliche farbige Renovierung, d. h. nur dann, wenn der Blick nicht auf die Glasfenster konzentriert war. Diese mit den Pfeilern zusammen sind unvergesslich schön.

Dass mir dann aber, am Abschluss der Studienreise, das Straßburger Münster[45] schöner schien als alles bisher Gesehene, wird jeder Deutsche begreifen. Es war die Erfüllung eines Wunsches aus früheren Tagen als ich endlich auf den so kostbaren, so traulichen und wieder so[46] gigantischen Münsterplatz stehen durfte. Wie oft war ich in Friedenszeiten durch Straßburg gefahren, ohne je Gelegenheit gehabt zu haben, das Münster zu sehen als nur vom Zuge aus über die Dächer hinweg den Turm und [15] ich bin froh, wenigstens damals noch den Isen[h]ei[m]er Altar[47] in Kolmar besucht zu haben.[48] Dieses Gesamtbild gab es nicht in Frankreich. Denn die echt deutschen Fachwerkhäuser sind, abgesehen von ihrem Eigenwert, eine Begleitmusik sondergleichen und geben mit der Münsterfassade zusammen[49] einen Begriff von der Gesamtweite deutschen Gemütes, wie der sinnvollsten, ebenso genialen wie disziplinierten Gestaltungskraft, die in alle Ewigkeit ein Sporn und ein Trost sein müssten über den Rhein hinweg. Was an Notre Dame so erkältend wirkt, diese Trockenheit und Unbeseeltheit des Gemäuers, ob es nun ein toter Rest romanischer Tradition, oder kalte Ratio ist, alles dieses ist in[50] Strassburg unter der Zauberhand eines Meisters Sinn, Schmuck und Wohlklang, mit einem Wort: Seele geworden. Man sieht den Stein und begreift die Notwendigkeit seines Daseins, aber es wird ihm Sprache verliehen, dass er ausdrücken kann, was ja erst den höheren Sinn des Bauwerkes erhellt. Wie in Chartres wohnt man einem Drama bei, wie dort, sieht[51] man einen Helden seiner Grösse entgegen reifen und tragische Wehmut fehlt nicht. Ist sie vielleicht erst der Untergrund unserer nimmer erlahmenden Liebe, die Essenz, die ewig jung erhält? Ausser Ecclesia und Synagoge, Tod der Maria und Auferstehungssäule, ist die übrige Plastik nicht so überragend, aber das Gesamtbild von aussen wie von innen ist unvergleichlich, [16] unbeschadet der Bewunderung für die Perlen Frankreichs.

In Amiens betraten wir das erste bedeutende Provinzmuseum Frankreichs. Die Treppenhausgemälde von Puvis de Chavanne bewegten uns zu dieser Ablenkung von der Kathedralbesichtigung und wir waren sehr dankbar für den edlen Genuss. Die grosse Fülle guter und bedeutender Werke der Sammlung kamen für Reisende, die mit der Zeit geizten, wohl nicht so zur Geltung, wie es recht gewesen wäre, aber es war auch etwas Schuld bei der Anordnung. Auch in Versailles herrschte [Ü]berfülle[52]; vom Qualitätsstandpunkt aus hätte vieles fehlen können, was dann aber vielleicht[53] den historischen Zusammenhang beeinträchtigt hätte, der hier naturgemäss für die Mehrzahl der Besucher im Vordergrund zu stehen hat.[54] Man wird immer zugeben müssen, dass eine verschwenderische Zahl von Talenten in diesen Räumen am Werk[55] war, aber auch, dass der Patriotismus Orgien feierte, wie man sie nur den Franzosen nachsieht. Den Weltskandal möchte ich erleben, wenn etwas Ähnliches[56], wie die Erstürmung des Forts Malakoff[57], im Berliner Zeughaus hinge. Ich empfinde an solchen französischen Werken einen Mangel einer gewissen metaphysischen Note, die auch Krassheiten erträglich macht, indem sie einer überalltäglichen, kosmischen Idee eingeordnet werden. Dagegen ist die malerische Dekoration Lebruns und seiner Schule nie [17] zu der grandiosen Kühnheit italienischer und deutscher Barockmaler emporgewachsen. Selbst die Apollogalerie des Louvre, mit dem berühmten Deckenbild des Delacroix, ist an dem Versaillesvorbild kleben geblieben. Das Unheil des französischen Rationalismus in Dingen der Kunst kann überhaupt in und an diesem Schloss in Reinkultur studiert werden. Es ist ein grosses Glück, dass diesem Vorbild des fürstlichen Absolutismus in den [Ü]bertragungen[58] nach Deutschland, wenigstens in künstlerischer Hinsicht durch Geist ersetzt wurde, was ihm hier fehlte. Diese Riesenabmessungen imponieren natürlich den Massen immer und an Sonntagen ist das für die Pariser ein immerhin vornehmer Rummelplatz und es bleibt ein Glück, dass der gewaltige Park nun Tausenden Erholung gibt.

Auf dem Wege nach Paris begegneten wir ununterbrochen ganzen Kolonnen von Ausflüglern auf allen möglichen Vehikeln. Der unter Louis XIV. in Frankreich stabil gewordene Absolutismus zeigt nun in Versailles zum ersten Mal in Frankreich, dass die Dynamik des nordischen Blutes verebbt war. Eine zwangsläufige Rückversicherung an den Formenkanon des anderen Absolutismus in Rom trat ein, wie dieser sich einst eine fertige Sprache von voraufgelaufenen Weltmächten verschrieben hatte. Der Gedanke, dass im kulturellen wie politischen Leben unentrinnbare Rhythmen herrschen, ähnlich denen der [18] kosmisch bedingten Wiederkehr im Ablauf der Jahreszeiten, ist schwer abzulehnen und es wird nichts am Ablauf geändert, wenn der Knabe nicht glauben kann, dass auch[59] er einst ein Greis werden wird. – Der [Ü]berwundene[60] zwingt den Sieger zu Kompromissen und wie der Franke seine Sprache verleugnen[61] musste, um der Revolte gegen den Eindringling vorzubeugen, so kann der König auf keinem Gebiet sich eine private Geistigkeit erlauben. Die Kunst des Herrschens besteht von da ab nicht mehr darin, den stärksten Gegner zu überwinden, sondern sich auf ihn zu stützen. Der Adel wird an den Hof gezogen und die Nivellierung der Form wird von beiden Seiten vorgetragen. Das Bürgertum macht Ansprüche auf Beachtung, d. h. der Adel der Nützlichkeit im wirtschaftlichen Sinne wird eine Macht, die dem Herrscher eine solidere Tragfläche bieten kann als[62] der Hofadel. Die darauf erfolgende Durchorganisierung der Wirtschaft aber festigt den Wert des Hilfsarbeiters und die Masse hat die allernächste Anwartschaft auf die ausschlaggebende Rolle im Staate. Mit anderen Worten, die verachtete, vor dem Einfall der neuen germanischen Herrenrasse amorph gewordene Urrasse ist wieder Herr im Lande. Ob aus dunklem, politischem Instinkt oder überragender kalter Intelligenz gehandelt wird, Louis XIV., Napoleon I. und Napoleon der III. und die daraufffolgenden Berufspolitiker könnten keinem anderen Ablauf dienen [19] ohne hinweggefegt zu werden und einem willfährigeren Werkzeug dieses Zwanges den obersten Platz einzuräumen. Wenn die Strassen zuerst scheinbar nur einem Prunkbedürfnis des Herrschers zu dienen schienen, binnen kurzem sind die Heerstrassen geworden und verwandeln sich dann auch wieder, scheinbar, in einem luxuriösen Bedürfnis dienende Boulevards, um bald darauf einfach das Gesicht als Verkehrsnotwendigkeiten zu enthüllen.

Wenn die Gotik eine rassische Geistigkeit höchster Potenz war und das wäre sie auch ohne kirchliches Dogma, so ist nach dem Einbruch des römischen Formenkanons der nordische Wille mehr und mehr nur noch schmückende Beigabe, Ornament. Und wenn in Italien noch bemerkt werden kann, dass nordisches Blut in der Barockkunst eine unerhörte[63] Daseinskraft erklomm und das plastische, sichtbare Gegenstück der nordischen Instrumentalmusik wurde, so ist in Frankreich die Kunst den beeinträchtigenden Schein einer Importware nicht los geworden. Es sind ja natürlich diesem talentvollen Volke je und je kostbare Werke gelungen und ich erinnere da an die alten Teile des Louvre. Aber das Berninibarock ist nicht erreicht worden, während in Deutschland gotischer Geist auch in den Renaissancebauten leuchtend durchbrach, in originellsten Abwandlungen eines gegebenen Themas Eigenwert erreichte[64], um in Barock- und Rokokowerken wie in Mozart'scher[65] Musik eine einzige Höhe zu [20] erreichen. Ich brauche zu diesem Beweis nicht einmal Würzburg und Vierzehnheiligen gegen Versailles auszuspielen. Schon[66] Bruchsal genügt und das In-

Johann Bossard
Bericht über eine Studienreise
nach Belgien und Frankreich, Typoskript, 1938, AJB 12-2

> An die
>
> Kongress - Zentrale
>
> B e r l i n .
>
> Ihre Aufforderung, über meine im vergangenen Sommer gemachte Studienreise nach Frankreich einen ausführlichen Bericht zu geben, komme ich gern nach. Lediglich Ihr Wunsch, auch über das Politische mich hören zu lassen, macht mir insofern Bedenken, als ich befürchten muss, Ihnen nur Allerweltseindrücke vermitteln zu können. Naturgemäss müsste man gerade auf diesem Gebiete über Beziehungen verfügen, die ein Künstler meist weder hat noch pflegt und die sich bestenfalls mit seinen Interessen nur indirekt berühren können.
>
> Meine Reise ging ab Emmerich a/Rhein durch Holland und Belgien und ich betone dieses, weil ich schon hier die Ausstrahlungen Frankreichs fühlte und sah. Nebst dem aber zeigen diese beiden Uebergangsländer, wie ich sie nennen möchte, Eigenheiten, denen man teils auch wieder in Frankreich begegnet und andernteils noch so ausgeprägt nordisches Erbe, wie es dann weiter südlich seit der Gotik mehr und mehr verebbte. Ein auffällig Gemeinsames ist schon das Gebahen der Rad- wie Autofahrer. Scheinbar unbekümmert und disziplinlos wogt die Gesell-

nere von St. Sulpice wird vor dem Innern der Münchener Michaelskirche in den Schatten trockener Handwerkerei verwiesen.

Ich habe ja in der kurzen Zeit meines Aufenthalts in Frankreich vieles nicht sehen können und mein Urteil wäre ungerecht, wenn nicht zwei Umstände mich rechtfertigen würden, nämlich das ausgiebige Material an Abbildungen, das ja heute Studierenden zur Verfügung steht und dann die Parallele französischer Malerei, wie sie sich im Louvre nahezu erschöpfend darbietet. Für mich zeigt sich auch da eine Abhängigkeit vom italienischen Vorbild, die immer weit unterschätzt wurde und die, vielleicht durch die lateinische Blutmenge bedingt, sich nicht zu eigenem Werte hinlösen konnte. Die ganze Nachrenaissancemalerei Italiens ist in Frankreich nie erreicht worden, die Werke sind talentvolle Schülerarbeiten geblieben. Vielleicht hat die köstliche Süße der französischen Luft die Urteilsfähigkeit besonders nordischer Reisender etwas benebelt und bestechend dürfe auch der beneidenswerte Mut zu sich selbst, der dem Franzosen eignet, und wenn es sich um Schwächen handelt, gewirkt haben. [21] Dann aber geschieht ein Wunder! Der Impressionismus ist ja oft und triumphal gefeiert worden, erschöpfend scheint er mir nie gedeutet und begriffen zu sein.[67] Die Urrasse ist wieder auferstanden und erblickte durch alle Kulturschichten hindurch wieder, wie nach einer Eiszeit, die liebe sonnige fruchtbare Heimat. In all' ihrer Mühe zeigt Millet uns in seinen Feldarbeitern monumental gestaltet diesen Augenblick.[68] Als wir durch die Täler der Normandie und über ihre weiten Ebenen fuhren, entschlüpften uns oft, fast unbewusst die Ausrufe, das hat ja Cezanne gemalt, dies ist ein echter Monet usw. Manet[69], Degas, Renoir alle[70] stellten sich ein. Diese Großstädter[71] und primitiven Bauern, diese Forscher und Aesthetiker sind neben dem aristokratischen Nachzügler Puvis de Chavanne Urrasse. Blut und Boden haben wieder zu sich selber gefunden und Aristokratie des Geistes wie des Geldes fügen sich dem neuen Weltbilde ein. Der gotische Normanne Rodin zeigt sie uns alle in unerbittlicher, von jedem irreführenden Zivilisationsflitter[72] entblössten Wahrheit[73], die Balzac, Victor Hugo, die Bürger von Calais, die Künstler und Politiker, die Verdammten und die Siegreichen.

Das Rasseproblem ist sicher eines der nachdenklichsten Kapitel der heutigen Forderung, aber manchmal [22] möchte ich glauben, dass es seit Chamberlains Grundl. d. XX. Jahrhunderts nicht vertieft worden ist. Das Problem ist vielleicht eher dem künstlerischen Blick, als der messenden und wie mir scheint nur äusserlich exakten Methode des Wissenschaftlers zugänglich. Bei einem Besuch des Berliner [Pergamonmuseums][74] betraten Züge englischer Studenten, geführt von ihren deutschen Kommilitonen, die Halle. Es war die englische, im ganzen aber dunkelhaarige Langschädeligkeit in die Augen springend, gegenüber der deutschen blonden Kurzschädeligkeit. Aber, dass mir diese englische Jugend, wenn ich an germanische Idealbilder dachte, etwa einen germanischen Eindruck gemacht hätte, kann ich nicht behaupten. Diese schwanken Hälse unter beinah krankhaften Hinterhäuptern und schmalen Stirnen! Jedenfalls ist auch die Buntheit der Typen nicht kleiner als beim deutschen Volke.[75] Was soll nun aber[76] ein toter Schädel aussagen können, wenn schon dem lebenden Menschen, der ununterbrochen und selbst wider Willen Zeugnis von sich ablegen muss, so schwer im Wesentlichen, Wichtigen beizukommen ist? Aber das Thema liegt in der Luft und gab uns im Louvre verschiedentlich anregende Beobachtungen. Die Hitze war in den ersten Augusttagen gewaltig gestiegen und setzte auch uns heftig zu: Aber, »gedenke, dass Du ein Deutscher bist«[77] hiess es auf einem Merkblatt [23] das[78] wir vor der Reise zuhause erhielten und[79] wenn wir uns unter diesem glühenden Himmel selbstverständlich davor bewahrt blieben, den Witzen über den »Lodendeutschen« weiteren[80] Stoff zu liefern, so wollten wir doch auch keine »Badehosendeutschen« sein. Das Besucherpublikum jedoch, meist Engländer und Amerikaner, hätten wir nach dieser Richtung kaum ausstechen können. Es war ein Neger, der sozusagen neben uns[81] die Ehre der Zivilisation rettete, ein würdiger Herr, unaufdringlich, in der schlichten Art eines bürgerlichen Gelehrten, wandelte er mit dem Katalog in der Hand sachkundig durch die Räume. Es mag ihm gut zu Mute gewesen sein, wir aber schwitzten fürchterlich im Interesse des deutschen Ansehens. Da nun auch in diesem Museum nicht immer alle Räume gleichzeitig geöffnet waren und ich verschiedene Werke, die mich besonders interessierten, noch nicht entdeckt hatte waren wir froh, eine Führerin gefunden zu haben, die sachkundig war und die Erlaubnis hatte, uns auch in geschlossene Räume zu führen. Da ich nur wünschte vor die Werke geführt und nicht mit den üblichen historischen Führerweisheiten und Daten regaliert zu werden, fand die Dame reichlich Gelegenheit, sich mit meiner Frau zu unterhalten. Sie war ein bourbonischer Typ nach ihrem Profil, das sich sehr von dem fränkischen Franz I. unterscheidet, welcher [24] auch in fränkischen Gebieten Deutschlands sehr häufig vorhanden ist, im [G]anzen[82] eine echte Französin, wie man sie häufig bewundernd geschildert hat, ohne alle Aufdringlichkeit. Obgleich der Franzose Gobineau als erster das Rassenproblem mit seinen politischen Konsequenzen behandelte, hat er doch in Frankreich wenig Gegenliebe gefunden und kam erst in Deutschland zu einer Aufsehen erregenden Bedeutung, die aber weder in England noch Frankreich, soweit es den bevorzugten Gehalt an dem nordischen Bluterbe betrifft, anerkannt wird. Die Dame betonte denn auch, dass die Franzosen ebenfalls aus dem Norden stammten, aus Flandern und Holland, den Einfall der Franken negierte sie[83], und verwies aber bei der Betrachtung der Werke des Puget auf dessen Freiheitsbedürfnis- und Unabhängigkeitsgefühl gegenüber dem Hofe. Die Freiheit ist immer das grosse Wort und auch im Elsass, wo wir häufig an freudig winkenden Menschen vorüberfuhren, da unsere DKW-Meisterklasse[84] offenbar von weitem als deutscher Wagen erkannt wurde, erlebte ich ein belustigendes Gespräch. Meine Frage: »Wie fühlt Ihr Euch denn nun unter der Regierung Frankreichs?« Die Antwort: »Ja, zu sagen haben wir ja auch jetzt nichts, aber wir dürfen wenigstens schimpfen!«[85] Den Aussenseiter Gustave Moreau, den man französischerseits als Gegenstück unseres, von ihnen abgelehnten Böcklin anspricht, [25] was wir nun wieder nicht annehmen können, lehnte die Führerin gefühlsmässig ab. Die deutsche Auffassung und Einschätzung französischer Werke deckt sich ja bekanntlich selten ganz mit jener der französischen Öffentlichkeit. Auch im Fall Rodin ist vielleicht die grössere Zahl seiner Bewunderer im Ausland, obwohl man es sich gerne gefallen lässt, wenn ein Franzose bewundert wird. Aber heute noch geht der Streit um seinen Balzac und die endgültige Ausführung stösst immer noch auf Gegnerschaft. Das im Hôtel Biron untergebrachte Musée Rodin zeigt wieder stark die Auffassungsverschiedenheit zwischen deutscher und französischer musealer Technik, welch' letzterer[86] übrigens auch Rodin selbst sich verschrieben hatte. Deutsches Ideal wäre, um jedes Stück gewissermassen die entsprechende geistige Sphäre zu ziehen. Da dieses bei der Fülle der Objekte sowohl als bei immerhin begrenzter Wandfläche nicht möglich ist, bringt man in jedem Raum eine Auswahl möglichst zusammenpassender Werke unter und verweist den [Ü]berschuss[87] in den Lagerraum. Der Franzose zeigt gern seinen ganzen Besitz und scheint die Phantasie zu haben, das jeweils interessierende Stück von seiner Nachbarschaft abzusondern und die Vorurteilslosigkeit,[88] dem Besucher die Auswahl zu überlassen. Neue Säle, die de[n][89] Impressionisten gewidmet sind, [26] wurden aber etwas dem deutschen Prinzip genähert. Die neuere[90] monumentale Malerei der Franzosen wurde in Deutschland eine Zeitlang sehr gelobt und als Vorbild gepriesen, bis Pu[v]is de Chavanne[91] eine neue Tendenz vornehmer Zurückhaltung zur Anerkennung führte. Die verschiedenen Deckengemälde des Louvre empfan[d][92] ich als überschätzt, ebenso erging es mir im Pantheo[n][93] in St. Sulpiz[94]. Als Wandmalerei sprengen diese Gebilde den Rahmen, die Fläche und[95] als Malerei sind sie wieder nicht eigengesetzlich genug. Trotz gewalt[ig]er[96] Bravourstücke auf diesem Gebiet ist weder das italienische Renaissance- und Barockvorbild, noch jenes des deutschen Barock und Rokoko erreicht worden. Zu einem Teil ist den Malern die Kenntnis der Zusammenarbeit mit den Architekten verlorengegangen, sie konzentrierten ihr ganzes Streben auf die Leistung innerhalb der vier Rahmenseiten und es sind denn auch diesem Bemühen herrliche Leistungen geistvollster Art zu verdanken, es wurde sowohl rein malerisch wie darstellungstechnisch unübersehbares Neuland erobert. Zum anderen Teil haben auch die seit dem Klassizismus in starren Schuldvorstellungen befangenen Architekten die Schuld, indem sie dem Maler immer nur Wandflächen aussparten, die zwischen zwei Pfeilern und Unter- und Obergesims den Eindruck einer gerahmten Malfläche hervorrufen und damit gewissermassen die

Aufforderung aussprachen, sich hier nach reinen Bild- [27] gesetzen auszutummeln. Man wollte damit offenbar der seit Winkelmann diskreditierten barocken Illusionsmalerei ausweichen, nicht bemerkend, dass man ja selbst nur Scheinarchitektur gab, auch wenn der ganze Schulballast der Säulen- und Gesimsordnungen freigiebigst verwendet wurde. Der Spezialistenehrgeiz herrschte auf beiden Seiten. Man hat in den kunsthistorischen Untersuchungen offenbar übersehen, dass bei den Grosstaten der Wand- und Raummalerei dem Maler mit geringen Ausnahmen immer glattgeputzte Räume übergeben wurden und ihm selber überliess man dann die Raumgestaltung mit reinen Mitteln der Farbe. Man vermied damit, Komponenten gegeneinander auszuspielen, die ja nie zu einer Sinneseinheit zusammenfliessen konnten. Das hätte man sehen können von Pompeji bis Tiepolo. Wo dieses Gesetz, diese Vorbedingung monumentaler Raummalerei auch in Italien ausseracht gelassen wurde, sank das Malwerk wie[97] dekorative Plastik, zur mehr oder weniger bedeutenden Beigabe herab. Naturgemä[ß][98] bekämpften sich auch in Zeiten der Hochblüte in den Künsten entgegengesetzte Tendenzen, so gut wie in den Wissenschaften und Raphael hat es in der »Schule von Athen« für alle Zeiten unübertrefflich schön dargestellt in den Gestalten von Platon und Aristoteles. Die Franzosen aber schlugen sich auf die Seite der von aussenher[99] begriffenen Logik [28] und fügten damit sich selber, wie auch, bei dem grossen kulturellen Einfluss, den sie mehr und mehr in Europa gewannen, den Nachbarländern grossen Schaden zu. Ein Beispiel genüge mit dem Hinweis auf die Gestaltung des Würzburger Treppenhauses durch Neumann. Glücklicherweise gelangen den Deutschen zufolge ihrer mystischen Anlage, das (ist) sind, ihrer Handhabung der Logik von innen her, noch die übrigen Großtaten, wie sie, ein kostbarster Schatz, in Schlössern, Kirchen und Klöstern erhalten blieben. Auch da freilich wird eine Beigabe mitgeschleppt, der ein Teil Schuld beigemessen werden muss[100,] wenn der Sturm auf diese herrlichen Werke, ihre Herabsetzung, später so leicht gelang: Das olympische Hofgesindel, der frivole Gehalt der Darstellungen bot natürlich auch dem schlechten Schützen eine bequeme Zielscheibe, während die metaphysische Formungstendenz wahrscheinlich weder Rousseau noch Goethe zugänglich gewesen wäre, auch wenn die Werke keine Konkurrenz ihrer Literatur gewesen wären, die sie ihrer Ethik wegen nicht zulassen konnten.[101] Dass nun in der Münchner Glyptothek trotz des malerisch äusserst schwach begabten Kornelius eine Gesamtwirkung erreicht wurde, die für mein Gefühl die noch klassizistischen Räume des Louvre in den Schatten stellt, liegt gerade in der Abwesenheit des eigentlich Malerischen, das eben nie eine [29] gute Komponente zu Marmor und Stuck, weiss oder farbig, ergeben konnte am wenigsten bei klassizistischer Aufteilung, die ja nicht die farbige Behandlung ihrer Gliederung kannte, wie die klassische Antike sie geübt hatte,[102] im Gegensatz zu der rhythmischen Grundtendenz dieser Fresken, die damit lediglich das Lineament der Architektur und Ornamentik zu letzter Verdichtung führen.

Es ist eigenartig, dass auch in Deutschland die Malerei dieses, schon Holbein rein gefühlsmässig eigene Gestaltungsprinzip, seither nicht mehr begriffen und angewandt hat, bestenfalls noch in Werken rein äusserlicher Schmuckbestimmung. Wo Maler, d. h. eben Künstler[103] am Werke waren, da scheinen sie sich, wie etwa Marées, noch mit Stolz dem öden Rationalismus der Architektur gefügt zu haben, zwar eben um die Gunst, das in so heissem Bemühen erstrittene Malerkönnen auch auf der Mauer zur Schau stellen zu dürfen. Dass der Maler im Raumgemälde nicht nur Wandmaler, sondern geradezu phantasievoller Farbenarchitekt sein müsste, wird noch heute nicht begriffen. Damit, dass man vielfach die malerischen Mittel eindämmt, ist ja noch nichts Höheres erreicht, um dieses[104] aber handelt es sich, um den ganzen formalen und geistigen Reichtum, der mit und seit dem Impressionismus erreicht wurde.

Ich bedaure es immer noch, dass mir im vorigen Jahr der [30] Besuch der Pariser Weltausstellung nicht möglich gewesen ist[105] und ich dadurch die letzte Phase der verschiedenen Künste nicht gesehen habe, die bekanntlich bei solchen Gelegenheiten mit Werken aufmarschieren, die man später meist nicht mehr zu sehen bekommt. Ganz können Abbildungen das Original ja nie ersetzen und auch Zeitschriften bringen meist eine zu willkürliche Auswahl. Der Frühjahrssalon war bereits geschlossen und der Herbstsalon noch nicht geöffnet, auch andere Museen, wie bereits angedeutet, waren geschlossen. Inzwischen aber war die Hitze unausstehlich geworden und noch ein Umstand trug die Schuld, uns früher als beabsichtigt, aus Frankreich zu vertreiben. Wir nahmen abends auf dem Weg ins Hôtel die einen oder anderen Tageszeitungen, wie wir sie gerade zufällig erwischten, mit nach Hause, um nach erfrischendem Bad noch etwas zu lesen. Aber meist schon die Schlagzeilen waren wohl für Deutsche in Erinnerung an die Augusttage 1914 einschüchternd. Neben allen möglichen Greuelnachrichten, die wir natürlich nicht ernst nahmen, erschienen sonstige bedrohliche Nachrichten wie die, Hitler habe eine Volksbefragung über Krieg oder Frieden veranstaltet. Es war uns auch aufgefallen, dass wir wohl viele Engländer, Amerikaner, auch Schweden und Schweitzer sahen, aber keine Deutschen. Auf der ganzen Reise, weder in Museen noch Restaurants [31] und Geschäften[106] haben wir Landsleute gesehen, häufig dagegen jüdische Emigranten. Das französische Volk aller Schichten, soweit man als Reisende mit ihm zusammentraf, war von vorbildlicher Höflichkeit und häufig wurden uns Auskünfte in einer Art erteilt, dass man hinterher beglückt war, solche Menschen gesprochen zu haben. Nichtsdestoweniger wurde die Atmosphäre ungemütlich, auch wenn man in Betracht zog, dass die französische Journalistik eine Sprache pflegte, die nicht an deutschem Maßstab verglichen werden durfte. Die Erinnerung, obgleich sie 24 Jahre alt war, war noch zu neu und auch die Zeitungen wiesen auf die Ähnlichkeit der Situation vom damaligen Kriegsausbruch hin. Nach 6tägigem Aufenthalt in Paris reisten wir Freitag vormittag ab, nachdem wir am vorhergehenden frühen Sonntagnachmittag eingetroffen waren. Vieles mussten wir verlassen, zu dessen Besichtigung wir schon die Wege geebnet hatten, ohne unseren Interessen genug getan zu haben. Private Händler und Sammler, von denen Rühmliches bekannt war, hatten wir noch nicht besucht. Eine solche Gemäldesammlung hatte ich noch vom Kriege her in bester Erinnerung. Schloss Maisonrouge, damals Quartier des Generals v. Einem, gab einen grossen Begriff von der Sammeltätigkeit französischer Kunstförderer. Selbst am Louvre hatte ich ja nur genippt und was ich von holländischen und belgischen Eindrücken, von [32] Rubens, Rembrandt und anderen alter und neuer Herkunft in vergleichende und klärende Betrachtung rücken wollte, musste nun unterbleiben, so schmerzlich das war. Vieles sah ich gar nicht[107], manches nur wie im Blitz. Kunstgewerbe, die [Man]ufakturen von S[ev]res[108] und die Gobelinweberei, alle kleineren Schlösser der Umgebung mussten unberücksichtigt bleiben, wie der Großteil von Paris selbst. Im Rückblick auf meine damalige Situation muss ich allerdings zugeben, dass auch ich, wie jeder noch so friedliche Mensch, zu politischer Nachdenklichkeit und Stellungnahme getrieben wurde: Wie wohl jeden Deutschen hat mich Frankreich, selbstverständlich auch vom geschichtlichen und damit politischen Gesichtspunkt aus, interessiert, zumal gerade auch seine schöne Literatur von Politik durchsetzt war in einem Maße, dass im Vergleich damit die deutsche zumindest weltfern wirkte. Auch wir haben ja unsere historischen Romane, aber selbst sie scheinen mir nicht so brennend aktiv zu sein und mit Ausnahme vielleicht der neuen Kriegsliteratur so[109] in die Gegenwartskämpfe hinein zu wirken, wie etwa jene des alten Dumas, des Eugen Sue und gar Zolas. Abgesehen von den darin enthaltenen gallischen Bravouraden dürfte doch der politische Einschuss dieser Werke ihr Weltinteresse erklären. Also, wer hetzt den friedlichen Franzosen immer wieder in blutige Kriege, so erhebt sich bei derartigen [33] Anlässen die Frage, in Kriege, die auch bei günstigem Ausgang in keinem Vergleich zu den Blutopfern stehen? Bei Dumas wird im versteckten Hintergrund neben dem Werkzeug des Freimaurers noch etwas das Miniaturbild des Königs von Preussen auf einer Taschenuhr sichtbar. Bei Sue ist der Jesuit ein Dämon, dem alles zuzutrauen ist und Zola hat noch mehr wirkungsvolle Gespenster neben dem Kapitalismus, dem wir, nach den letzten Erfahrungen, am meisten reale Kraft beimessen werden. Aber schliesslich, der Franzose hat ja Platz in seinem Lande, das ihm mehr bietet an Fruchtbarkeit und reichen Bodenschätzen, als ein glückliches Volk benötigt. Und schliesslich braucht das schlechte Gewissen nach dem Versailles Schanddiktat nicht mehr so heftig zu schlagen, nachdem unser Führer die Hand so bereit zu einer endgültigen abschliessenden Versöhnung hingehalten hat. Aber ich glaube, dass sowohl Engländer wie Franzosen ein stärkeres Gefühl für die zwangsläufige Auswirkung einer gegebenen Situation haben, obgleich schon unser Nibelungenlied gewisse Weisheiten nach dieser Richtung zu geben hätte und hinter dieser »Poesie« mehr reales Weltwissen steckt, als was gemeiniglich selbst gewiegte Politiker besitzen. Als unser alter Direktor der Hamburger Kunstschule nach der vorvorigen Weltausstellung aus Paris heimgekehrt war, erzählte er von einem französi- [34] schen Freund aus seiner dortigen Studienzeit. Sie hatten sich trefflich unterhalten, nicht nur allen Groll aus dem Kriege begraben, sondern die Freundschaft soweit befestigt, dass der Pariser seinen Sohn dem Hamburger auf seine Schule mitgab. Das letzte Wort de[s] Franzosen[110] aber war: »Was hilft das alles, in 30 Jahren werden die Deutschen doch wieder mit ihren Kanonen in Frankreich stehen!« –

Auf unserer Heimfahrt Richtung Nancy sahen wir einen riesigen Eisenbahnwaggonfriedhof, es sollen deutsche Wagen gewesen sein. Die Nähe von Flugzeughallen deuteten aber auch auf Reserven im Falle einer Mobilmachung. Jedenfalls waren die Wagen im schlechtesten Zustand.[111] Wir hätten das Eisen sicherlich heute so gut gebrauchen können, wie nach dem Kriege die Wagen als Verkehrsmittel. Auf einer Tankstelle gaben wir das Carnet des französischen Verkehrsvereins in Zahlung. Ein Mädel von 12 Jahren wollte den Tankwart, einen grossen blonden Mann, abhalten, uns das Benzin zu geben, wir wären ja Deutsche. Der Wärter sagte, das macht nichts. Der Wagen eines schweizerischen Geschäftsmannes fuhr derweil vor und man kam ins Gespräch. Ein Wort gab das andere. Ich erfuhr: In der Schweiz gibt es etwa 150000[112] Deutsche, in Deutschland noch nicht 50000[113] Schweizer, in Paris al- [35] lein aber über 50000[114]. Also ein Druck aus Osten wie zur Zeit der Völkerwanderung. Nachdenkliche Zahlen, auch wenn man kein Fatalist ist. Frankreich bearbeitet sein Land sicherlich nicht so intensiv wie wir das unsrige. Auch der Russe kann mit seinem Boden nicht wirtschaften, wie er es verdiente und hat ebenfalls mehr daran, als er brauchen kann. Aber weder östlich noch westlich wird man uns vom [Ü]berschuss[115] abgeben. Und auch die englischen Begründungen gegen eine Rückgabe unserer Kolonien muten uns reichlich sophistisch an. Aus ihrer eigenen Einstellung zu gegebenen Umständen heraus und angesichts unserer Dynamik, ist unser Friedenswille unseren Nachbarn gar nicht denkmöglich und es ist vielleicht einzig dem allzu grossen Risiko eines Krieges gegen einen so entschlossenen Gegner, wie das heutige Deutschland, zu danken, wenn der Friede erhalten bliebe. Unsere Logik ist eben nicht die Logik der Franzosen. Und wir haben ihnen ja unsere Bewunderung mindestens so reichlich gespendet wie die Engländer, wenn es also nur die gallische Eitelkeit sein sollte, die sie in Aufregung hält. Da also alle verstandesmä[ß]ige[116] Erklärung unserer nie ganz unterbliebenen Gegensätzlichkeit nicht ausreicht, um ihre Gründe zu beseitigen, so fassen wir uns eben in Ruhe angesichts der grossen ewigen ehernen Gesetze geschichtlichen Ablaufes. [36] Der ja nicht mehr abzuleugnenden nationalsozialistischen Aufbauarbeit kann der Erfolg nicht ausbleiben und eine erfreuliche französische Stimme aus dieser Richtung hat sich ja inzwischen auch, schon hören lassen. Ich meine den im Novemberheft der »Auslese« übersetzten Aufsatz aus der »Revue Bleue« vom Juni 1938 des Roger Grand.

Ich will schliessen mit dem Ausdruck der Dankbarkeit für diese vielleicht anregendste Reise meines Lebens. Selbstverständlich konnte ich den mannigfaltigsten Eindrücken mit den obigen Darlegungen längst nicht gerecht werden. Vielleicht aber habe ich Sie schon ermüdet mit Dingen, die ja für den begrenzten Aufgabenkreis der Kongresszentrale unwichtig sind. Andererseits aber[117] glaube ich auch kaum, mit Erörterungen nutzen zu können, die wenn sie mir selber noch so wichtig sein müssen, nach den vordringlichsten Aufgaben unserer Gegenwart nur[118] als abwegig erscheinen können. Auch wenn ich ein viel begabterer Propagandist wäre, als es der Fall ist, würde ich mich nach Lage der Dinge nur auf meine private Tätigkeit beschränken können, die, dem Wesen der Kunst nach, Vertiefung sein muss.
Heil Hitler!

z. Zt. Wiedenhof 19[119]
Post Buchholz, Kr. Harburg
am 31. Dezember 1938.

1 Der im Folgenden abgedruckte Text wurde nach dem am besten erhaltenen Typoskript AJB 12-2 erstellt. Das Typoskript AJB 12-1 weist kaum handschriftliche Korrekturen von Tippfehlern auf, die entweder von der Schreibkraft oder von Johann Bossard stammen. Inhaltliche oder stilistische Korrekturen im Typoskript AJB 12-2 haben nicht stattgefunden. Abweichungen zu Johann Bossards handschriftlichem Manuskript AJB 12-1 sind in den Fußnoten erfasst; hier werden auch die wenigen handschriftlichen Korrekturen innerhalb des Manuskripts AJB 12-1 aufgeführt. Nicht gekennzeichnet werden die durch die Schreibkraft vorgenommene Auflösung von »&« zu »und« sowie die Auflösung des Verdoppelungsstrichs über Konsonanten. Auch die Korrektur von »ÿ« zu »y«, von »z. Bspl.« zu »z. B.« sowie von »ß« zu »ss« bei der Anfertigung des Typoskripts AJB 5-2 werden im Folgenden nicht gesondert ausgewiesen. In der Zeichensetzung folgt der Text dem Typoskript AJB 12-2.
Am Seitenrand der ersten Seite des Manuskripts AJB 12-1 steht in Bossards Handschrift »Prof. Bossard Lerchenfeld 2«, was nicht in das Typoskript AJB 12-2 übertragen worden ist.
2 Im Manuskript AJB 12-1 abweichend »Berlin« nicht unterstrichen.
3 Im Typoskript AJB 12-2 »Ihre«, hier nach dem Manuskript AJB 12-1 »Ihrer«.
4 Im Manuskript AJB 12-1 abweichend »Nebstdem«.
5 Im Typoskript AJB 12-2 »Uebergangsländer«, hier nach dem Manuskript »Übergangsländer«.
6 Im Manuskript AJB 12-1 abweichend »Werken« und nachträglich ergänzt: »und Künstlern«.
7 Im Manuskript AJB 12-1 abweichend »Münchener ausstellg.«.
8 Im Manuskript AJB 12-1 abweichend »37«.
9 Im Typoskript AJB 12-2 »Lehmbruchs«, hier nach dem Manuskript AJB 12-1 »Lehmbrucks«.
10 Im Manuskript AJB 12-1 »rein politischen Charakters« nachträglich ergänzt.
11 Im Typoskript AJB 12-2 »Mennier«; hier nach dem Manuskript AJB 12-1 »Meunier«.
12 Im Manuskript AJB 12-1 abweichend »verkündet«.
13 Im Manuskript AJB 12-1 »das« nachträglich ergänzt.
14 Im Manuskript AJB 12-1 »Künstler« nachträglich ergänzt.
15 Im Typoskript AJB 12-2 abweichend »Mennier«; hier nach dem Manuskript AJB 12-1 »Meunier«.
16 Im Manuskript AJB 12-1 »deutscher« nachträglich ergänzt.
17 Im Manuskript AJB 12-1 abweichend »60.000«.
18 Im Typoskript AJB 12-1 »graritiert«, hier

Einführungen und Quellentexte

nach dem Manuskript AJB 12-1 »gravitiert«.
19 Im Manuskript AJB 12-1 abweichend »Emigrantenhetzblätter«.
20 Im Manuskript AJB 12-1 »deutschen« nachträglich ergänzt.
21 Im Manuskript AJB 12-1 abweichend »verhindern«.
22 Im Manuskript AJB 12-1 abweichend vier Punkte gesetzt.
23 Im Manuskript AJB 12-1 »für sie nämmlich nach ihrem Dafürhalten« nachträglich ergänzt.
24 Im Manuskript AJB 12-1 abweichend »grosszügigste«.
25 Im Manuskript AJB 12-2 »U«, hier nach dem Manuskript AJB 12-1 »Ü«.
26 Im Manuskript AJB 12-1 abweichend »Watt Watt, je parle francais«.
27 Im Manuskript AJB 12-1 abweichend »Belgien umgekehrt«.
28 Im Typoskript AJB 12-2 »Ueberwachen«, hier nach dem Manuskript AJB 12-1 »Überwachen«.
29 Im Typoskript AJB 12-2 »Ueberschwang«, hier nach dem Manuskript AJB 12-1 »Überschwang«.
30 Im Manuskript AJB 12-1 »Dixmeryden« nachträglich am Seitenrand mit Markierung versehen und unterstrichen.
31 Im Manuskript AJB 12-1 »gutbürgerliches« nachträglich ergänzt.
32 Im Typoskript AJB 12-2 »Ruhegen«, hier nach dem Manuskript AJB 12-1 »Zugegen«, welches nachträglich am Seitenrand mit Markierung versehen und unterstrichen worden ist.
33 Im Manuskript AJB 12-1 »Tuchhallen« nachträglich am Seitenrand mit Markierung versehen und unterstrichen.
34 Im Manuskript AJB 12-1 »konventionellen« nachträglich ergänzt.
35 Im Manuskript AJB 12-1 »sehr« nachträglich ergänzt.
36 Im Manuskript AJB 12-1 »Facharbeit« nachträglich ergänzt.
37 Im Typoskript AJB 12-2 »seitherige«, hier nach dem Manuskript AJB 12-1 »Seitherige«.
38 Im Manuskript AJB 12-1 »den Baubedarf stillenden« nachträglich ergänzt.
39 Im Manuskript AJB 12-1 abweichend ohne »doch«.
40 Im Manuskript AJB 12-1 abweichend »Sind«.
41 Im Typoskript AJB 12-2 »Uebertrofenes«, hier nach dem Manuskript AJB 12-1 »Übertroffenes«.
42 Im Manuskript AJB 12-1 »der Abstieg« nachträglich ergänzt.
43 Im Typoskript AJB 12-2 »Fachheit«, hier nach dem Manuskript AJB 12-1 »Flachheit«.
44 Im Manuskript AJB 12-1 »Des Umfanges« nachträglich ergänzt.
45 Im Manuskript AJB 12-1 abweichend »Strassburgermünster«.
46 Im Manuskript AJB 12-1 »so« nachträglich ergänzt.
47 Im Typoskript AJB 12-1 »Isensteiner Altar«, hier nach dem Manuskript AJB 12-1 »Isenheimer Altar«.
48 Im Manuskript AJB 12-1 vorausgehender Satz nachträglich auf den Seitenrand des Manuskripts eingefügt.
49 Im Manuskript AJB 12-1 »mit der Münsterfassade zusammen« nachträglich ergänzt.
50 Im Manuskript AJB 12-1 »in« nachträglich ergänzt.
51 Im Manuskript AJB 12-1 abweichend »wie dort sieht«.
52 Im Typoskript AJB 12-2 »Ueberfülle«, hier nach dem Manuskript AJB 12-1 »Überfülle«.
53 Im Manuskript AJB 12-1 »vielleicht« nachträglich ergänzt.
54 Im Manuskript AJB 12-1 »der hier naturgemäß für die Mehrzahl der Besucher im Vordergrund zu stehen hat.« nachträglich eingefügt.
55 Im Manuskript AJB 12-1 abweichend »Werke«.
56 Im Manuskript AJB 12-1 abweichend »ähnliches«.
57 Im Manuskript AJB 12-1 abweichend »Malakoff« und am Seitenrand notiert: »nicht Malakow?«.
58 Im Typoskript AJB 12-2 »Uebertragungen«, hier nach dem Manuskript AJB 12-1 »Übertragungen«.
59 Im Manuskript AJB 12-1 »auch« nachträglich ergänzt.
60 Im Typoskript AJB 12-2 »Ueberwundene«, hier nach dem Manuskript AJB 12-1 »Überwundene«.
61 Im Manuskript AJB 12-1 abweichend »läuignen«.
62 Im Manuskript AJB 12-1 abweichend »kann, als«.
63 Im Typoskript AJB 12-2 »unerhörte«, hier nach dem Manuskript AJB 12-1 »unerhörte«.
64 Im Manuskript AJB 12-1 »in originellsten Abwandlungen eines gegebenen Themas Eigenwert erreichte« nachträglich eingefügt.
65 Im Manuskript AJB 12-1 abweichend »Mozartischer«.
66 Im Manuskript AJB 12-1 abweichend »auszuzspielen schon«.
67 Im Manuskript »AJB 12-1 abweichend »sein:«.
68 Im Manuskript AJB 12-1 »In all ihrer Mühe zeigt Millet uns in seinen Feldarbeitern monumental gestaltet diesen Augenblick.« nachträglich ergänzt.
69 Im Manuskript AJB 12-1 abweichend »Monet« und »Manet«.
70 Im Manuskript AJB 12-1 abweichend »Renoir, alle«.
71 Im Manuskript AJB 12-1 abweichend »Grossstädter«.
72 Im Manuskript AJB 12-1 »flitter« nachträglich ergänzt.
73 Im Manuskript AJB 12-1 »Wahrheit« nachträglich ergänzt.
74 Im Manuskript AJB 12-1 abweichend »Pergamen Museums« und im Typoskript AJB 12-2 »Pergamen Museums«, hier korrigiert zu »Pergamonmuseums«.
75 Im Manuskript AJB 12-1 wurde die folgende

Passage nachträglich ergänzt: »Bei einem Besuch des Berliner Pergamen Museeums betraten Züge englischer Studenten, geführt von ihren deutschen Kommilitonen, die Halle. Es war die englische, im Ganzen aber dunkelhaarige Langschädeligkeit in die Augen springend, gegenüber der deutschen blonden Kurzschädeligkeit. Aber, dass mir diese englische Jugend, wenn ich an germanische Idealbilder dachte, etwa einen germanischen Eindruck gemacht hätte, kann ich nicht behaupten. Diese schwanken Hälse unter beinah krankhaften Hinterhäuptern und schmalen Stirnen! Jedenfalls ist auch die Buntheit der Typen nicht kleiner als beim deutschen Volke«.
76 Im Manuskript AJB 12-1 »nun aber« nachträglich ergänzt.
77 Im Manuskript AJB 12-1 abweichend »gedenke dass du ein Deutscher bist,«.
78 Im Manuskript AJB 12-1 abweichend »Merkblatt, das«.
79 Im Manuskript AJB 12-1 abweichend »erhielten, und«.
80 Im Manuskript AJB 12-1 abweichend »weitern«.
81 Im Manuskript AJB 12-1 »neben uns« nachträglich ergänzt.
82 Im Typoskript AJB 12-1 »ganzen«, hier nach dem Manuskript AJB 12-1 »Ganzen«.
83 Im Manuskript AJB 12-1 »den Einfall der Franken negierte sie« nachträglich eingefügt.
84 Im Manuskript AJB 12-1 abweichend »D.K.W. Meisterklasse«.
85 Im Manuskript AJB 12-1 abweichend »schimpfen.«.
86 Im Manuskript AJB 12-1 abweichend »welch letzterer«.
87 Im Typoskript AJB 12-2 »Ueberschuss«, hier nach dem Manuskript AJB 12-1 »Überschuss«.
88 Im Manuskript AJB 12-1 »und die Vorurteilslosigkeit,« nachträglich ergänzt.
89 Im Typoskript AJB 12-2 »dem«, hier nach dem Manuskript AJB 12-1 »den«.
90 Im Manuskript AJB 12-1 »neuere« nachträglich ergänzt.
91 Im Typoskript AJB 12-2 »Puris de Chevanne«, hier nach dem Manuskript AJB 12-1 »Puvis de Chavanne«.
92 Im Typoskript AJB 12-2 »empfang«, hier nach dem Manuskript AJB 12-1 »empfand«.
93 Im Typoskript AJB 12-2 »Pantheou«, hier nach dem Manuskript AJB 12-1 »Pantheon«.
94 Im Manuskript AJB 12-1 hier »und im Hôtel de Ville« nachträglich ergänzt und nicht ins Typoskript AJB 12-2 übertragen.
95 Im Manuskript AJB 12-1 abweichend »[…], und«.
96 Im Typoskript AJB 12-2 »gewalter«, hier nach dem Manuskript AJB 12-1 »gewaltiger«.
97 Im Manuskript AJB 12-1 abweichend »Malwerk, wie«.
98 Im Typoskript AJB 12-2 »Naturgemäss«, hier nach dem Manuskript AJB 12-1 »Naturgemäß«.
99 Im Manuskript AJB 12-1 abweichend »von aussen her«.
100 Im Manuskript AJB 12-1 abweichend »muß«.
101 Im Manuskript AJB 12-1 »die sie ihrer Ethik wegen nicht zulassen konnten« nachträglich ergänzt.
102 Im Manuskript AJB 12-1 wurde die folgende Passage nachträglich ergänzt: »am wenigsten bei klassizistischer Aufteilung, die ja nicht die farbige Behandlung ihrer Gliederung kannte, wie die klassische Antike sie geübt hatte«.
103 Im Manuskript AJB 12-1 abweichend »Künstler, am«.
104 Im Manuskript AJB 12-1 abweichend »Dieses«.
105 Im Manuskript AJB 12-1 »ist« nachträglich ergänzt.
106 Im Manuskript AJB 12-1 »und Geschäften« nachträglich ergänzt.
107 Im Manuskript AJB 12-1 abweichend »garnicht«.
108 Im Typoskript AJB 12-2 »Naufakturen von Stores«, hier nach dem Manuskript AJB 12-1 »Manufakturen von Sevres«; gemeint ist die *Manufacture royale de porcelaine de Sèvres*, eine der bedeutensten Porzellanmanufakturen Europas.
109 Im Manuskript AJB 12-1 abweichend »Kriegsliteratur, so«.
110 Im Typoskript AJB 12-1 »der Franzosen«, hier nach dem Manuskript AJB 12-1 »des Franzosen«, was nachträglich ergänzt worden ist.
111 Im Manuskript AJB 12-1 »Die Nähe von Flugzeughallen deuteten aber auch auf Reserven im Falle einer Mobilmachung. Jedenfalls waren die Wagen im schlechtesten Zustand.« nachträglich ergänzt.
112 Im Manuskript AJB 12-1 abweichend »150.000«.
113 Im Manuskript AJB 12-1 abweichend »50.000«.
114 Im Manuskript AJB 12-1 abweichend »50.000«.
115 Im Typoskript AJB 12-2 »Ueberschuss«, hier nach dem Manuskript AJB 12-1 »Überschuss«.
116 Im Typoskript AJB 12-2 »verstandesmässige«, hier nach dem Manuskript AJB 12-1 »verstandesmäßige«.
117 Im Manuskript AJB 12-1 »aber« nachträglich ergänzt.
118 Im Manuskript AJB 12-1 »nur« nachträglich ergänzt.
119 Im Manuskript AJB 12-1 abweichend »J. B. z. Zt. Wiedenhof 19«.

Gebäude der Hochschule für bildende Künste (vormals Staatliche Kunstgewerbeschule) vor dem Zweiten Weltkrieg

»[E]ine deutsche Kunst
nach Form und Gehalt«
Johann Bossard, 1940

Maike Bruhns

Der Sonderkurs für Bildhauer und die Exkursion nach Berlin 1940

Hamburg sollte in der NS-Zeit ›Führerstadt Groß Hamburg‹ werden und ein repräsentativeres Erscheinungsbild erhalten. Gigantische Projekte wurden geplant, unter anderem ein 250 Meter aufragendes Gauhochhaus an der Palmaille, eine riesige Elbbrücke bei Neumühlen und eine Universität in Flottbek. An zentraler Stelle agierte Konstanty Gutschow (1902–1978),[1] der sich 1939 »Architekt des Elbufers« nannte. Fachleute für die Durchführung der Großprojekte standen nicht zur Verfügung. Auf Vorschlag Werner Thiedes (1895–1961)[2] und eines Expertengremiums wurde deshalb im März 1940 eine siebenmonatige Schulung für acht bis zehn Bildhauer beschlossen.[3]

Die Kulturverwaltung übernahm die Finanzierung der Materialien, der Modelle und eines Stipendiums für die Teilnehmer.[4] An dem am 9. Juli 1940 begonnenen Kurs an der *Hansischen Hochschule für bildende Künste* nahmen sieben praktizierende Bildhauer teil: Hans Martin Ruwoldt (1891–1969) und Martin Irwahn (1898–1981) (vor 1933 Sezessionsmitglieder), Richard Steffen (1903–1964), Karl August Ohrt (1902–1993), Curt Beckmann (1901–1970), Werner Michaelis (1907–1958) und Paul Slany (geb. 1898). Während sieben Monaten beschäftigten sie sich acht Stunden täglich mit Fragen der Bauplastik, hörten Vorlesungen über Anatomie, zeichneten Akt, modellierten Torsi oder Ganzakte. Theorie und praktische Arbeit in handwerklicher Steinbearbeitung bei Friedrich Bursch in Ohlsdorf wechselten. Am Ende sollte ein Entwurf für eine Figur im Stadtpark stehen, über deren Ausführung eine Jury urteilen würde.

Bossard, der bis zu seiner Pensionierung im Jahr 1944 an der *Hansischen Hochschule für bildende Künste* unterrichtete, übernahm die Ausbildung. Als Modelle sollten sportliche junge Männer oder sehr junge Frauen gefunden werden: »Es kommt darauf an, nicht die üblichen Berufsmodelle, sondern von vornherein möglichst anständige Körper zu verwenden«,[5] womit dem Jugendkult der NS-Ideologie Genüge getan wurde. Bossards Wunsch einer Entlohnung in Höhe von 500 Reichsmark für den zusätzlichen Zeitaufwand bei der Leitung des Kurses wurde nach einigem Hin und Her abgelehnt.[6]

Im September 1940 unternahm die Gruppe einen viertägigen Studienausflug nach Berlin. Sie besichtigte Großbauten und Anlagen des Dritten Reichs wie die *Reichskanzlei*, das *Flughafengebäude* und das *Luftfahrtministerium*, wobei neben der Plastik die Architektur, die

Einführungen und Quellentexte

Aktzeichnen ist für den Bildhauer ein wichtiges Übungsmittel für die sichere Beherrschung des Aufbaues und der Funktion des menschlichen Körpers.

Im Rahmen der Vorbereitung der Elbufergestaltung:

Hamburger Künstler arbeiten am Akt

Hamburg steht vor gigantischen Bauaufgaben, und trotz des Krieges wird an der Vorbereitungen zu der neuen Elbufergestaltung tätig gearbeitet. Ein Unterfangen nun wie die Elbufergestaltung wird nicht nur die Architektur angehen und das architektonische Gesicht Hamburgs grundlegend neuformen, sondern darüber hinaus dem gesamten künstlerischen Leben Hamburgs neue Impulse verleihen. Die Plastik, die Malerei, die verschiedenen Zweige des Handwerks werden vor große Aufgaben gestellt werden, und um die Hilfskräfte für diese Aufgaben vorzubilden und reif zu machen, werden jetzt überall vom Architekten des Elbufers und der Verwaltung für Kunst- und Kulturangelegenheiten Anstalten getroffen.

Im engen Zusammenhang mit der Architektur steht die Bauplastik. Gerade die Plastik trägt viel dazu bei, einem Bau ein repräsentatives und monumentales Ansehen zu verleihen. Auf eine außerordentlich großzügige und geschickte Art ist man darangegangen, die Hamburger Bildhauer an die kommenden Aufgaben heranzuführen. In einem siebenmonatigen Kursus sind eine Anzahl Hamburger unter der Leitung von Prof. Bossard in der Hansischen Hochschule für bildende Künste zusammengefaßt, um hier zusammen zu arbeiten und sich für die großen Aufgaben heranzubilden; sie hören Vorträge über vergleichende Anatomie, zeichnen Akt, modellieren und vertiefen und erweitern so ihre Kenntnisse über den menschlichen Körper, außerdem werden sie mit den verschiedenen Möglichkeiten und Techniken des plastischen und bildhauerischen Gestaltens geübt und vertraut gemacht — in den Kursus ist auch eine Studienzeit in einer Steinmetzwerkstatt eingeschlossen. So gibt man den Künstlern Gelegenheit zu einem gründlichen Studium aus der Praxis heraus, wie es den meisten Künstlern in den letzten Jahren für Bildhauer unter der Leitung von sich allein nicht möglich war.

Bildhauer Kurt Beckmann hat eine gelungene Arbeit im Rahmen des Kursus fertiggestellt

Ein Ausschnitt aus der täglichen Arbeit der Bildhauerwerkstatt in der Hansischen Hochschule für bildende Künste

Bauplastik und die verwendeten Materialien vor Ort in der Gruppe diskutiert wurden. Am 20. September 1940 lieferte Bossard einen Abschlussbericht zur Exkursion an die Verwaltung für Kunst- und Kulturangelegenheiten.[7]

Die Bildhauer besuchten zunächst die Ausstellung *Plastische Meisterwerke* im ehemaligen Verein der Berliner Künstler, bemängelten an Arno Brekers (1900–1991) und Josef Thoraks (1889–1952) Figuren »äußerliche[..] Bravour«[8], bewunderten aber die »Formerarbeit«[9] an den Gipsen, die so in Hamburg kaum vorstellbar sei. An Georg Kolbes Skulpturen missfiel der modische Herrenschnitt der großen Frauenakte (»seelisch fragwürdig«[10]). Als zeitbedingt sahen sie Thoraks »heldische[n] Willensaußdruck in der Brustkorbgestaltung«[11], die an eine gestärkte Hemdenbrust erinnere. Muskelbepackte Übermenschen lagen den ästhetischen Vorstellungen der Hamburger nicht.

Die Plastiken Georg Wrbas (1872–1939) beurteilten sie positiv. Arnold Waldschmidts (1873–1958) Reliefs im *Luftfahrtministerium, Fahnenkompanie,* gefiel wegen des Themas Massenaufmarsch, der Militanz und der überzogenen Gestik der Figuren weniger. Begeisterung lösten dagegen die Arbeiten des verfemten Gerhard Marcks (1889–1981) aus, dessen Atelier in Nikolassee sie »durch Zufall«[12] betraten. Hier »erfreuten einige fertige Werke durch eine seelenvolle Innigkeit, wie man sie nur noch bei Schöpfungen deutscher Gotiker finden kann.«[13] Der Bericht endet mit vorsichtigem Hinweis auf die Privilegien der namhaften NS-Bildhauer in Berlin: »Wenn wir vorher im Atelier Brekers […] voller Achtung vor so viel tüchtigem Können standen und manches Werk aus seinem Werdegang besser begriffen, so mußten wir doch sagen, daß der Mann ein rechter Glückspilz ist und unsereins in Hamburg ein rechtes Kümmerdasein führt, gegenüber soviel verschwenderisch zur Verfügung gestellten Hilfsmitteln.«[14]

Diplomatisch analysierte Bossard die Verhältnisse aus dem Blickwinkel der Hamburger, band sie mit breitem kulturgeschichtlichem Wissen in die Geschichte der plastischen Kunst ein und resümierte: »Wir laborieren noch mit heißem Kopf, aber keineswegs schon ganz klaren Augen, an dem, was uns eben doch werden muß, eine deutsche Kunst nach Form und Gehalt.«[15] Ihm zufolge war 1940 eine »deutsche« Kunst noch keineswegs vorhanden. Wer den Bericht zu interpretieren wusste, verstand seine kritische Sicht. Er ging an die zuständigen Stellen, erregte Interesse, teils sogar Zustimmung. Werner Kloos (1909–1990), Direktor der Kunsthalle, kündigte an, sich mit einer neuen »plastischen« Sammlung befassen zu wollen. Albert Krebs (1899–1974), Senatsdirektor in der Kulturverwaltung, bekannte, den Bericht mit großem Vergnügen und Interesse gelesen zu haben. Gutschow lobte verschiedene Passagen. Steinmetzmeister Bursch bedauerte, an der lehrreichen Studienfahrt nicht beteiligt gewesen zu sein.[16]

Im Oktober 1940 drehte die Firma *Roto-Film* Aufnahmen für die *Wochenschau* im Arbeitsraum; Fotos davon erschienen am 8. Dezember 1940 im *Hamburger Tageblatt* (Abb. 1). Der Bildhauerkurs war ein Privileg, er bedeutete Fortbildung und Aussicht auf Ausführung einer Großplastik. Dass er noch dazu bezahlt wurde und eine Rückstellung vom Kriegsdienst bedeutete, löste unter Fachkollegen Neidreaktionen aus.[17]

Ende Oktober schaltete sich Gutschow persönlich ein. Er hatte die Schulung von Anfang an beobachtet und kontrolliert. Jetzt mahnte er systematischeres anatomisches Modellieren

Abb. 1
»Hamburger Künstler arbeiten am Akt«.
Pressebericht über den Sonderkurs für Bildhauer in der Beilage des Hamburger Tageblatts, 8.12.1940

an, etwa ein Bruststück mit gehobener Schulter und Oberarm und eins mit gesenkter. Hände, Füße, Köpfe sollten sorgfältigere Detailarbeit aufweisen. Er kündigte an, sich die Modelle in Kürze selbst anzusehen, übte Druck aus. Anfang Januar 1941 hakte er erneut nach, lobte den Fortgang der Arbeit, hob insbesondere Bossards Verdienste der Lehre hervor, kritisierte dann die in Arbeit befindlichen »Hauptfiguren« als nicht ausreichend durchgearbeitet. Dabei stellte sich heraus, dass es ihm um eine Sonderschau, *Kunst und Kunsthandwerk am Bau* ging, in der er die Zeichnungen und Modelle der Öffentlichkeit vorstellen wollte. Der Kurs wurde darum um sechs Wochen bis Ende März 1941 verlängert[18] und ein großes Gipsmodell des ehemaligen, inzwischen als Planetarium genutzten Wasserturms im Stadtpark erstellt, das Ideen zur Platzierung von Plastik in den Turmnischen und am Wasserbecken ermöglichte. Am Ende wurde die Zeit knapp, weder das Stadtparkmodell noch die Tonmodellierungen, die »Hauptfiguren« und Entwürfe für die Stadtparkskulpturen waren fertiggestellt. Stress stellte sich ein. Gutschow strich die zweite Steinmetzschulung bei Bursch. Von Bossard selbst ist kein Kommentar zu dem Chaos überliefert. Er dozierte kurz nach dem 6. Januar 1941 für die Filmleute über die Arbeit am Akt: »In unseren nördlichen Breiten ist das Studium des nackten Menschen begreiflicherweise besonderen Schwierigkeiten unterworfen. Aber nur der nackte Mensch ist der würdige Gegenstand grosser Plastik, er stellt sozusagen die Ewigkeitsform der Kunst dar […].«[19]

Curt Beckmann verabschiedete sich im März, er war eingezogen worden. Irwahn, Steffen, Ruwoldt und Slany wurde im Juni ein großer Auftrag von 4,5 Meter hohen Figuren für die Ecken und Nischen des Wasserturms in Aussicht gestellt,[20] der nach Bedenken der Künstler wegen der Kosten auf die Erstellung von Entwürfen im Verhältnis 1:5 schrumpfte. Ruwoldt stieg daraufhin aus. Er war es leid, immer nur Entwürfe zu liefern, die nicht realisiert wurden und überlebensgroße Gipsfiguren in seinem Atelier mit einem Hammer zerschlagen zu müssen. Mit 8.000 Reichsmark in Ratenzahlungen gut honoriert, arbeiteten Irwahn, Steffen und Slany weiter. Im Februar 1942 begutachtete die Jury, Gutschow, Bildhauer Kunstmann, Inspektor Lohmann und Kulturreferent Weber den Fortgang. Steffens Frau mit Mädchen, *Quelle*, fand Beifall, auch Irwahns Mann neben einem Knaben mit Schiff, *Strom*. Slanys Gruppe, *Das bewegte Wasser*, schied man aus. Steffen setzte die Arbeit fort. Im April 1945 hatte er seine Monumentalfigur schließlich zu einem gussfertigen Abschluss gebracht. Irwahn boykottierte ab 1943 den Auftrag, ließ sich monatelang nicht blicken und war später auch nicht zur Zurückzahlung des Honorars zu bewegen. Nach Kriegsende lagerte Steffens Gipsform noch lange im Hof der Hochschule.[21]

Bossard empfand sich mit »[s]einen« Entwürfen für den Stadtpark bei Elbuferarchitekt Gutschow »durchgefallen«, wie er Richard Meyer im April 1944 anvertraute,[22] statt einer repräsentativen Anlage entschied man sich für nur eine Figur. So blieb das Projekt Bildhauerschulung und »Werkgemeinschaft«[23] durch die politische Entwicklung und den Eingriff mächtiger Funktionäre ebenso erfolglos wie die Ausführung der Elbufer-Bebauung.

1 Konstanty Gutschow war ein ehrgeiziger Günstling Hitlers, dem später als »Architekt für die Neugestaltung der Hansestadt Hamburg« an der Palmaille 81 die Stadtplanung unterstand. Bruhns, Maike, *Kunst in der Krise. Hamburger Kunst im »Dritten Reich«*, München 2001, Bd. 1, S. 117, Anm. 295.
2 Werner Thiede: Maler und Landesleiter der Reichskunstkammer.
3 Bruhns 2001a, S. 96–98, 153 und 154.
4 Staatsarchiv Hamburg, Nachlass Gutschow, A 51 Bd. 1, Bd. 3 u. Bd. 4; Arch. Gutschow, A 59 322-3; Archiv Hamburger Kunsthalle, A 229; Archiv der HFBK Hamburg, A 59; Archiv Kunststätte Bossard, AJB 231.
5 »Stundenplan«, »Anlage 1« vom 21.6.1940 (AJB 213), wohl zur Durchschrift des Schreibens von Konstanty Gutschow an Senatssyndikus Dr. Meincke vom 29.6.1940 (AJB 231).
6 Brief von der Verwaltung für Kunst und Kulturangelegenheiten an Bossard vom 17.8.1940 (AJB 231), Brief von Dr. Krebs an Direktor Fliether vom 12.7.1940 (AJB 231). Eine Abschrift ging an Bossard. Am Rand des Schreibens bemerkte Jutta Bossard: »Bossard hat diesen Antrag selbst niemals gestellt.«
7 Archiv Kunststätte Bossard, 1940 (AJB 224), Archiv der HFBK Hamburg, A 58.
8 Die zwei letzten Zitate: Bossard, Johann, *Bericht über einen Studienausflug nach Berlin*, Typoskript, o. O. [Jesteburg] 1940 (AJB 224), S. 1.
9 Ebd., S. 1.
10 Ebd., S. 2.
11 Ebd.
12 Ebd., S. 6.
13 Ebd., S. 7.
14 Ebd., S. 8.
15 Ebd., S. 9.
16 Brief von Werner Kloos an Bossard vom 1.10.1940 (AJB 231), Brief von Albert Krebs an Bossard vom 2.10.1940 (AJB 231), Brief von Konstanty Gutschow an Johann Bossard vom 1.11.1940 (AJB 231), Brief von Bursch an Bossard vom 22.10.1940 (AJB 231).
17 Ernst Deppen äußerte Vorbehalte gegenüber den privilegierten Teilnehmern des Bildhauerkurses. Brief von Ernst Deppen an Johann Bossard vom 4.1.1941 (AJB 227), Brief von Gaby Weingärtner an Eylert Spars vom 20.2.1946, abgedruckt in: Bruhns 2001a, S. 634.
18 Bis 21.12. fand der Kurs in der Hochschule statt, ab 2.1.1941 sollte er bei Friedrich Bursch fortgesetzt werden. Das Ende war auf den 12.2.1941 terminiert. Brief von Direktor Fliether an Johann Bossard vom 3.12.1940 (AJB 231).
19 Briefentwurf von Johann Bossard an Frau Dumont, Roto-Film, als Antwort auf ein Schreiben vom 6.1.1941 (AJB 231).
20 Staatsarchiv Hamburg, Kulturbehörde I A 116; Architekt Gutschow A 58.
21 Bruhns 2001a, S. 155.
22 Briefentwurf von Johann Bossard an Richard Meyer vom 12.4.1944 (AJB 227).
23 Sieker, Hugo, *Vorwort* zu »*Die Sendung des Bildhauers*«, Sonderveröffentlichung des *Hamburger Anzeigers*, Hamburg 1941.

Bei dem von der Verwaltung für Kunst- und Kulturangelegenheiten in so dankbarster Weise für einen Tag vorgesehenen und finanzierten Studienausflug war es den Teilnehmern des Bildhauerkurses von vornherein klar, daß das „bildhauerische" Berlin in so kurzer Zeit unmöglich zu besichtigen, geschweige denn zu studieren war. Die Teilnehmer der Fahrt kannten ja dieses für uns fachlich in Frage stehende Berlin nicht nur aus vorübergehenden Besuchen, sondern z.T. aus jahrelangem Aufenthalt.

Nun sollten aber die für unser Studium wichtigen plastischen Objekte, aus der uns gestellten Aufgabe heraus, in eine ganz neue Blickrichtung gesetzt werden. Das aber interessierte alle Teilnehmer in einem Maße, daß jeder von vornherein, und sei es mit finanziellen Opfern, zu dieser Fahrt entschlossen war.

Nach schnellster Erledigung der Unterkunftsangelegenheit besuchten wir sogleich die Ausstellung „Plastische Meisterwerke" im ehemaligen Verein der Berliner Künstler. Die große Note gaben da in erster Linie, nicht nur nach den Formaten, Arno Breker und Thorak. Nebst dem Erfreulichen, das sich dem Fachmann immer bietet, wenn er einer gekonnten Leistung gegenübersteht, empfand sich der Gemütsanspruch des Betrachters doch etwas wie einer äußerlichen Bravour gegenüber. Wir nahmen erfreut eine erstklassige Formerarbeit war, mit dem Bedauern, daß Hamburg auf diesem Gebiet etwas heftig zurückgeblieben ist. Eine äußerst geschickte Tönung des Gipses wurde nicht übersehen, sondern dankbar zur Kenntnis genommen; denn es ist nun einmal so, daß eine Serie ungetönter Gipsmodelle als Ausstellungswerke untragbar wirken, so dankbar sie als Hilfsmodelle gebraucht und unumgehbar sind. Da außerdem ja leider der Bildhauer in den seltensten Fällen finanziell so stark ist, seine Ideen in echten Materialien plastisch auszuführen, wenn kein Auftraggeber dazu die Mittel gibt, so ist der getönte Gips ein zu Unrecht gescholtenes Hilfsmittel bei Ausstellungs- und Werbezwecken, so bedauerlich es ist, wenn er mißbraucht wird. Wir sahen dann später

– 2 –

Johann Bossard
Bericht über einen Studienausflug nach Berlin
1940, AJB 224

Johann Bossard

Bericht über einen Studienausflug nach Berlin (1940)

[1] Bei dem von der Verwaltung für Kunst- und Kulturangelegenheiten in² dankbarster Weise für einen Tag vorgesehenen und finanzierten Studienausflug war es den Teilnehmern des Bildhauerkurses von vornherein klar, daß das »bildhauerische« Berlin in so kurzer Zeit unmöglich zu besichtigen, geschweige denn zu studieren war. Die Teilnehmer der Fahrt kannten ja dieses für uns fachlich in Frage stehende Berlin nicht nur aus vorübergehenden Besuchen [sic], sondern z. T. aus jahrelangem Aufenthalt.

Nun sollten aber die für unser Studium wichtigen plastischen Objekte, aus der uns gestellten Aufgabe heraus, in eine ganz neue Blickrichtung gesetzt werden. Das aber interessierte alle Teilnehmer in einem Maße, daß jeder von vornherein, und sei es mit finanziellen Opfern, zu dieser Fahrt entschlossen war.

Nach schnellster Erledigung der Unterkunftsangelegenheit besuchten wir sogleich die Ausstellung »Plastische Meisterwerke« im ehemaligen Verein der Berliner Künstler. Die große Note gaben da in erster Linie, nicht nur nach den Formaten, Arno Breker und Thorak. Nebst dem Erfreulichen, das sich dem Fachmann immer bietet, wenn er einer gekonnten Leistung gegenübersteht, empfand sich der Gemütsanspruch des Betrachters doch etwas wie einer äußerlichen Bravour gegenüber. Wir nahmen erfreut eine erstklassige Formerarbeit war, mit dem Bedauern, daß Hamburg auf diesem Gebiet etwas heftig zurückgeblieben ist. Eine äußerst geschickte Tönung des Gipses wurde nicht übersehen, sondern dankbar zur Kenntnis genommen; denn es ist nun einmal so, daß eine Serie ungetönter Gipsmodelle als Ausstellungswerke untragbar wirken, so dankbar sie als Hilfsmodelle gebraucht und unumgehbar sind. Da außerdem ja leider der Bildhauer in den seltensten Fällen finanziell so stark ist, seine Ideen in echten Materialien plastisch auszuführen, wenn kein Auftraggeber dazu die Mittel gibt, so ist der getönte Gips ein zu Unrecht gescholtenes Hilfsmittel bei Ausstellungs- und Werbezwecken, so bedauerlich es ist, wenn er mißbraucht wird. Wir sahen dann später [2] auch in der Reichskanzlei, daß er zu Aushilfszwecken verwendet wurde. Und hier sollte nicht übersehen werden, daß doch gerade die aus innerstem Bedürfnis vom Künstler gestalteten Ausstellungswerke einen Reichtum von ästhetischer und geistiger Bereicherung, selbst wenn er von der Kritik unter Protest entgegengenommen wird, ausstrahlen und wie demgegenüber das unter staatlicher Förderung

Ausgeführte häufig monoton wird und auch meist leider nur im Sinne eines Gemeinplatzes oder Lückenbüßers genommen werden kann.

K o l b e im anstoßenden Saal ist ein Gegenspieler dieser zwei genannten Plastiker, aber nicht durchaus im erfreulichen Sinne. Es ist ja eine aus der Kunstgeschichte bekannte Erscheinung, daß auch das Talent sich schwer formalen Marotten der Zeitmode entziehen kann, und so sehen wir denn an der plastischen Ewigkeitsform des Bildhauerwerkes Dinge, die meist schon am nächsten Modetag unleidlich wirken, während wir sie am lebendigen, bekleideten Frauenkörper gelassen oder amüsiert, ganz nach Temperament, zur Kenntnis nehmen. Ich meine hier den sogenannten Herrenschnitt der Frauenfrisur, den Kolbe großen Frauenakten gab und der die Bildwerke etwas seelisch fragwürdig erscheinen ließ, ganz zum Schaden der geschickten, für Bronze berechneten Modellierung. Dieser seelisch begründete und sich entsprechend formal auswirkende Gegensatz Breker=Thorak contra Kolbe, sensuelle, lyrische Verträumtheit gegen pathetischen, an den Betrachter gerichteten Willensanspruch, kam uns auch später noch verschiedentlich vor, in Werken der Plastik wie der Architektur. Hier jedenfalls war nicht um die Empfindung herumzukommen, daß zum Gelingen einer harmonischen Aktfigur, wenn sie über zeitbedingte Ansprüche hinübergerettet werden soll, etwas gehörte, was jedem [der]³ drei genannten Künstler, wenn auch in ganz verschiedener Weise, fehlte. Wir sahen nicht ein, daß der Anspruch zu heldischem Willensaußdruck in der Brustkorbgestaltung beispielsweise bei Reliefs Thoraks unwillkürlich an die gestärkte Hemdenbrust erinnern mußte. Aber es ist offenbar leichter, mit 65 Jahren formalschädliche Zeitbedingtheiten zu erkennen, als sie in seiner eigenen [3] Produktion zu gegebener Zeit zu vermeiden. Wir mochten auch nicht übersehen, daß die übrigen Werke verschiedener anderer Künstler, standen sie auch dem einen oder andern geschmacklich näher, an Leistungswert nicht an die drei Genannten heranreichten. – Dieser Ausstellung gegenüber befand sich das Weinhaus »Rheingold«, von Architekt Schmitz und Bildhauer Metzner gestaltet, leider an keinem der ganzen vier Tage, die wir in Berlin verbrachten, geöffnet. Trotzdem gaben schon die Reliefs von Metzner, in strengster, vielleicht sogar übertrieben absolutistischer Weise eingeordnet in eine mächtige Architektur, eine ganz eindringliche Belehrung über Möglichkeit und Grenze architekturaler Plastik. Kraß in die Augen springend war dann für jeden, der die Metznerplastik noch in ihrer Neuheit und Frische des Muschelkalks gesehen hat, die Bedeutung des Steinmaterials an Außenseiten der Architekturen. Hier jedenfalls, wenn nicht gerade scharfes sonniges Seitenlicht darauf fällt, versumpft alle bildhauerische Leistung in brauner Trübe und das liegt hier in erster Linie am Muschelkalk, wenn er auf der Ostseite verwendet wird. Da nämlich verstaubt er in der Großstadt hoffnungslos, während die Westseiten durch Regen dauernd gebleicht und ausgewaschen werden. Sehr instruktiv führt der in der Nähe am Leipziger Platz gelegene Wertheimbau das vor Augen. Diese, von Architekt Messel und Bildhauer Wrba gestaltete Fassade bildet nun zum »Rheingold« wieder, trotz gleicher Materialverwendung, in verschiedenster Richtung einen ausgeprägten Gegensatz, und es ist nicht zu übersehen, daß in unserer, seit 150 Jahren noch immer geschmacklich desorientierten Zeit, der imitative Künstler einen breiteren Widerhall findet, als der wagemutige Pionier in künstlerisches Neuland. Denn das war Metzner doch fraglos auf seine Art. Demgegenüber soll aber nicht ungesagt bleiben, daß der geschickte Dekorateur Wrba der Architektur Messels eine Fülle plastischer Erfreulichkeiten eingefügt hat und daß man sicher, wie als kunstfreudiger Laie, so auch als Fachkenner, dem jetzt unter Denkmalschutz stehenden Wertheimbau immer gern einen genießerischen⁴

Monat	AKT-MODELLIEREN	VORLESUNG	ANATOMISCHES ZEICHNEN		STEINMETZ-ARBEIT
			1.3.5.7.........TAG	2.4.6.8.........TAG	
1	GRUNDSTELLUNG	SKELETT	GRUNDSTELLUNG VORN	KNOCHEN-BAU	DIE WERKZEUGE und die einfachen WERKVORGÄNGE
2		MUSKELBAU RUMPF-BECKEN	HINTEN SEITLICH	MUSKEL-LAGEN	EINE EINFACHE ARCHITEKTURFORM
3	VERLAGERUNG (SPIELBEIN)	BEIN-MUSKULATUR	VERLAGERUNG VORN HINTEN SEITLICH	DAS BEIN	
4	BEWEGUNGS-ABLÄUFE	ARM-MUSKULATUR	SCHEMATA DER BEWEGUNGS-ABLÄUFE VORN HINTEN SEITLICH	DER ARM	EIN STANDBEIN
5		HÄNDE FÜSSE KÖPF		DIE HAND DER FUSS	EIN TORSO
6		DIE MUSKELFORMEN BEI JUGEND-ALTER/ GESUND-KRANK/ KRAFT-SCHWÄCHE/ FRISCHE-ERMÜDUNG.		DER KOPF	EINE FIGUR IN GRUNDSTELLUNG
7	JE 1 FIGUR STADTPARK (VORENTWURF)			DIE ZUSAMMEN-HÄNGE	

Stundenplan für den Sonderkurs für Bildhauer
1940, AJB 224

Besuch abstatten [4] wird. Daß ich aber meinen jüngeren Kollegen nicht auch mindestens den monumentalen Kaisersaal des »Rheingoldes« vorführen konnte, empfinde ich als einen bedauerlichen Mangel in unserem sonst so reich ausgekosteten Programm. Neben der in edelsten Materialien ausgeführten gewaltigen Architektur stellen nämlich die vier in Kupfer getriebenen, pfeilerförmig aufragenden Kaiserstandbilder wieder das Problem dar: wie weit dürfen sich entgegenkommen oder gar durchdringen, architektonischer Anspruch und plastische, organisch bedingte Gesetzlichkeit? Daß uns auf diesem problematischen Gebiet noch längst kein untrüglicher Instinkt leitet, belegt auch eine Seitenansicht, z. B. vom Heiliggeistfeld, der Hamburger Bismarck. Hier war die Absicht ganz deutlich das turmhafte Standbild, und diese Aufgabe ist denn auch in den Frontalkonturen glänzend gelöst; der fallende Mantel der Rückenfläche jedoch bildet eine Kurve, die nun eine unstatthafte Gehbewegung suggeriert, wohingegen die plastische Logik bedingt hätte, daß der Mantel senkrecht fiele und nur beim Aufstoßen auf der Plinthe einen Knick bildete.

Ganz von dieser, mit formalistischen Abstraktionen durchkälteten Höhenluft hinweg führt dann ein Gang durch das Innere des neuen und alten Wertheimbaues. Hier hat der gemütvoll witzige Taschner, in Nachempfindung altdeutscher Renaissancebrunnen, aus roter Kadinerterrakotta ein gleicherweise architektonisch wie plastisch äußerst reizvolles Werk geschaffen. Das Material war leicht mit Temperafarbe lasiert und dann gewachst, was einen viel zarteren, gefühlteren, wenn auch nicht so haltbaren koloristischen Reiz ergab, als Fayenceglasur das vermag. Auch die Pilasterreliefs von Vogel & Wiedemann interessierten technisch und stofflich, zumal auch sie das rapide Tempo im Wechsel des Formgeschmackes unserer Zeit illustrierten.

In der Reichskanzlei wurde uns dann der erste große Eindruck beim Bauwollen und der Kunstgesinnung des Dritten Reiches vermittelt, ein Eindruck, wie ihn eben auch das beste Illustrationsmaterial nicht zu ersetzen vermag. Neben den gewaltigen Ausmaßen, der Formendisziplin, der Verwendung edelsten Materials imponierte die werkgerechte Hochleistung [5] in sämtlichen zur Anwendung gekommenen Techniken. Die von Franz Stassen entworfenen Gobelins, die mich auch wegen der Eddamotive interessiert hätten, waren noch in Arbeit; Dagegen hinterließ die stilistische Sicherheit der Zeichnung in den figürlichen Teilen der alten Gobelins, besonders bei einigen jüngeren Kollegen, eine große Bewunderung. Auf diese Beobachtung treffe ich übrigens bei Betrachtungen alter Kunst fast regelmäßig. Der künstlerisch Tätige unserer Zeit befindet sich dann vergleichsweise dem unwiederbringlich verlorenen Paradies gegenüber, umsomehr da er weiß, daß Imitation der Stilformen dafür keinen Ersatz zu bieten vermag und daß uns nur eines frommen kann, nämlich, von den alten unermüdlich zu lernen und ebenso unermüdlich der eigenen Seele gerecht zu werden versuchen. Die für eine spätere Gelegenheit für plastische Gestaltung vorgesehenen Möglichkeiten im Garten der Reichskanzlei nahmen wir nicht ganz ohne Neid wahr.

Im Neubau des Flughafens erwartete und führte uns Herr Professor Sagebiel. In diesem Gelände kommt nun der eiserne Besen des Dritten Reiches in Form umgelegter und noch umzulegender ganzer Straßenzüge, gekappter neugotischer Kirchturmspitzen usw. zu ganz drastischem Ausdruck, nicht minder aber eine zukunftweisende Planung, wie sie für unsere Reichshauptstadt an dieser bedeutsamsten Zeitenwende unseres Volkes nicht mehr zu umgehen war. Nebst vielen anregenden Aufschlüssen bautechnischer Art gab Professor Sagebiel auch noch das Projekt eines Brunnenbeckens von 90 mtr. Kreisdurchmesser bekannt. Der plastische Schmuck war in Kupfertreibarbeit gedacht, was zu Erwägungen Anlaß gab, ob dieses jetzt im Kriege für solche Zwecke nicht zu beschaffende Material nicht durch eines der neuen Nirosta- oder sonstigen Leichtmetalle zu ersetzen wäre. Ich erinnerte daran, daß das Gertrudendenkmal in Berlin C im Jahre 1896 in Aluminiumbronce gegossen worden war und vorzüglicher erhalten ist, als die alten gebräuchlichen Legierungen mit ihren formzerstörenden Grünspanflecken. Irrtümlicherweise hält man nämlich diese Kruste für Edelrost und schont sie pietätvoll, statt die freistehenden Broncen zu rechter Zeit immer mal wieder [6] abzuwaschen und sie mit einem Wachsüberzug zu versehen. Bedauerliche Beispiele dieses Unverstandes sahen wir dann besonders am Kaiser Wilhelm-Nationaldenkmal vor dem Schloß und an den Reitergruppen vor dem alten Museum, wo der abwechselnd kraßgrüne Flecken neben der schwarzen Bronce jeden Formausdruck zerstört.

Dem Besuch des Luftfahrtministeriums verdanken wir wieder, verständlicherweise, ganz ähnliche Empfindungen wie dem der Reichskanzlerei. Neben Werken in zum Teil einander sehr widersprechenden Formen interessierte dann besonders das Problem, welches Prof. Waldschmidt in Form eines riesigen Muschelkalkreliefs wälzte. Stilgeschichtlich, vielleicht kulturhistorisch überhaupt und unter Umständen sogar für etwas, das man vielleicht Rassenwandel nennen könnte, aufschlußreich ist dann seine Behandlung des Reihenmotives[5] soldatischer Marschordnung, die über Hodlers Jenabild zurück bis zu den Reliefdarstellungen auf preußischen Feldherrendenkmälern führt.

Der Sonntag führte uns dann zu Taschners Märchenbrunnen in den Friedrichshein. Eine unerschöpfliche Grazie in den Darstellungen von Märchenkind und Tier erfreute uns immer aufs neue. Warum aber Stadtbaumeister Hoffmann dem architektonischen Hintergrund gerade diese Rennaissanceformen südlicher, schon reichlich abgegriffener Herkunft verleihen mußte, war mir jetzt, nach langen Jahren, noch immer unerfindlich geblieben. Ein Fehlgriff scheint auch für unser nördliches, von Rauchoxyden geschwängertes Großstadtklima die Wahl von Savonnière für die Skulptur gewesen zu sein. Es traten schon reichlich viel Verwitterungserscheinungen zu Tage, wogegen die Postamente unversehrten Muschelkalk zeigten.

Durch Zufall erhielten wir am Nachmittag Gelegenheit, in Nikolassee das Atelier des Bildhauers Marks zu besuchen, dessen Arbeiten verschiedentlich auch in Hamburg gezeigt worden waren. Diese zwei Ateliers, Breker und Marks, wären wie zwei abgrundtief getrennte Welten erschienen, wenn die beiden eben doch nicht zwei Zeitgenossen gewesen wären, verbunden durch unverkennbar gemeinsame Merkmale. Nebst dem technischen [7] Problem, die Modelle in Gips zu modellieren bezw. in Antragetechnik aufzubauen, erfreuten einige fertige Werke durch eine seelenvolle Innigkeit, wie man sie nur noch bei Schöpfungen deutscher Gotiker finden kann. Und man stand auch da vor der Frage, wie soviel Seele nur in so mangelhaften Formen hausen könne, ob denn wirklich Seele nicht durch organische, gute Form auszudrücken wäre, und man wird zu dem Paradoxon versucht: Seele hat eben keine Form. Daher die vielleicht einzige deutsche Kunstleidenschaft die zur Musik, das metaphysische Bedürfnis des Germanen, das Nietzsche im »Fall Wagner« so niederträchtig karikiert hat. Und wenn nun die Romantiker die Antike gegenüber der Gotik als seelenlos ablehnten, so muß hier bei Betrachtung der Werke dieser jungen Plastiker auf einen großen Unterschied gegen jene der großen Gotiker hingewiesen werden. Jenseits aller Form im antiken Sinne, einer vom organisch gebundenen Körper her plastischen Gesetzlichkeit, baute der Gotiker, wie der Architekt so der Bildhauer, umfangen von einer religiösen Vorstellungswelt, der doch eine rassisch gefärbte Zielstrebigkeit nicht fehlte, Werke höchster formaler Vollendung. Aber gegenüber der organischen

Harmonie des Griechen walten hier, in Architektur wie Skulptur, andere Werte, hier heißen diese Konstruktion und bewegte Phantasie, in einer wechselseitigen Durchdringung befindlich, die, vom Homeriden gesehen, krausborstig ungeheuerlich wirkt. Nichtsdestoweniger überbot die Gotik im könnerischen Sinne alles, was vorher und nachher auf dem Gebiet der bildenden Kunst möglich war. Demgegenüber sind die Werke der Neueren kindlich, tastend, überquellend zugleich und arm. Die Periode frühchristlicher Kunst ist eine Parallelerscheinung. Wie dort im Religiösen sich schnell aber neben fröhlicher, liebeseliger Gotteskindschaft eine dogmatisch harte und fanatisch verfolgungsüchtige Richtung durchsetzte, so sind auch diese heutigen Kunstbestrebungen gegen ihre Gegenströme keineswegs lauter Milch und Honig. Nicht daß man sich mit Feuer und Schwert verfolgte, man steht sich einfach verständnislos gegenüber, ohne zu ahnen, daß jeder Richtung fehlt, woran die andere jeweils Überfluß hat und beiden gemeinsam eben doch, ohne [8] welches letzte kulturelle Höhe nicht erstiegen wird: das metaphysische Band.

Wenn wir vorher im Atelier Brekers, wozu uns in dankenswertester Weise Einlaß gewährt worden war, voller Achtung vor so viel tüchtigem Können standen und manches Werk aus seinem Werdegang besser begriffen, so mußten wir doch sagen, daß der Mann ein rechter Glückspilz ist und unsereins in Hamburg ein rechtes Kümmerdasein führt, gegenüber soviel verschwenderisch zur Verfügung gestellten Hilfsmitteln. - Schon in der Reichskanzlei stellte ich mit Genugtuung fest, daß die schwarzmatte Bronce der beiden großen Akte zwischen den Steinpfeilern bedeutend vorteilhafter wirkte, als in der Ausstellung die vergoldeten Plastiken. Auch der formalen Tendenz der Reliefs möchte ich gegenüber der Problemstellung Waldschmidts den Vorzug geben. Ob mit oder ohne Vorbehalt aus diesem oder jenem Grunde, es liegen hier doch immer Lösungsversuche mit plastischen Mitteln vor, wohingegen der Einwand gegen Waldschmidts Werk, daß weder Zeichnung noch Plastik rein zur Auswirkung kommen, nicht von der Hand zu weisen ist. Sein unbestrittenes Verdienst, immerhin mal wieder einen Versuch riskiert zu haben, soll dabei nicht geschmälert werden. -

In Sanssouci kam uns dann wieder zum Bewusstsein, welch gewaltige Hilfe dem Künstler eine stilistisch gesicherte Zeit zu bieten vermag. Der in köstlichem Abendfrieden liegende Park fand an uns beglückt Genießer. Die weißen Marmorskulpturen wirken ja für unsere Augen sicher sehr kalt und hart gegen das dunkle Grün, aber in Anbetracht der skulpturalen Möglichkeiten dieses Materials möchte ich ihnen gegen die meisten übrigen doch den Vorzug geben. Der ideale Bildhauerstein ist für unser Klima noch nicht gefunden, aber wenn die Mittel zur Verfügung stehen, müßte doch immer ein marmorähnliches Gestein gewählt werden, wenn der formale Anspruch über eine rohe Massenwirkung hinauszielen soll. Am Schloßbau selbst tat der Sandstein ausgezeichnete Wirkung. Ganz freistehend, statt in eine Fassade eingebaut zu sein, nimmt dieses Material mit der Zeit eine tiefdunkle Färbung an, was denn sehr sympathisch wirkt, nachdem man verschiedene unangenehmere Zwischenstadien in Kauf nehmen mußte. [9] Schillers Wort: »Selbst von des großen Friedrich Trone ging die deutsche Muse ungeehrt,« ließ uns doch an eine Zeit denken, in der ebenfalls ein großer Umbruch die Geister schied. Jedenfalls triumphierte dann die junge deutsche klassische Literatur auf Kosten der bildenden Künste, denn diese haben sich von dem Schlag bis heute noch nicht erholt. Der Einbruch literarischer, vom Wort her bestimmter Geisteshaltung der Kulturschichten, ist bis heute noch nicht verwunden, und es ist ja bekannt, daß Pessimisten mit dem Ausgang des Barock den Abklang bildender Kunst überhaupt gleichsetzen. Wenn selbst w [sic] ein Mann wie Dehio

Winkelmann mit Skepsis begegnet, muß an der Sache schon etwas sein. Aber ich möchte doch annehmen, daß in diesem Fall auch ein Teil Mißverständnis unterläuft. Dieser Operettenolymp, der den fast ausschließlichen Stoff der großen bildenden Kunst neben schwül übersteigerten religiösen Themen gab, konnte unmöglich dem gesunden Anspruch der jungen, deutschen Nation, die ihrer Kräfte eben auch damals bewußt war, ehe eine gesicherte Staatlichkeit ihre äußern Grenzen bestimmte, Genüge tun. Und daß eben wieder mal das Kind mit dem Bade ausgeschüttet worden war, holte auf formalem Gebiet das ganze 19. Jahrhundert nicht ein, und wir laborieren noch mit heißem Kopf, aber keineswegs schon ganz klaren Augen, an dem, was uns eben doch werden muß, eine deutsche Kunst nach Form und Gehalt. Mitten in diesen Zwiespalt der Schinkelzeit versetzte uns ein Rundblick auf dem Gendarmenmarkt. An der französischen Kirche das Giebelfeld stilsicher aus gewachsener bodenständiger Tradition gebildet, am Schauspielhaus Schinkels ein Abglanz literarischer, Winkelmännisch verwässerter griechischer Ideale, mit allen Fehlgriffen einer Plastikergeneration ausgestattet, die mit der Verachtung des Gehaltes zugleich die Darstellungsmittel über Bord geworfen hatte. Die Standflächen der Plinthen nicht schräg genug gehalten, so daß die Vorderkanten die Unterschenkel überschnitten und oben die Figuren soweit an des Dachgesims herangeschoben, daß sie zur Hälfte in dunklem Schatten lagen. Mit dem griechischen Formenkanon hatte man eben nicht zugleich den griechischen Himmel importieren können und auch das Wissen vom Anteil der Farbe an der Gestaltung des griechischen [10] Tempels war noch nicht wieder gefunden worden, abgesehen davon, daß dieses Rezept für unser Klima nicht verwendbar ist.

Indem ich nun berichtend rückwärts blicke, zeigen sich dem inneren Auge immer erneut die interessantesten Gegensätze, wie die Eindrücke dieser Berliner Studienfahrt sie vermittelt haben. - Das Reichssportfeld als Ganzes eine herrliche Erinnerung, da und dort zwischen Bauten und Landschaft köstliche Zusammenklänge und der Blick vom Aussichtsturm in dieser vom Wetter begünstigten Stunde unvergeßlich. Daß plastische Form für Betrachtung aus der Nähe, und die meisten Bildwerke waren unmittelbar vor das Auge des Betrachters gesetzt, ein dichtes, von keinen Zufällen der Struktur abhängiges Material haben muß, hat sich mir auch da wieder über jeden Zweifel erhoben. Daß zwischen den verschiedenen Skulpturen keine Stileinheit herrschen würde, war ja klar und daß auch da mehr versucht als gekonnt wurde, durfte nach Kenntnis der Sachlage ebenfalls erwartet werden. Umso krasser zeigte dann die letzte Besichtigung, der Abschied von Schlüters Zeughausmasken, den Umfang des Verlustes, der mit der Aufgabe der Tradition verbunden gewesen ist. Diese Reihe von Meisterwerken ist freilich auch innerhalb des Barock eine Gipfelung aller bildhauerischen Tugenden, wie sie nur seltenen Genies erreichbar ist. Reichste Fülle der organischen Form, wie sie mit geballter dramatischer Wucht der Charakterisierung kaum vereinbar scheint und die doch in Gestalt eines dienenden Architekturgliedes beglückendes Ereignis geworden ist. Welcher Leistungen deutsche Bildnerei in guten Zeiten auch sonst noch fähig war, hätte ich gern an Werken deutscher Gotik und Renaissance erläutert. Dazu bot nun Berlin keine Gelegenheit, aber ich lasse es immerhin nicht an dem Hinweis fehlen, daß wir einen wesentlichen Beitrag zur Gesundung deutscher Kunst aus der naiven Frische und unverbogenen Weltoffenheit der alten Künstler holen können und müssen, daß nichts schädlicher ist, als die sklavische Übernahme eines fremden Formenkanons, stamme er woher er wolle. Darin bestärkte mich auch ein Vortrag in der Archäologischen Gesellschaft über archaische griechische Plastik, den wir am Sonntag mittag noch gehört hatten. [11] Ich bin überzeugt, daß in den Teilnehmern der Studienfahrt noch lange eine belehrende Begeisterung nachklingen wird und möchte auch an dieser Stelle werben für eine bleibende Förderung des Studienkurses, damit dem Können auch Möglichkeiten vergönnt werden. Daß[6] ich in diesem meinem Bericht an die Verwaltung für Kunst- und Kulturangelegenheiten mit meinen Darlegungen weit über das wohl von mir billig zu Erwartende hinausgegangen bin, ist mir nicht unbewußt geblieben. Aber der Aufwand an Worten scheint mir nicht verschwendet angesichts der großen Aufgabe, die uns als Ziel gesetzt ist und deren Förderung die Verwaltung für Kunst- und Kulturangelegenheiten wohl als im Kreise ihrer Interessen liegend ansehen dürfte.

Hamburg, den 20. September 1940

1 Der im Folgenden abgedruckte Text wurde nach dem einzig erhaltenen Typoskript AJB 224 erstellt. Das Typoskript weist minimale handschriftliche Korrekturen von Tippfehlern auf, die entweder von der Schreibkraft oder von Johann Bossard stammen. Inhaltliche oder stilistische Korrekturen im Typoskript AJB 224 haben nicht stattgefunden. Ein handschriftlicher Entwurf von Johann Bossard ist im Archiv der Kunststätte Bossard nicht nachweisbar.
2 Im Typoskript AJB 224 abweichend zunächst »in so«; nachträglich wurde »so« handschriftlich durchgestrichen.
3 Im Typoskript AJB 224 »dre«, hier korrigiert zu »der«.
4 Im Typoskript AJB 224 abweichend zunächst »gernießerichen«, nachträglich handschriftlich korrigiert zu »genießerischen«.
5 Im Typoskript AJB 224 abweichend zunächst »Reihenmotives«, nachträglich handschriftlich korrigiert zu »Reihenmotiv«.
6 Im Typoskript AJB 224 abweichend zunächst »werden, das«, nachträglich handschriftlich korrigiert zu »werden. Daß«.

Anhang

Verzeichnis der abgekürzt zitierten Archive und Literatur

Archive

AJB
Archiv Kunststätte Bossard, Jesteburg

Weitere, nicht abgekürzt zitierte Archive sind in den Fußnoten der Beiträge genannt.

Literatur

Ausst. Kat. Bremen u. a. 2003
Bau einer neuen Welt. Architektonische Visionen des Expressionismus, hrsg. v. Rainer Stamm u. Daniel Schreiber, Ausst. Kat. Kunstsammlungen Böttcherstraße, Bremen u. a., Köln 2003.

Ausst. Kat. Jesteburg 2018
»Über dem Abgrund des Nichts«. Die Bossards in der Zeit des Nationalsozialismus (Schriften der Kunststätte Bossard, 17), hrsg. v. Gudula Mayr, Ausst. Kat. Kunststätte Bossard, Jesteburg, Jesteburg 2018.

Ausst. Kat. Zürich u. a. 1983
Der Hang zum Gesamtkunstwerk. Europäische Utopien seit 1800, hrsg. v. Susanne Häni, Ausst. Kat. Kunsthaus Zürich u. a., Frankfurt am Main 1983.

Ausst. Kat Zug u. a. 1986
Johann Michael Bossard: ein Leben für das Gesamtkunstwerk, Ausst. Kat Kunsthaus Zug u. a., Zug 1986.

Benz 1968
Benz, Wolfgang, Vom freiwilligen Arbeitsdienst zur Arbeitsdienstpflicht, in: Vierteljahreshefte für Zeitgeschichte, Jg. 16, H. 4, Oktober 1968, S. 517–546 (url: http://www.ifzmuenchen.de/heftarchiv/1968_4_1_benz.pdf, abger. am 15.04.2018).

Bermbach 1973
Theorie und Praxis der direkten Demokratie. Texte und Materialien zur Räte-Diskussion, hrsg. v. Udo Bermbach, Opladen 1973.

Bermbach 2005
Bermbach, Udo, Der Wahn des Gesamtkunstwerks, Richard Wagners politisch-ästhetische Utopie, Stuttgart u. a. 2005.

Bermbach 2011
Bermbach, Udo, Richard Wagner in Deutschland. Rezeption – Verfälschungen, Stuttgart u. a. 2011.

Bermbach 2015
Bermbach, Udo, Houston Stewart Chamberlain. Wagners Schwiegersohn – Hitlers Vordenker, Stuttgart u. a. 2015.

Bermbach 2016
Bermbach, Udo, Wagner und Gobineau. Zur Geschichte eines Missverständnisses, in: ders., Kultur, Kunst und Politik. Aufsätze. Essays, Würzburg 2016, S. 281–298.

Bermbach 2018
Bermbach, Udo, Richard Wagners Weg zur Lebensreform: zur Wirkungsgeschichte Bayreuths, Würzburg 2018.

Beyme 2005
Beyme, Klaus von, Das Zeitalter der Avantgarden: Kunst und Gesellschaft 1905–1955, München 2005.

Böhme/Böhme 2014
Böhme, Gernot u. Böhme, Hartmut, Feuer, Wasser, Erde, Luft. Eine Kulturgeschichte der Elemente, München 2014.

Borchmeyer 2017
Borchmeyer, Dieter, Was ist deutsch? Die Suche einer Nation nach sich selbst, Berlin 2017.

Bossard 1925
Bossard, Johann Michael, Werbeschrift an meine Freunde, Weihnachten 1925, Typoskript, o. O. [Jesteburg] 1925 (AJB 1).

Bossard 1933a
Bossard, Johann, Brief an Herrn C. H. vom 16., 18. u. 23. 3. 1933, Typoskript, o. O. [Jesteburg] 1933 (AJB 5).

Bossard 1933b
Bossard, Johann, Einige Entgegnungen zum Aufsatz des Kollegen Ehrhardt, der in der Sitzung vom 2. März 33 durch Herrn Direktor Prof. Dr. Sauerlandt für die Lehrer der Landeskunstschule Hamburg aktuell gemacht wurde, Typoskript, o. O. [Jesteburg] 1933 (AJB 11).

Bossard 1934
Bossard, Johann, An den Leiter der Gau-Führerschule, Herrn Gundlach, vom 27. 5. 1934, Typoskript, o. O. [Jesteburg] 1934 (AJB 8).

Bossard 1938
Bossard, Johann Michael, Bericht über eine Studienreise nach Belgien und Frankreich, September 1938, Typoskript, o. O. [Jesteburg] 1938 (AJB 12).

Bossard 1940
Bossard, Johann, Exkursion nach Berlin, Typoskript, o. O. [Jesteburg] 1940 (AJB 224).

Bossard 1979
Bossard, C.[arla] A.[ugusta] Jutta, Die Kunststätte Bossard, in: Jesteburg in Wort und Bild, hrsg. v. den Mitgliedern des Arbeitskreises für Heimatpflege Jesteburg, Jesteburg 1979, S. 163–171.

Breuer 2003
Breuer, Gerda, Expressionismus und Politik, in: Bau einer neuen Welt. Architektonische Visionen des Expressionismus, hrsg. v. Rainer Stamm u. Daniel Schreiber, Ausst. Kat. Kunstsammlungen Böttcherstraße, Bremen u. a., Köln 2003, S. 150–163.

Bruhns 2001a
Bruhns, Maike, Kunst in der Krise, Bd. 1, Hamburger Kunst im »Dritten Reich«, Hamburg 2001.

Bruhns 2001b
Bruhns, Maike, *Kunst in der Krise, Bd. 2, Künstlerlexikon Hamburg 1933–1945*, Hamburg 2001.

Bushart 2003
Bushart, Magdalena, *Zukunftskathedralen*, in: *Bau einer neuen Welt. Architektonische Visionen des Expressionismus*, hrsg. v. Rainer Stamm u. Daniel Schreiber, Ausst. Kat. Kunstsammlungen Böttcherstraße, Bremen u. a., Köln 2003, S. 104–121.

Bushart 1990
Bushart, Magdalena, *Der Geist der Gotik und die expressionistische Kunst: Kunstgeschichte und Kunsttheorie 1911–1925*, München 1990.

Civelli 2017
Civelli, Ignaz, »Kein Sonnenschein der Freude«. *Der Zuger Künstler Johann Michael Bossard, sein Verhältnis zu Zug und der Erste Weltkrieg*, in: Tugium. Jahrbuch des Staatsarchivs des Kantons Zug, des Amtes für Denkmalpflege und Archäologie, des Kantonalen Museums für Urgeschichte(n) Zug und des Museums Burg Zug, Jg. 33, 2017, S. 211–230.

Clavert 2006
Clavert, Frédéric, *Hjalmar Schacht, financier et diplomate (1930–1950)*, Phil. Diss., Typoskript, Universität Straßburg 2006 (url: https://halshs.archives-ouvertes.fr/tel-01100444/document, abger. am 30. 6. 2018).

Corbeau-Parsons 2013
Corbeau-Parsons, Caroline, *Prometheus in the Nineteenth Century. From Myth to Symbol* (Legenda Studies in Comparative Literature, Bd. 25), New York 2013.

Droste 2011
Droste, Magdalena, *Bauhaus 1919–1933*, Köln 2011.

Ehrhardt 1932a
Ehrhardt, Alfred, *Gegenäusserung zu der Rundfrage vom 5. Febr. 32 bezügl. Aeusserungen über die Vorklassen*, Typoskript, o. O. [Hamburg] o. J. [1932] (Personalakte Alfred Ehrhardt, Archiv der HFBK Hamburg).

Ehrhardt 1932b
Ehrhardt, Alfred, *Gestaltungslehre. Die Praxis eines zeitgemäßen Kunst- und Werkunterrichts*, Weimar 1932.

Ehrhardt 1932c
Ehrhardt, Alfred, *Materialstudium*, in: *Die Form. Zeitschrift für gestaltende Arbeit*, Bd. 7, H. 12, 1932, S. 375–383.

Eikmeyer 2004
Adolf Hitler, *Reden zur Kunst- und Kulturpolitik*, hrsg. u. kommentiert v. Robert Eikmeyer, Frankfurt am Main 2004.

Fok 2003a
Fok, Oliver, *Die Kunststätte Bossard*, in: *Bau einer neuen Welt. Architektonische Visionen des Expressionismus*, hrsg. v. Rainer Stamm u. Daniel Schreiber, Ausst. Kat. Kunstsammlungen Böttcherstraße, Bremen u. a., Köln 2003, S. 86–91.

Fok 2003b
Fok, Oliver, *Jutta Bossard. Ein Leben voller Kunst. Mit Erinnerungen an Jutta Bossard von Harald Wohlthat* (Schriften der Kunststätte Bossard, 2; Schriften des Freilichtmuseums am Kiekeberg, 44), Ehestorf 2003.

Fok 2004
Fok, Oliver, *Johann Michael Bossard. Einführung in Leben und Werk* (Schriften der Kunststätte Bossard, 1; Schriften des Freilichtmuseums am Kiekeberg, 21), 3. überarb. Aufl., Ehestorf 2004 (Erstveröffentlichung 1996).

Frecot u. a. 1997
Frecot, Janos u. a., *Fidus 1868–1948. Zur ästhetischen Praxis bürgerlicher Fluchtbewegungen*, erw. Neuaufl., Hamburg 1997 (Erstveröffentlichung 1972).

Goodrick-Clarke 1985
Goodrick-Clarke, Nicholas, *The Occult Roots of Nazism: the Ariosophists of Austria and Germany 1890–1935*, Wellingborough 1985.

Graf 1997
Graf, Johannes, »Verbindung von französischer Tradition mit sachlicher Modernität«, Gustave René Hocke berichtet über die Weltausstellung 1937 in Paris, in: *Reisekultur in Deutschland: Von der Weimarer Republik zum ›Dritten Reich‹*, hrsg. v. Peter J. Brenner, Tübingen 1997.

Hamann/Hermand 1975
Hamann, Richard u. Hermand, Jost, *Stilkunst um 1900* (Epochen deutscher Kultur von 1870 bis zur Gegenwart, Bd. 4), 2. Aufl., München 1975 (Erstveröffentlichung 1967).

Harth 1989
Harth, Susanne, *Werkstättenunterricht und Gesamtkunstwerk*, in: *Nordlicht. 222 Jahre; die Hamburger Hochschule für bildende Künste am Lerchenfeld und ihre Vorgeschichte*, hrsg. v. Hartmut Frank, Hamburg 1989, S. 49–72.

Hedinger u. a. 1979
Hedinger, Bärbel u. a., *Ein Kriegsdenkmal in Hamburg*, Hamburg 1979.

Hegg 1923
Hegg, Emil, *Ferdinand Hodler und Johann Bossard. Eine Konfrontation*, Zürich 1923.

Hennings-Rezaii 1997
Hennings-Rezaii, Julia, *Alfred Hrdlickas Gegendenkmal am Dammtor*, Mag.-Schr., Typoskript, Universität Hamburg 1997.

Hermand/Trommler 1988
Hermand, Jost u. Trommler, Frank, *Die Kultur der Weimarer Republik*, Lizenzausg. d. Nymphenburger-Verl.-Handlung, München 1988 (Erstveröffentlichung 1978).

Hohrath 1987
Hohrath, Klaus, *Karl Gabriel Pfeill. Leben und Werk (1889–1942)*, Neuss 1987.

Keller 1957
Keller, Rolf, *Zur Einführung*, in: Bossard, Johann Michael, *Werbeschrift an meine Freunde*, im Auftrage v. Jutta Bossard hrsg. u. eingel. von Manfred Keller, Typoskript, o. O. [Herten] 1957, S. I–II.

Kipphoff 1982
Kipphoff, Petra, *Splitter aus Utopia*, in: DIE ZEIT, 18. 2. 1982 (url: www.zeit.de/1983/08/splitter-aus-utopia, abger. am 4. 7. 2018).

Krabbe 1974
Krabbe, Wolfgang R., *Gesellschaftsveränderung durch Lebensreform*, Göttingen 1974.

Lahaine/Schmidt 1936
Lahaine, Ludwig u. Schmidt, Rudolf, in Verb. m. Karl Hansing, *Hamburg, das deutsche Tor zur Welt: 1000 Jahre hamburgische Geschichte*, Hamburg 1936.

Linse 1983
Zurück o Mensch zur Mutter Erde. Landkommunen in Deutschland 1890–1933, hrsg. v. Ulrich Linse, München 1983.

List 1898
List, Guido, *Der Unbesiegbare*, Wien u. a. 1898.

List o. J.
List, Guido, *Die Religion der Ario-Germanen in Ihrer Esoterik und Exoterik*, Leipzig u. a. o. J.

List 1910
List, Guido, *Die Bilderschrift der Ario-Germanen (Ario-Germanische Hieroglyphik)*, Wien u. a. 1910.

List 1912
List, Guido, *Das Geheimnis der Runen*, 2. Aufl., Leipzig 1912.

List 1914
List, Guido, *Die Ursprache der Ario-Germanen und ihre Mysteriensprache*, Wien u. a. 1914.

Lorent 2011
Lorent, Hans-Peter de, *Albert Henze: Nazipropagandist im System des Gauleiters (Teil I)*, in: hl – Zeitschrift der GEW Hamburg, 8–9, 2011, S. 42–45 (url: www.gew-hamburg.de/sites/default/files/hlz/artikel/8-9-2011/09-magazin-nazi-biographie.pdf, abger. am 18. 7. 2018).

Lorent o. J.
Lorent, Hans-Peter de, *Wilhelm Gundlach*, in: *Die Dabeigewesenen, Von Hamburger NS-Täter/innen, Profiteuren, Denunziant/innen, Mitläufer/innen und Zuschauer/innen … Eine Hamburg Topografie*, Online-Datenbank der Landeszentrale für politische Bildung Hamburg (url: http://www.hamburg.de/clp/dabeigewesene-suche/clp1/ns-dabeigewesene/onepage.php?BIOID=171&qN=Gundlach, abger. am 18. 7. 2018).

Marquard 1983
Marquard, Odo, *Gesamtkunstwerk und Identitätssystem*, in: *Der Hang zum Gesamtkunstwerk. Europäische Utopien seit 1800*, hrsg. v. Susanne Häni, Ausst. Kat. Kunsthaus Zürich u. a., Frankfurt am Main 1983, S. 40–49.

Mayr 2010
Mayr, Gudula, *Johann Michael Bossard – Kleinplastiken*, begleitende Publikation zur Ausstellung *Von Renoir bis Moore, Kleinplastiken aus der Nationalgalerie Berlin an der Kunststätte Bossard*, mit einem Bestandsverzeichnis von Stefanie Nagel (Schriften der Kunststätte Bossard, 9), Jesteburg 2010.

Mayr 2011
100 Jahre Kunststatte Bossard. Ein expressionistisches Gesamtkunstwerk am Rand der Lüneburger Heide. Transkript der Podiumsdiskussion vom 27. 3. 2011, Diskutanten: Udo Bermbach, Debora Dusse, Roger Fornoff, Harald Wohlthat, Moderation: Susanne Kaufmann (Schriften der Kunststatte Bossard, 11), hrsg. v. Gudula Mayr, Jesteburg 2011.

Mayr 2014a
Mayr, Gudula, *»Bildhauern ist aber überhaupt ausgeschlossen.« Johann Bossard und der Erste Weltkrieg*, in: *Bildhauer sehen den Ersten Weltkrieg*, Eine Publikation der Arbeitsgemeinschaft Bildhauermuseen und Skulpturensammlungen e. V., hrsg. v. Ursel Berger u. a., Bremen 2014, S. 58–73.

Mayr 2014b
Mayr, Gudula, *»Licht und Dunkel« – »Schall und Stille«. Johann Bossard und Richard Wagner*, in: *Schwerpunkt: Wagner und die bildende Kunst*, Würzburg 2014 (wagnerspectrum, H. 2, 2014, 10. Jg.), S. 133–152.

Mohler/Weissmann 2005
Mohler, Armin u. Weissmann, Karl Heinz, *Die Konservative Revolution in Deutschland 1918–1932. Ein Handbuch*, Graz 2005

Murawski/Lucke 1985
Murawski, Uwe u. Lucke, Klaus, *Bauplastiken von Johann Michael Bossard in Hamburg von 1907 bis 1920*, Typoskript, Bonn 1985.

Muthesius 1909
Muthesius, Hermann, *Kultur und Kunst*, 2. Aufl., Jena 1909 (Erstveröffentlichung 1904).

Nietzsche 1999
Nietzsche, Friedrich, *Die fröhliche Wissenschaft*, in: *Kritische Studienausgabe*, hrsg. v. Giorgio Colli u. Mazzino Montinari, Bd. 3, München 1999, S. 341–651.

Nipperdey 1998a
Nipperdey, Thomas, *Deutsche Geschichte, 1866–1918, Bd. 1: Arbeitswelt und Bürgergeist*, brosch. Sonderausg., München 1998 (Erstveröffentlichung 1990).

Nipperdey 1998b
Nipperdey, Thomas, *Deutsche Geschichte, 1866–1918, Bd. 2: Machtstaat vor der Demokratie*, brosch. Sonderausg., München 1998 (Erstveröffentlichung 1992).

Plagemann 1986
Plagemann, Volker, »Vaterstadt, Vaterland, schütz Dich Gott mit starker Hand«: Denkmäler in Hamburg, Hamburg 1986.

Peters 2006
Peters, Olaf, *Kunst im »Dritten Reich«. Problemskizzen zum schwierigen Umgang mit der deutschen Kunst zwischen 1933 und 1945*, in: *Die Moderne im Nationalsozialismus*, hrsg. v. Volker Böhnigk u. Joachim Stamp, Bonn 2006, S. 85–110.

Pfeill 1929
Pfeill, Karl Gabriel, *Johann Bossards Heidetempel*, in: *Der Kleine Bund*. Literarische Beilage des Bund, Jg. 10, Nr. 14, 7.4.1929, S. 109f.

Rhauderwiek 2004
Rhauderwiek, Antje, *Ernst Barlach. Das Hamburger Ehrenmal*, begleitende Publikation zur Ausstellung *Ernst Barlach. Das Hamburger Ehrenmal in der Hamburger Kunsthalle*, hrsg. v. Uwe M. Schneede, Hamburg 2004.

Rosenberg 1939
Rosenberg, Alfred, *Der Mythus des 20. Jahrhunderts. Eine Wertung der seelisch-geistigen Gestaltenkämpfe unserer Zeit*, 143.–146. Aufl., München 1939 (Erstveröffentlichung 1930).

Rothe 1969
Rothe, Wolfgang, *Der Mensch vor Gott. Expressionismus und Theologie*, in: *Expressionismus als Literatur. Gesammelte Studien*, hrsg. v. Wolfgang Rothe, Bern u. a. 1969, S. 37–66.

Sachsse 2006
Sachsse, Rolf, *Zur Kontinuität von Bauhaus und Moderne im NS-Staat. Vorläufige Anmerkungen zu einer möglichen Subgeschichte des deutschen Designs*, in: *Die Moderne im Nationalsozialismus*, hrsg. v. Volker Böhnigk u. Joachim Stamp, Bonn 2006, S. 13–40.

Safranski 2015
Safranski, Rüdiger, *Nietzsche. Biographie seines Denkens*, 7. Aufl., Frankfurt 2015 (Erstveröffentlichung 2000).

Saldern 1988
Saldern, Axel von, *Das Museum für Kunst und Gewerbe Hamburg: 1869–1988*, Hamburg 1988.

Schiller 1987
Schiller, Friedrich von, *Sämtliche Werke*, hrsg. v. Gerhard Fricke u. a., München 1987.

Schemann 1910
Schemann, Ludwig: *Gobineau und die deutsche Kultur*, Leipzig 1910.

Schmidt 2008
Schmidt, Uwe, *Nationalsozialistische Schulverwaltung in Hamburg. Vier Führungspersonen*, Hamburg 2008.

Schubert 1988
Schubert, Dietrich, *Bruno Tauts »Monument des neuen Gesetzes« (1919) – zur Nietzsche-Wirkung im sozialistischen Expressionismus*, in: *Jahrbuch der Berliner Museen*, N. F. 29/30, 1987/88, S. 241–255.

Schulz/Nagel 2009
Schulz, Magdalena u. Nagel, Stefanie, *Bilder einer Lichtkathedrale, Mit Erinnerungen von Harald Wohltat an Johann Bossards Bilderbuch* (Schriften der Kunststätte Bossard, 8; Schriften des Freilichtmuseums am Kiekeberg, 70), Jesteburg 2009.

Schulz-Ohm 2017
Schulz-Ohm, Magdalena, *Vom Künstlerhaus zum Gesamtkunstwerk. Eine exemplarische Untersuchung von Johann Michael Bossards expressionistischer Kunststätte*, Phil. Diss., Typoskript, Universität Hamburg 2017.

Sedlmayr 1993
Sedlmayr, Hans, *Die Entstehung der Kathedrale*, Freiburg 1993.

Sieker 1941
Sieker, Hugo, *Die Sendung des Bildhauers*, Sonderveröffentlichung des Hamburger Anzeigers, Hamburg 1941.

Sloterdijk 2000
Sloterdijk, Peter, *Die wahre Irrlehre. Über die Weltreligion der Weltlosigkeit*, in: *Weltrevolution der Seele. Ein Lese- und Arbeitsbuch der Gnosis*, hrsg. v. Thomas Macho u. Peter Sloterdijk, München 2000, S. 17–54.

Spiekermann 2018
Spiekermann, Uwe, *Künstliche Kost: Ernährung in Deutschland, 1840 bis heute*, Göttingen 2018.

Stahl 2001
Stahl, Christiane, *Alfred Ehrhardt – Leben und Werk*, in: *Alfred Ehrhardt*, Ausst. Kat. Kunsthalle Bremen, Bremen 2001, S. 9–17.

Szeemann 1983
Szeemann, Harald, *»Vorbereitungen«*, in: *Der Hang zum Gesamtkunstwerk. Europäische Utopien seit 1800*, hrsg. v. Susanne Häni, Ausst. Kat. Kunsthaus Zürich u. a. 1983, Frankfurt am Main 1983, S. 16–19.

Szeemann 1986
Szeemann, Harald, *»Die Riesenskizze zu einer Zukunftshoffnung«*, in: *Johann Michael Bossard: ein Leben für das Gesamtkunstwerk*, Ausst. Kat Kunsthaus Zug u. a., Zug 1986, S. 15–18.

Taut 1919
Taut, Bruno, *Die Stadtkrone*, in: Taut, Bruno, *Die Stadtkrone*, Mit Beiträgen von Paul Scheerbart u. a., Jena 1919, S. 50–87.

Taut 1920
Taut, Bruno, *Architektur neuer Gemeinschaft*, in: *Die Erhebung, Jahrbuch für neue Dichtung und*

Wertung: Zweites Buch, hrsg. v. Alfred Wolfenstein, Berlin 1920, S. 270–282.

Tietz 2001
Tietz, Jürgen, *Denkmalswenden. Großdenkmäler zwischen 1900 und 1933*, in: *Die Gemeinschaft der Heiligen. Der Figurenzyklus an der Katharinenkirche zu Lübeck und das monumentale Werk Ernst Barlachs*, hrsg. v. Jürgen Fitschen u. Volker Probst, Ausst. Kat. Bremen u. a. 2001, S. 115–121.

Wagner 1907
Wagner, Richard, *Gesammelte Schriften und Dichtungen*, Leipzig 1907.

Weller 1989
Weller, Christian, *Moderne Zeiten. Reformbestrebungen unter Max Sauerlandt*, in: Nordlicht. *222 Jahre; die Hamburger Hochschule für bildende Künste am Lerchenfeld und ihre Vorgeschichte*, hrsg. v. Hartmut Frank, Hamburg 1989, S. 173–192.

White/Schneider 1986
Die Briefe der Gläsernen Kette, hrsg. v. Iain Boyd White u. Romana Schneider, Berlin 1986.

Verzeichnis der historischen Personen

Erarbeitet von Luise-Sophie Faulstich

A

Albers, Josef, 1888–1976: 105
Albrecht, Ludolf, 1884–1955: 106
Alighieri, Dante, 1265–1321: 70
Areopagita, Pseudo-Dionysius, aktiv nach 475 und vor 529: 28, 35
Aristoteles, 384–322: 162

B

Balzac, Honoré de, 1799–1850:160 f.
Barlach, Ernst, 1870–1938: 124, 126, 126 (Abb.), 136
Becker, Emil Ernst, Daten unbekannt: 128 (Abb.)
Becker, Walter J., Daten unbekannt: 130 (Abb.)
Beckmann, Curt, 1901–1970: 169, 172
Beethoven, Ludwig van, 1770–1927: 71
Behrens, Peter, 1868–1940: 46 (Abb.), 47, 56
Beuys, Joseph, 1921–1986: 25, 121
Bismarck, Otto von, 1815–1898: 95, 100, 178
Blavatsky, Helena, 1831–1891: 29, 38, 44
Blomberg, Werner von, 1878–1946: 77 f.
Böcklin, Arnold, 1827–1901: 161
Bondy, Dr. Max, 1892–1951: 105
Bossard, geb. Krull, Jutta, 1903–1996: 14, 16 (Abb.), 18 (Abb.), 22 (Abb.), 42, 54 f., 82, 83 (Abb.), 108, 110 f., 120 f., 136, 143 (Abb.), 145 f., 146 (Abb.), 150, 155 (Abb.), 173
Brandt, A., Daten unbekannt: 131 (Abb.)
Brandt, H., Daten unbekannt: 131 (Abb.)
Breker, Arno, 1900–1991: 171, 175 f., 179 f.
Brüning, Heinrich, 1885–1970: 53, 77 f., 81
Buonarroti, Michelangelo, 1475–1564: 70, 75
Bursch, Friedrich, Daten unbekannt: 169, 171–173

C

Cézanne, Paul, 1839–1906: 148, 160
Chamberlain, Arthur Neville, 1896–1940: 150
Chamberlain, Houston Stewart, 1855–1927: 82–84, 87, 148, 160
Claß, Heinrich, 1868–1953: 77
Cornelius, Peter von, 1824–1874: 70, 162

D

Daladier, Édouard, 1884–1970: 150
Darwin, Charles, 1809–1882: 48
Degas, Edgar, 1834–1917: 148, 160
Dehio, Georg, 1850–1932: 180
Deppen, Ernst, aktiv 1941: 173
Diefenbach, Karl Wilhelm, 1851–1913: 44
Dix, Otto, 1891–1969: 103
Duesterberg, Theodor, 1875–1950: 78
Dumas, Alexandre, 1802–1870: 164
Dumont, Daten unbekannt: 173
Dürer, Albrecht, 1471–1528: 119

E

Ehrhardt, Alfred, 1901–1984: 103–121, 104 (Abb.), 107 (Abb.)
Elingius, Erich, 1879–1948: 127, 127 (Abb.)
Ely, Erich, 1879–1948: 127, 127 (Abb.)
Erfurth, Max, 1874–1948: 104 (Abb.)

F

Feininger, Lyonel, 1871–1956: 54
Fidus (Höppener, Hugo), 1868–1948: 27, 34 f., 47, 56
Fliether, Paul, 1897–1945: 173
Franz I. von Frankreich, 1494–1547: 160
Friedrich II. (›der Grosse‹) von Preußen, 1712–1786: 95

G

Geibel, Emanuel, 1815–1884: 16
Gobineau, Arthur de, 1816–1882: 24, 82, 87, 161
Goebbels, Joseph, 1897–1945: 145, 152
Goethe, Johann Wolfgang von, 1749–1832: 14, 24, 32, 83, 94, 100, 162
Goodrick-Clarke, Nicholas, 1953–2012: 44
Göring, Hermann, 1893–1946: 145
Grand, Roger, 1874–1962: 165
Gropius, Walter,

188

Verzeichnis der historischen Personen

1883–1969: 50 f., 54, 57
Grünewald, Matthias,
  um 1475/80 bis um
  1528/31/32: 70
Gundlach, Wilhelm,
  1878–1952: 123–144
Gutschow, Konstanty,
  1902–1978: 169,
  171–173

H

Haushofer, Karl,
  1869–1946: 78
Hebsacker, geb. Krull,
  Thea, 1899–1975:
  122 (Abb.)
Heckel, Erich,
  1883–1970: 103
Hegg, Emil,
  1864–1954: 11, 15, 16
  (Abb.), 17, 18 (Abb.),
  24, 37, 39 (Abb.), 42,
  45, 55 f., 79, 86 f., 110 f.,
  135, 137, 144–146, 146
  (Abb.), 150, 155 (Abb.)
Heinrich I. von Sachsen,
  um 876 bis 936: 97
Helms, Paul,
  1884–1971: 106
Hentschel, Willibald,
  1858–1947: 57
Hess, Rudolf,
  1894–1987: 78
Hindenburg, Paul von,
  1847–1934: 77 f
Hitler, Adolf,
  1889–1945: 20 f., 50,
  77–79, 81, 85, 87, 96 f.,
  100, 127, 132 f., 137,
  140, 142, 150, 153, 163,
  165, 173
Hocke, Gustave Rene,
  1908–1985: 150
Hodler, Ferdinand,
  1853–1918: 24, 179
Hoffmann, Joseph,
  Daten unbekannt: 126
Hoffmann, Klaus,
  Daten unbekannt: 124,
  126, 126 (Abb.)
Hoffmann, Ludwig,
  1852–1932: 179
Höger, Fritz,
  1877–1949: 130 (Abb.)

Hötterges, Franz,
  1912–1993: 16 (Abb.),
  39 (Abb.), 54, 56 f.,
  102 (Abb.), 143 (Abb.)
Hugenberg, Alfred,
  1865–1951: 78 f., 81,
  85, 99–101
Hugo, Victor,
  1802–1885: 160

I

Iofan, Boris,
  1891–1976: 145
Irwahn, Martin,
  1898–1981: 169, 172
Itten, Johannes,
  1888–1967: 105

J

Jung, Gustav Carl,
  1875–1961: 29, 100

K

Kandinsky, Wassily,
  1888–1944: 105
Kaufmann, Karl,
  1900–1969: 123
Keiser, Josef Anton,
  1859 –1923: 108
Keller, Gottfried,
  1819–1890: 95
Kirchner, Ernst Ludwig,
  1880–1938: 103, 104
  (Abb.)
Kleinschmit von
  Lengefeld, Wilhelm
  Freiherr, 1888–1970:
  135, 137
Kloos, Werner,
  1909–1990: 171, 173
Klophaus, Rudolf,
  1885–1957: 130 (Abb.)
Kolbe, Georg,
  1877–1947: 171, 176
Kottonau, A.,
  vermutlich: Kottonau,
  August,
  1872–1936: 44
Krebs, Albert,
  1899–1974: 171, 173
Krogmann, Emerentia,
  1894–1978: 135, 137

Kropotkin, Pjotr,
  1842–1921: 33
Krüger, Johannes,
  1890–1975: 124,
  125 (Abb.)
Krüger, Walter,
  1888–1971: 124,
  125 (Abb.)
Krull, Ernst, 1868–1956:
  143 (Abb.)
Krull, Wilma,
  1896–1979: 16 (Abb.),
  18 (Abb.), 22 (Abb.),
  39 (Abb.), 82
Kühlenthal, Erich,
  1880–1958: 77
Kunstmann, Ludwig,
  1877–1961: 172
Kuöhl, Richard,
  1880–1961: 128 (Abb.),
  132

L

Lagarde, Paul de,
  1827–1891: 140
Landauer, Gustav,
  1870–1919: 33
Le Brun, Charles,
  1619–1690: 157
Le Corbusier,
  (Charles-Édouard
  Jeanneret-Gris),
  1887–1965: 25
Lederer, Hugo,
  1871–1940: 178
Lehmbruck, Wilhelm,
  1881–1919: 147, 152,
  165
Leibl, Wilhelm,
  1844–1900: 70
Lindenkohl,
  Daten unbekannt: 136
List, Guido (von),
  1848–1919: 44, 56
Luckhardt, Hans,
  1890–1954: 27
Ludwig XIV.
  von Frankreich,
  1638–1715: 158

M

Maetzig, Hermann,
  1888–1969: 133

Mahraun, Artur,
  1890–1950: 53
Manet, Edouard,
  1832–1883: 148, 160,
  166
Marcks, Gerhard,
  1889–1981: 171, 179
Marées, Hans von,
  1837–1887: 162
Matzen, Rudolf,
  Daten unbekannt:
  128 (Abb.)
Meincke,
  Daten unbekannt: 173
Messel, Alfred,
  1853–1909: 176
Metzner, Franz,
  1870–1919: 176
Meunier, Constantin,
  1831–1905: 147, 152,
  165
Meyer, Richard,
  1863–1953: 103, 136,
  172 f.
Mhe, Herbert,
  1891–1952: 127,
  127 (Abb.)
Michaelis, Werner,
  Daten unbekannt: 169
Millet, Jean– François,
  1814–1875: 148, 160,
  166
Möller van den Bruck,
  Arthur, 1876–1925: 140
Monet, Claude,
  1840–1926: 148, 160,
  166
Moreau, Gustave,
  1826–1898: 161
Morris, William,
  1834–1896: 33
Mosse, Rudolf,
  1843–1920: 133, 141
Mozart, Wolfgang
  Amadeus, 1756–1791:
  158, 166
Mussolini, Benito,
  1883–1945: 150
Muthesius, Hermann,
  1861–1927: 45, 56

N

Napoleon I. von Frank-
  reich, 1769–1821: 158

189

Napoleon III.
  von Frankreich,
  1808–1873: 158
Nero (Nero Claudius
  Caesar Augustus
  Germanicus),
  37–68: 115
Nesch, Rolf,
  1893–1975: 104 (Abb.)
Neumann, Balthasar,
  1687–1753: 162
Nietzsche, Friedrich,
  1844–1900: 32, 38, 44,
  51, 56 f., 115, 179
Nolde, Emil,
  1867–1956: 103

O

Offergeld, Theo,
  1896–1972: 42, 54 f.,
  57, 77, 79, 86 f., 146, 150
Ohrt, Karl August,
  1902–1993: 169
Origines,
  185 bis um 254: 32

P

Page-Schwerzheim,
  Adelheid,
  1853–1925: 55
Papen, Franz von,
  1879–1969: 77 f., 137
Peipers, Felix,
  1873–1944: 44, 55
Pfeill, Karl Gabriel,
  1889–1942: 43, 55,
  83 (Abb.)
Picasso, Pablo,
  1881–1973: 70
Platon,
  428/427–348/347
  v. Chr.: 29, 162
Plotin,
  205–270: 28 f.
Puget, Pierre,
  1620–1694: 161
Putlitz, Erich zu,
  1892–1945: 128 (Abb.)
Puvis de Chavannes,
  Pierre, 1824–1898: 148,
  157, 160 f., 167
Pythagoras, um 570 bis
  um 510 v. Chr.: 32

R

Reimer, Konrad,
  1853–1915: 130 (Abb.),
Renoir, Pierre-Auguste,
  1841–1919: 148, 154,
  160, 166
Rijn, Rembrandt van,
  1606–1669: 70, 119, 163
Robespierre,
  Maximilin de,
  1758–1794: 115
Rodin, Auguste,
  1840–1917: 148, 149
  (Abb.), 160 f.
Rompel, Franz,
  aktiv 1927/28:
  109 (Abb.)
Rosenberg, Alfred,
  1892–1946: 77, 82–84,
  87, 133, 142, 144
Rosenberg, Alwiß,
  1906–1980: 57
Rousseau, Jean-Jacques,
  1712–1778: 162
Rubens, Peter Paul,
  1577–1640: 154, 163
Rubiner, Ludwig,
  1881–1920: 133, 141
Runge, Philipp Otto,
  1777–1810: 25
Russolo, Luigi,
  1885–1947: 25
Ruwoldt, Hans Martin,
  1891–1969: 169, 172

S

Sagebiel, Ernst,
  1892–1970: 178
Sauerlandt, Max,
  1880–1934: 103,
  104 (Abb.), 105 f., 108,
  110 f., 113
Schacht, Dr. Hjalmar,
  1877–1970: 77, 86
Schäfer, Ernst,
  Daten unbekannt:
  131 (Abb.)
Schemann, Ludwig,
  1852–1938: 82
Schiller, Friedrich von,
  1759–1805: 14, 16,
  23 f., 180
Schleicher, Kurt von,
  1882–1934: 77 f.
Schleifer, Fritz,
  1903–1977: 103, 105
Schlemmer, Oskar,
  1888–1943: 105
Schlüter, Andreas,
  1659/1660–1714: 181
Schmidt-Rottluff, Karl,
  1884–1976: 70, 103
Schmitz, Bruno,
  1858–1916: 154, 176
Schnitzler, Lilly von,
  1889–1981: 86
Schultze-Naumburg,
  Paul, 1869–1949: 110
Schumacher, Fritz,
  1869–1947: 124, 126
Schwede, Adolf,
  keine Daten bekannt:
  131 (Abb.)
Sedlmayer, Hans,
  1896–1984: 35
Seeßelberg, Friedrich,
  1861–1956: 43, 55
Sieker, Hugo,
  1903–1979: 173
Skrjabin, Alexander,
  1871–1915: 38
Slany, Paul,
  geb. 1898: 172
Spars, Eylert,
  1903–1984: 173
Speer, Albert,
  1905–1981: 145
Spengler, Oswald,
  1880–1936: 143
Spitteler, Carl,
  1845–1924: 141
Stassen, Franz,
  1869–1949: 178
Steffen Richard,
  1903–1964: 172
Steiner, Rudolf,
  1861–1925: 29, 32, 38
Sue, Eugène,
  1804–1857: 164
Szeemann, Harald,
  1933–2005: 25, 37 f.

T

Tachill, Artur,
  1903–1981: 130 (Abb.)
Tanzmann, Bruno,
  1878–1939: 57
Taschner, Ignatius,
  1871–1913: 178 f.
Taut, Bruno,
  1880–1938: 25, 28,
  47 f., 50, 56
Tessenow, Heinrich,
  1876–1950: 132
Theodorich (Flavius
  Theodericus Rex),
  451/56–526: 154
Thiede, Werner,
  1895–1961: 169, 173
Thorak, Josef,
  1889–1952: 171, 175 f.
Tolstoi, Leo,
  1828–1910: 33

U

Ullstein, Leopold,
  1826–1899: 133, 141

V

Velde, Henry van der,
  1863–1957: 154
Vinci, Leonardo da,
  1452–1519: 115
Vogel,
  Daten unbekannt: 178
Voight, Carolus,
  1904–199: 108
Voss, Ilse,
  1918–2010: 111

W

Wagner, Hans,
  1905–1982: 130 (Abb.)
Wagner, Richard,
  1813–1883: 14, 16 f.,
  20–27, 33, 37, 44, 55 f.,
  134, 140 f., 179
Waldschmidt, Arnold,
  1873–1958: 171, 179 f.
Weber,
  Daten unbekannt: 172
Witt, Oskar,
  1892–1957: 128 (Abb.)
Weingärtner, Gaby,
  aktiv 1946: 173
Wiedemann,
  Daten unbekannt: 178
Winckelmann,
  Johann Joachim,

1717–1768: 162, 181
Wohlthat,
 geb. Hesemann, Claere,
 1893–1978: 76
Wohlthat, geb. Kraus,
 Marga,
 1902–1968: 76, 86, 150
Wohlthat, Gerlinde,
 geb. 1923: 67 (Abb.),
 83 (Abb.)
Wohltat, Harald,
 1927–2012: 35, 37 f.,
 42, 55, 57, 72, 87, 110
Wohlthat, Helmgund
 (genannt Pino),
 1920–2005: 67 (Abb.),
 83 (Abb.)

Wohltat, Helmuth
 Christian Heinrich,
 1893–1982: 42 f., 54 f.,
 67 (Abb.), 76–79, 81,
 83 (Abb.), 85–87, 99 f.,
 135, 137, 145 f., 150
Wrba, Georg,
 1872–1939: 171, 176

Z

Zimmermann, Ferdinand
 Friedrich (Fried),
 1898–1967: 97
Zola, Émile,
 1840–1902: 164

Schriften der Kunststätte Bossard

Band 1
Fok, Oliver, *Johann Michael Bossard. Einführung in Leben und Werk*, 3. überarb. Aufl., Ehestorf 2004,
ISBN 978-3-927521-22-3.

Band 2
Fok, Oliver, *Jutta Bossard. Ein Leben voller Kunst. Mit Erinnerungen an Jutta Bossard von Harald Wohlthat*, Ehestorf 2003,
ISBN 978-3-935096-09-6.
(vergriffen)

Band 3
Die Geschichte von einer Mutter. Ein Märchen von Hans Christian Andersen, Nachdruck der von Johann Bossard illustrierten und gestalteten Ausgabe (Berlin 1900) mit einem Vorwort von Oliver Fok, hrsg. v. Rolf Wiese, Jesteburg 2005,
ISBN 978-3-938594-00-1.

Band 4
Künstlergärten und denkmalpflegerischer Umgang, hrsg. v. Oliver Fok u. Rolf Wiese, Jesteburg 2005,
ISBN 978-3-938594-01-8.

Band 5
Von der Elbe bis zur Heide. Kunst im Landkreis Harburg, hrsg. v. Ernst Brennecke, Oliver Fok, Karin Klesper, Georg Krümpelmann u. Jürgen Waldow, Jesteburg 2006,
ISBN 978-3-938594-02-5.

Band 6
von Behr, Karin, *Farbe, Form und Lehm. Heinrich Steinhagens Traum vom Gesamtkunstwerk. Katalog und Werkverzeichnis. Mit Erinnerungen von Lothar Stolte: Leben im Lehmhaus*, Jesteburg 2007,
ISBN 978-3-938594-03-2.
(vergriffen)

Band 7
Formen, Farben, Phantasien. Kunst im Landkreis Harburg II, hrsg. v. Ernst Brennecke, Margret Rohmann, Oliver Fok, Karin Klesper, Georg Krümpelmann u. Christoph Selke, Jesteburg 2008,
ISBN 978-3-938594-04-9.

Band 8
Nagel, Stefanie u. Schulz, Magdalena, *Bilder einer Lichtkathedrale. Mit Erinnerungen von Harald Wohlthat an Johann Bossards Bilderbuch*, Jesteburg 2009,
ISBN 978-3-938594-06-3.

Band 9
Mayr, Gudula: *Johann Michael Bossard: Kleinplastiken. Mit einem Bestandsverzeichnis von Stefanie Nagel*, Jesteburg 2010,
ISBN 978-3-938594-07-0.

Band 10
Bilder vom Menschen. Kunst im Landkreis Harburg III, hrsg. v. Karin Klesper, Georg Krümpelmann, Gudula Mayr, Christoph Selke u. Jürgen Waldow, Jesteburg 2010,
ISBN 978-3-938594-07-0.

Band 11
100 Jahre Kunststätte Bossard: Ein expressionistisches Gesamtkunstwerk am Rand der Lüneburger Heide. Transkript der Podiumsdiskussion vom 27. 3. 2011, Diskutanten: Udo Bermbach, Debora Dusse, Roger Fornoff, Harald Wohlthat, Moderation: Susanne Kaufmann, hrsg. v. Gudula Mayr, Jesteburg 2011,
ISBN 978-3-938594-09-4.

Band 12
Den Dingen eine Form geben. Die Bildhauerin Uta Falter-Baumgarten, hrsg. v. Gudula Mayr, Jesteburg 2012,
ISBN 978-3-938594-10-0.
(vergriffen)

Band 13
BlickWechsel, hrsg. v. Dagmar Detlefsen, Karin Klesper, Christoph Selke u. Jürgen Waldow, Jesteburg 2012,
ISBN 978-3-938594-11-7.

Band 14
Bolman, Nadine, *Johann Michael Bossard. »Die meinen werden mich schon finden«, Ein Projekt anlässlich der Schulkooperation zwischen dem Gymnasium Tostedt und der Kunststätte Bossard (»Projekt Tempeljahr 21«), 2012-2014*, hrsg. v. Gudula Mayr, Jesteburg 2014, ISBN 978-3-938594-12-4.

Band 15
Johann Bossard: *Werkverzeichnis der Druckgrafik*, bearb. v. Tina Lebelt, hrsg. v. Gudula Mayr, Jesteburg 2015, url: www.werkverzeichnis.bossard.de.

Band 16
Johann Bossard: *Texte aus dem Nachlass. Programmatische Schriften und Reiseberichte*, hrsg. v. Gudula Mayr, Jesteburg 2018,
ISBN 978-3-938594-13-1.

Band 17
»Über dem Abgrund des Nichts«. Die Bossards in der Zeit des Nationalsozialismus, hrsg. v. Gudula Mayr, Ausst. Kat. Jesteburg 2018,
ISBN 978-3-938594-14-8.

Abbildungsnachweis

Archiv Alfred Ehrhardt Stiftung (S. 104, Abb. 3), Archiv der HFBK Hamburg (S. 109, Abb. 5.1 und 5.2, 168), Archiv Ernst Barlach Haus – Stiftung Hermann F. Reemtsma, Hamburg (S. 126), Archiv Kunststätte Bossard, Jesteburg (S. 2, 5, 12, 16, 18, 22, 34, 36, 39f., 49, 52, 58, 62, 67, 80, 83f., 88, 91, 94, 112, 117f., 129, Abb. 1 und 2, 138, 143, 146f., 149, 154f., 159, 174, 177), Peter Backens, Hamburg (Umschlagvorderseite, S. 122), Baumann, Beatrice, *Max Sauerlandt: Das kunstkritische Wirkungsfeld eines Hamburger Museumsdirektors zwischen 1919 und 1933*, Hamburg 2002, S. 7, 46 (S. 104, Abb. 1 und 2), Bildarchiv Foto Marburg (S. 46, S. 125, Abb. 1), Iris Brandes (S. 30), Christoph Irrgang (S. 109, Abb. 6, 125, Abb. 2), Kunststätte Bossard (S. 31), Lahaine, Ludwig u. Schmidt, Rudolf, in Verb. m. Karl Hansing, *Hamburg, das deutsche Tor zur Welt: 1000 Jahre hamburgische Geschichte*, Hamburg 1936, S. 193 (S. 127), Jürgen Müller Photography & Concepts, Hamburg (S. 30f.), Nachlass Franz Hötterges, Gemünden (S. 102), *Nordlicht: 222 Jahre; die Hamburger Hochschule für bildende Künste am Lerchenfeld und ihre Vorgeschichte*, hrsg. v. Hartmut Frank, Hamburg 1989, S. 227 (S. 170), Staatsarchiv Hamburg (S. 128, S. 130f., Abb. 7–11), Universitätsbibliothek Heidelberg (S. 107)
© für Abbildungen von Rolf Nesch: VG Bildkunst, Bonn 2018; für Abbildungen von Johann Bossard: bei den Rechtsnachfolgern des Künstlers

– Abb. S. 2
Johann Bossard
Werbeschrift an meine Freunde
Manuskript, im Typoskript nicht übernommene Passage zu Beginn des Textes, AJB 1-1, 1925
– Abb. S. 5
Johann Bossard
am Hamburger Hauptbahnhof, o. J.
– Umschlagvorderseite
Johann Bossard:
Selbstbildnis, o. J., Inv.-Nr. JB 563
– Umschlagrückseite
Johann Bossard auf dem Bügli südlich des Wohn- und Atelierhauses, 1927

Trotz intensiver Recherche konnten nicht in allen Fällen die Urheberrechte zweifelsfrei geklärt werden. Wir bitten ggf. um Nachsicht und entsprechende Hinweise.

Impressum

Schriften der Kunststätte Bossard
Herausgegeben
von Gudula Mayr
Stiftung Kunststätte
Johann und Jutta Bossard,
Jesteburg

Band 16
Johann Bossard
Texte aus dem Nachlass
Programmatische
Schriften und Reiseberichte

© 2018 Stiftung Kunststätte Johann und Jutta Bossard, Jesteburg
Die Rechte für die Texte liegen bei den Autoren.

Beratung und Mitarbeit
Hans-Jürgen Börner,
Barbara Djassemi,
Alexandra Eicks,
Stefanie Nagel,
Magdalena Schulz,
Janina Willems

Lektorat
Luise-Sophie Faulstich,
Ute Ina Kroll,
Gudula Mayr,
Magdalena Schulz,
Janina Willems

Transkription
Gudula Mayr,
Janina Willems,
Natalie Bachmann,
Marie-Christin Förster,
Niko Wolf

Herstellung, Satz, Gesamtgestaltung
Jürgen Meyer, Hamburg

Bildbearbeitung
Dahmer & Dörner
Druck & Daten GmbH,
Hamburg

Druck und Verarbeitung
Westermann Druck
Zwickau GmbH,
Zwickau

ISBN: 978-3-938594-13-1